·西北工业大学政策研究基金资助项目研究成果汇编·

高等教育改革与创新

（第七册　上）

主　编　陈小筑

副主编　支希哲

西北工業大學出版社

图书在版编目(CIP)数据

高等教育改革与创新. 第7册:全2册/陈小筑主编 .—西安:西北工业大学出版社,2014.12

ISBN 978-7-5612-4205-6

Ⅰ.①高… Ⅱ.①陈… Ⅲ.①高等教育—教育改革—中国—文集 Ⅳ.①G649.21-53

中国版本图书馆CIP数据核字(2014)第292220号

出版发行:西北工业大学出版社
通信地址:西安市友谊西路127号　　邮编:710072
电　　话:(029)88493844　　88491757
网　　址:www.nwpup.com
印 刷 者:陕西宝石兰印务有限责任公司
开　　本:727 mm×960 mm　1/16
印　　张:40
字　　数:723千字
版　　次:2015年1月第1版　　2015年1月第1次印刷
定　　价:88.00元

前　　言

《高等教育改革与创新》第七册汇集了西北工业大学 2010 年和 2011 年两个年度政策研究基金资助项目的部分优秀研究成果。本书分为上、下两册，每册又分"发展战略与管理创新"篇和"高等教育教学改革"篇，共收录研究论文和研究报告 82 篇(上册 38 篇，下册 44 篇)。

2010 年和 2011 年共分别收到校内 16 个单位和 25 个单位申报的西北工业大学政策研究基金项目 34 项和 48 项，经学校原党委政策研究室组织校内外专家进行认真评审，最终 2010 年度获准立项研究项目 21 项，占申报总数的 61.8%，其中重点项目 3 项，一般项目 18 项；2011 年度获准立项研究项目 26 项，占申报总数的 54.2%，其中重点项目 3 项，一般项目 23 项。

2011 年 11 月和 2012 年 11 月校内外专家对这两个年度的研究项目进行了结题验收评审，共评出 2010 年度完成情况"优秀"的研究项目 5 项，完成情况"良好"的研究项目 12 项，完成情况"一般"的研究项目 4 项；2011 年度完成情况"优秀"的项目 5 项，完成情况"良好"的项目 12 项，完成情况"一般"的项目 3 项，提请延期的项目 6 项。

2010 年和 2011 年不仅是"十一五"的收官之年和"十二五"的开局之年，而且对于中国高等教育而言也是意义重大、很不平凡的两年。一是中央政府颁布了《国家中长期教育改革和发展规划纲要(2010－2020 年)》，召开了新世纪第一次全国教育工作会议，明确了实施科教兴国战略和人才强国战略、优先发展教育、办好人民满意的教育、建设人力资源强国、促进我国教育事业改革发展的工作方针和战略目标。二是胡锦涛同志在中央政治局会议和清华大学百年校庆代表党中央和国务院发表了一系列重要讲话，充分表明了党和政府坚定不移、加快教育发展、建设教育强国的信心和决心，集中体现了党和政府对教育事业的高度重视。三是国务院启动了"国家教育体制改革试点"。四是教育部联合财政部等有关中央部委启动实施了"高等学校本科教学质量与教学改革工程"(简称"本科教学工程")和"高等学校创新能力提升计划"(简称"2011 计划")，出台了《教育部关于全面提高高等教育质量的若干意见》(简称"高校三十条")等。这些都为推进新时期我国教育事业特别是高等教育事业改革发展进一步指明了新方向，明确了新目标，提供了新动力，带来了新机遇和新挑战。

面对新形势,西北工业大学如何不失时机、抢抓机遇、深化改革、加快发展,值得深入研究并提出有针对性的应对政策与策略。西北工业大学2010年度和2011年度的政策研究基金项目围绕此方面的相关问题,结合学校各方面工作实际,开展了有益的理论研究和实证研究,取得了较为丰硕的研究成果,为推进学校教育事业的又好又快发展和各项工作的改革创新、水平提升提供了可资借鉴的理论依据和实践指导,很多研究论文都在国内有关核心期刊和重要会议上公开发表,很多研究成果也已经在实际工作中得到了应用和推广,发挥了积极的作用,取得了良好的成效。

《高等教育改革与创新》是汇集西北工业大学政策研究基金资助项目优秀研究成果的系列丛书,她展示了西北工业大学在高等教育发展政策与策略研究方面的研究成果和研究水平,记录了学校广大热心于发展政策与策略研究的教职员工从事于政策与策略研究的逐年历程。另外,本系列丛书的出版发行,也为从不同层面扩大与提升西北工业大学的对外声誉与影响做出了些许贡献。

西北工业大学政策与战略研究室的秦瑜宏、刘阳同志参与了本册研究成果的收集、整理等工作,西北工业大学出版社对本书的出版也给予了大力的支持和帮助,在此顺致谢忱。

编　者

2014年12月16日

目　　录

上篇　发展战略与管理创新

下篇　高等教育教学改革

上　　篇

发展战略与管理创新

科技成果转化对我国区域经济增长的有效性评价

——基于 2003 — 2008 年我国面板数据的实证分析

段 婕 刘 勇

摘 要 文章利用 2003 — 2008 年中国内地 31 个省市自治区科技成果转化的面板数据，综合运用 DEA 和多元回归分析方法评价科技成果转化对区域经济增长的有效性，应用科技成果转化对区域经济增长效应的评价模型分析了两者的关系，并找出最显著的影响因素，为科技成果转化率的提高对策提供了一个比较好的分析工具。通过对科技成果转化对我国区域经济增长的整体效率、四大区域平均效率和内部有效性的差异系数计算，以及对各个科技成果转化中不同变量的敏感度分析，回归出不同变量对经济增长的效应，表明科技成果转化对我国区域经济增长的贡献率不高，区域和省域差异显著，建议我国各区域加大科技成果产业化的力度，以促进经济的有效增长。

关键词 科技成果转化 区域经济 DEA DMU

科技是经济增长的发动机，提高一国综合国力的重要驱动力。促进科技成果转化、加速科技成果产业化发展，已成为目前世界各国科技政策的新趋势。国家科技部的一项研究表明，2008 年我国 SCI 论文数量超过 10 万篇，全球专利超过了 6 千件，每年有省部级以上的科技成果 3 万多项，但是能大面积推广产生规模效益的仅占 10%～15%；每年的专利技术有 7 万多项，但专利实施率仅为 10%左右；科技进步对经济增长的贡献率为 39%左右，其中高新技术对经济增长的贡献率仅为 20%，远远低于发达国家 60%的贡献率。随着我国对科技投入的逐年增加，科技成果转化率低，对经济增长的贡献率小的问题没有得到根本解决。本文利用 2003 — 2008 年全国 31 个省市自治区科技成果转化方面的面板数据，通过科技成果转化对我国区域经济增长有效性的系统分析，为提高科技成果转化率对区域经济增长效应的决策提供参考。

一、文献综述

科技成果转化是为提高生产力水平而对科学研究与技术开发所产生的具

有实用价值的科技成果所进行后续的试验、开发、应用、推广直至形成新产品、新工艺、新材料,发展新产业等一系列活动。

目前,学界普遍认为科技成果转化可以有力推动经济增长,一方面着眼于定性研究,主要关注科技投入与经济增长关系的研究。马松尧(2004 年)从动力机制的视角,对科技成果转化的障碍因素和建立成果转化动力机制进行了探讨,提出解决成果转化难的根本途径,并确立企业市场经济主体的地位,使成果转化具备原发动力,利用系统的自激作用实现正向反馈,加速成果转化系统进入良性运转。吴寿仁(2002 年)从科技成果转化利益的来源及其实现形式出发,分析了我国促进科技人员科技成果转化的利益机制所存在的问题,提出了促进科技人员科技成果转化利益机制的基本要求及实现形式,对促进科技成果转化和加强技术创新具有一定的指导意义。游文明等(2004 年)以可持续发展的视角探讨了我国科技成果转化动力机制乏力的原因及其影响,提出了通过产、学、研合作来优化我国科技成果转化动力机制。

另一方面,由于科技成果转化对影响经济增长的关联因素比较复杂,在定量研究方面国内学者主要集中在科技(技术)进步对经济增长、就业和社会进步作用的研究上。夏杰长(2002 年)运用柯布-道格拉斯生产函数和索洛模型,对我国 20 多年来经济增长中技术进步的作用进行定量测算,认为我国技术进步对经济增长的贡献份额较经济发达国家和部分发展中国家处于劣势,需建立有效的科技税收政策,支持科技进步,发挥它在经济增长中的主导作用。高处明(2003 年)运用经济增长理论模型研究了经济增长、科技进步、就业三者之间的互动关系,并着力于提高科技发展水平,以科技进步带动经济增长和就业增长。王稳(2003 年)通过分析科技进步对经济增长的作用机制,认为科技进步是经济效率增长的源泉,有知识外溢、人力资本积累、研究与发展活动和国际技术扩散四种主要实现途径和形式。康胜(2003 年)认为科技创新通过对生产力、生产方式、经济制度和思想观念的影响促进经济增长,经济增长又为科技创新所需要的动力、机制、物质基础和人才培养创造了条件,其核心是促使两者互动关系的良性发展。郑少春(2003 年)从优化产业结构的角度认为以科技进步促进我国产业结构的升级和优化,是提高国民经济整体素质的关键所在。曾梅芳(2005 年)基于经济可持续增长理论,分析了科技进步对经济增长产生非对称性的根源,认为科技进步已成为经济增长和可持续发展的主要推动力和决定性因素,并提出了加快科技进步,促进经济可持续增长正效应的措施。

现有研究多局限于科技投入、科技进步对经济增长量或经济增长速度的影响,而较少注意科技成果转化对经济增长效应的研究。与国内现有实证研究不同，本文选取了全国31个省市自治区2003—2008年科技成果转化方面的面板数据，同时考虑不同区域经济发展的地域因素，利用DEA和多元回归分析方法研究了科技成果转化对区域经济增长的效率和有效性，以期为决策者提供有价值的决策建议。

二、模型和数据

1.模型建立

如何提高科技成果转化率对区域经济增长的有效性，成为学术界和决策者们关注的问题。科技成果转化不仅限于对经济增长的作用。本文采用DEA方法分析科技成果转化对经济增长的效率，对具有复杂决策单元系统效率进行评估，可以避免使用传统方法时由于各指标量纲等不一致而寻求同度量因素所带来的诸多困难，在研究方法上是一种新的尝试。DEA作为一种非参数估计方法，是由美国著名运筹学家A. Charnes和W. W. Cooper等学者在“相对效率”概念基础上发展起来的一种新的效率评估系统分析方法，当进行相对有效性评价时不需要指定输入、输出的生产函数。DEA模型中输入、输出变量的权重根据数据产生，不需要事前设定输入和输出的权重，可避免评价者的主观意愿对评价结果的影响，具有很强的客观性。其CCR基准模型为

假设有n个决策单元(DMU)，每个DMU都有m种类型的输入$X_j=(x_{1j},x_{2j},\cdots,x_{mj})^{\mathrm{T}}$以及$s$种类型的输出$Y_j=(y_{1j},y_{2j},\cdots,y_{sj})^{\mathrm{T}}$，$j=1,2,\cdots,n$，其中$x_{ij}>0$，$y_{ij}>0$。适当选取$w,v$为输出、输入类型的权重系数，有$V=(v_1,v_2,\cdots,v_m)^{\mathrm{T}}$，$W=(w_1,w_2,\cdots,w_s)^{\mathrm{T}}$。对应每个被评价DMU效率的指标为

$$h_j=v^{\mathrm{T}}y_j/w^{\mathrm{T}}x_j=\sum_{r=1}^{s}vy_{rj}\Bigg/\sum_{t=1}^{m}w_t x_{tj},\quad j=1,2,\cdots,n$$

其中，$x_j=(x_{1j},x_{2j},\cdots,x_{mj})$，$y_j=(y_{1j},y_{2j},\cdots,y_{sj})$，$v\geqslant 0$，$w\geqslant 0$，$j=1,2,\cdots,n$，$x_{tj}$表示第$j$个DMU中输入的第$t$种类型投入总量，$y_{rj}$表示第$j$个DMU中输入的第$r$种类型产出总量，$x_{tj}$和$y_{rj}$可通过历史数据或者预测值给出，使$h_j\leqslant 1$条件下$h_{j0}$达到最大。则对每个决策单元进行相对效率评价所采用的线性规划模型的对偶形式为

$$(D_{C^2R}^1)\begin{cases}\min\theta \\ \text{s. t. } \sum_{j=0}^{n} W_j X_j \leqslant \theta X_{j0} \\ \sum_{j=0}^{n} W_j Y_j \geqslant Y_{j0} \\ W_j \leqslant 0 (j=1,2,\cdots,n)\end{cases}$$

$$(D_{C^2R}^0)\begin{cases}\max Z \\ \text{s. t. } \sum_{j=1}^{n} W_j X_j \leqslant X_{j0} \\ \sum_{j=1}^{n} W_j X_j \geqslant Z Y_{j0} \\ \forall W_j \geqslant 0 (j=1,2,\cdots,n)\end{cases}$$

2. 数据来源与处理

本文研究科技成果转化对区域经济增长的有效性时,分析 31 个省市自治区科技成果转化的面板数据从 2003 — 2008 年的《中国科技统计年鉴》和《中国统计年鉴》相关数据整理得到。在科技成果转化方面,本文用各年度的高技术产业规模以上企业增加值(亿元)X_1,技术市场成交合同额(亿元)X_2,高技术产业规模以上企业产值(亿元)X_3,高技术产品出口额(亿美元)X_4 4 个指标来衡量,而经济增长则用相应年度的地区生产总值来衡量。利用 DEA 可以同时使用绝对指标和相对指标的优点,以 2008 年统计数据为基础,采用 2009 年《中国科技统计报告》中对科技成果转化的衡量指标,对科技成果转化对经济增长效应的敏感度进行分析。在科技成果转化分析方面选取两个绝对指标:万人技术成果成交额 χ_1,万名研发活动人员向国外转让专利使用费和特许费 χ_2;4 个相对指标:高技术产业增加值占工业增加值比重 χ_3,知识密集型服务业增加值占生产总值比重 χ_4,高技术产品出口额占商品出口额比重 χ_5,新产品销售收入占产品销售收入比重 χ_6;用地区生产总值 Y_1 和人均地区生产总值 Y_2 来衡量经济增长。

三、实证结果

1. 科技成果转化对各省域经济增长有效性的分析

本文研究科技成果转化对区域经济增长的有效性时借助 EMS 软件,对我国内地 31 个省市自治区 2003—2008 年的统计数据做了 DEA 分析,计算出了各个省市自治区的整体效率,结果见表 1。整体效率(CRS)为 1 表示整体运作处于最佳状态，2003—2008 年全国平均整体效率在 0.4～0.5 之间，2008 年虽有回升，但仍处于较低水平，说明科技成果转化对我国经济增长的贡献率普遍不高，各省市自治区还应加大对科技成果产业化的投入力度，促进科技成果的转化，加快推动区域经济增长。在对各省市自治区分析过程中发现，包括河北、山西、内蒙古、青海、新疆、宁夏在内的地区科技成果转化对经济增长的效率相对较高，除西藏外其他地区的相对效率对比并不显著。从各年度来看，2005 年后基本保持增长趋势，这说明我国科技成果转化率开始有所提升，但存在很大的空间水平差距。

表 1　科技成果转化对各省市自治区经济增长的 DEA 分析表

DMU \ 效率值 \ 年份	2003	2004	2005	2006	2007	2008
1 北京	0.067	0.064	0.038	0.027	0.032	0.077
2 天津	0.079	0.071	0.054	0.049	0.058	0.085
3 河北	1.000	0.983	0.654	0.671	0.703	1.000
4 上海	0.096	0.087	0.054	0.048	0.053	0.104
5 江苏	0.169	0.133	0.079	0.096	0.111	0.160
6 浙江	0.249	0.278	0.216	0.235	0.250	0.334
7 福建	0.294	0.199	0.133	0.146	0.192	0.239
8 山东	0.316	0.301	0.184	0.247	0.238	0.361
9 广东	0.193	0.105	0.062	0.071	0.095	0.126
10 海南	0.633	0.822	0.427	0.555	0.665	0.986
11 山西	1.000	1.000	0.825	0.750	0.644	1.000
12 安徽	0.687	0.797	0.468	0.415	0.437	0.956
13 河南	0.634	0.710	0.751	1.000	0.727	0.852
14 湖北	0.245	0.344	0.196	0.192	0.203	0.413
15 湖南	0.441	0.480	0.525	0.658	0.643	0.576
16 江西	0.453	0.506	0.474	0.353	0.325	0.607
17 重庆	0.236	0.252	0.262	0.332	0.315	0.302
18 四川	0.428	0.382	0.226	0.231	0.211	0.458
19 贵州	0.783	0.401	0.272	0.693	0.917	0.481

续表

效率值 年份 DMU	2003	2004	2005	2006	2007	2008
20 云南	0.471	0.565	1.000	0.618	0.682	0.678
21 西藏						
22 陕西	0.174	0.208	0.169	0.174	0.198	0.250
23 甘肃	0.490	0.517	0.435	0.592	1.000	0.620
24 青海	1.000	1.000	1.000	0.735	1.000	1.000
25 宁夏	0.764	0.750	1.000	1.000	0.840	0.900
26 新疆	1.000	1.000	1.000	1.000	1.000	1.000
27 广西	0.762	0.672	0.651	0.695	0.866	0.806
28 内蒙古	0.542	1.000	0.496	1.000	1.000	1.000
29 辽宁	0.244	0.243	0.168	0.177	0.167	0.292
30 吉林	0.352	0.383	0.348	0.262	0.297	0.460
31 黑龙江	0.453	0.634	0.494	0.489	0.473	0.761
CRS	0.492	0.513	0.441	0.468	0.495	0.577

注:西藏部分数据缺失,对该 DMU 的输出结果有影响。

2.科技成果转化对省域经济增长效应的敏感度分析

DEA 模型的敏感度分析是通过减少或增加 DMU 数目(或是投入产出项),以观察所有 DMU 的效率值变化的。进行敏感度分析时,本文利用逐一去除每个投入指标的方法,计算其效率值,分析每个投入指标对经济增长效应的影响。结果见表 2 和图 1,当去除知识密集型服务业增加值时,其效率值呈现明显下降,说明我国现阶段知识密集型服务业增加值对经济有效增长的拉动效应很显著,其次是技术成果成交额、转让专利使用费和新产品销售收入。而高技术产业增加值、高技术产品出口额对经济有效增长的影响相对较小。从各省域来看,河北、海南、山西、新疆、内蒙古科技成果转化对经济增长的相对效率最高,除西藏外,包括江苏、山东、广东、河南、湖南、江西、贵州、甘肃、青海、宁夏、广西在内的地区科技成果转化对经济增长的相对效率较高,其他省份相对效率不显著。

表 2　科技成果转化各变量对经济增长效应的敏感度表

DMU	最初效率值	去除万人技术成果成交额	去除转让专利使用费和特许费	去除高技术产业增加值/工业增加值	去除知识密集型服务业增加值/生产总值	去除高技术产品出口额/商品出口额	去除新产品销售收入/产品销售收入
1 北京	0.396	0.419	0.419	0.413	0.350	0.419	0.280
2 天津	0.736	0.744	0.744	0.744	0.326	0.744	0.744
3 河北	1.000	1.000	1.000	1.000	1.000	1.000	1.000
4 上海	0.552	0.552	0.552	0.552	0.410	0.552	0.532
5 江苏	1.000	0.728	0.728	0.728	0.467	0.728	0.728
6 浙江	0.691	0.667	0.667	0.661	0.550	0.667	0.667
7 福建	0.769	0.581	0.761	0.762	0.614	0.762	0.762
8 山东	1.000	0.865	0.865	0.865	0.569	0.865	0.865
9 广东	1.000	0.693	0.693	0.693	0.546	0.693	0.518
10 海南	1.000	1.000	1.000	1.000	1.000	1.000	1.000
11 山西	1.000	1.000	1.000	1.000	1.000	1.000	1.000
12 安徽	0.829	0.523	0.503	0.523	0.421	0.523	0.523
13 河南	1.000	0.865	0.865	0.846	0.698	0.865	0.865
14 湖北	0.796	0.504	0.418	0.504	0.340	0.504	0.504
15 湖南	0.933	1.000	1.000	1.000	1.000	1.000	1.000
16 江西	0.923	1.000	1.000	1.000	0.713	1.000	1.000
17 重庆	0.509	0.632	0.536	0.632	0.438	0.632	0.632
18 四川	0.543	0.429	0.443	0.443	0.324	0.443	0.443
19 贵州	0.689	1.000	1.000	1.000	1.000	1.000	1.000
20 云南	0.525	0.397	0.468	0.430	0.488	0.488	0.488
21 西藏	1.000	1.000	1.000	1.000	1.000	1.000	1.000
22 陕西	0.565	0.450	0.434	0.450	0.356	0.450	0.427
23 甘肃	0.782	1.000	0.917	1.000	1.000	1.000	1.000
24 青海	1.000	1.000	0.986	1.000	1.000	0.882	1.000

续表

DMU	最初效率值	去除万人技术成果成交额	去除转让专利使用费和特许费	去除高技术产业增加值/工业增加值	去除知识密集型服务业增加值/生产总值	去除高技术产品出口额/商品出口额	去除新产品销售收入/产品销售收入
25 宁夏	1.000	0.752	1.000	1.000	1.000	1.000	1.000
26 新疆	1.000	1.000	1.000	1.000	1.000	1.000	1.000
27 广西	1.000	0.584	1.000	1.000	1.000	1.000	1.000
28 内蒙古	1.000	1.000	1.000	1.000	1.000	1.000	1.000
29 辽宁	0.784	0.691	0.691	0.691	0.367	0.691	0.691
30 吉林	0.823	0.700	0.514	0.822	0.663	0.822	0.822
31 黑龙江	1.000	1.000	0.649	1.000	1.000	1.000	1.000
CRS	0.834	0.767	0.769	0.799	0.698	0.798	0.790

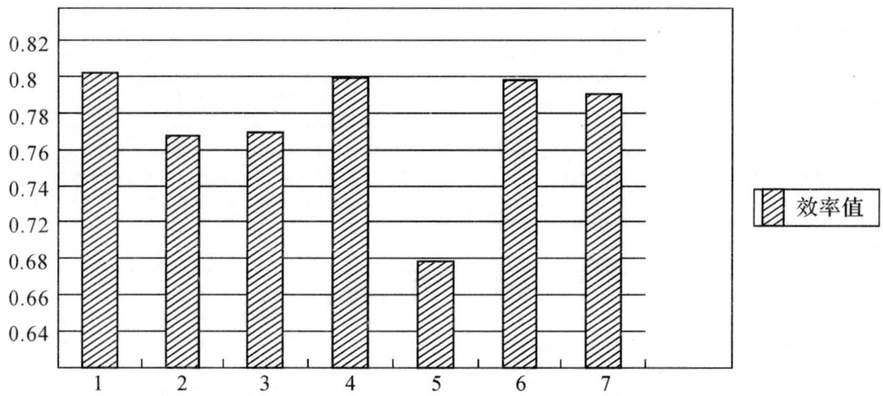

图 1　科技成果转化各变量对经济增长效应的敏感度分析结果图

注:1 代表原效率值,2 代表去除万人技术成果成交额的效率值,3 代表去除转让专利使用费和特许费的效率值,4 代表去除高技术产业增加值的效率值,5 代表去除知识密集型服务业增加值的效率值,6 代表去除高技术产品出口额的效率值,7 代表去除新产品销售收入的效率值。

3. 科技成果转化对我国区域经济增长的有效性分析

本文分析科技成果转化对区域经济增长效应时,对区域的划分是按照“十一五”规划以及“东部新跨越”“中部崛起”“西部大开发”和“东北振兴”的战略思想，将中国大陆分为东部、中部、西部和东北三省四大区域。其中由北京、天津、河北、上海、江苏、浙江、福建、山东、广东和海南 10 个省区市构成东部地区，中部地区则包括山西、安徽、江西、河南、湖北和湖南 6 个省，西部包括重庆、四川、贵州、云南、西藏、陕西、甘肃、青海、宁夏、新疆、广西和内蒙古 12 个省区市，由辽宁、吉林和黑龙江 3 省构成东北地区。通过测算四大区域的 CRS 及差异指数来说明科技成果转化在不同区域间的差距。具体见表 3 及图 2。

表 3　科技成果转化对我国四大区域经济增长有效性的 CRS 表

区域 / 整体效率 / 年份	东部	中部	西部	东北
2003	0.309 6	0.576 7	0.637 5	0.349 7
2004	0.304 3	0.639 5	0.645 6	0.420 0
2005	0.190 1	0.539 8	0.625 9	0.336 7
2006	0.214 5	0.561 3	0.672 5	0.309 3
2007	0.239 7	0.496 5	0.752 4	0.312 3
2008	0.251 6	0.562 8	0.666 8	0.345 6

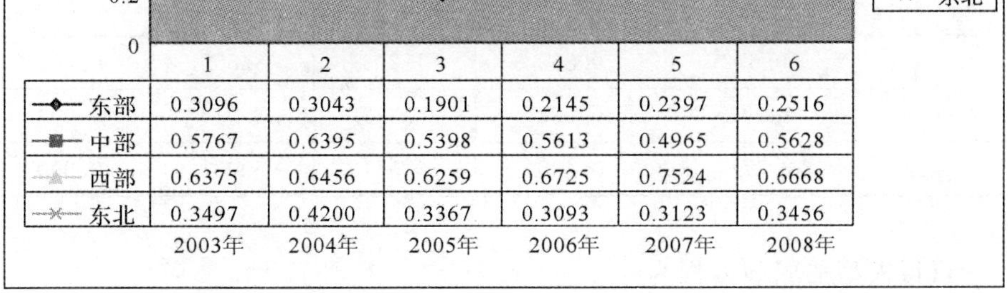

图 2　2003 — 2008 年我国四大区域科技成果转化对经济增长有效性的差异图

从表3和图2可见,从科技成果转化对经济增长的CRS来看,CRS越接近于1,说明科技成果转化对经济增长的贡献率越大;反之CRS越偏离1,说明科技成果转化对经济增长的贡献率越大;CRS=1时达到最优。2003—2008年四大区域之间存在明显差异,其中:1>西部地区的CRS>0.6,接近1,表明西部科技成果转化对经济增长的贡献率最大;0.6>中部地区的CRS<0.5,仅次于西部地区;东北地区和东部地区的CRS<0.5,偏离1,尽管东部地区平均经济总量最大,但科技成果对经济增长的贡献率却在4个区域中呈现最低。这正体现了我国经济增长方式主要是低科技含量、粗放式的增长,科技成果转化率不高,科技成果转化对经济增长的推动效应尚未显著体现。

在各区域内部的省域间科技成果转化对经济增长的差异也较为突出。本文对在各区域内部的省域间的差异程度用差异指数 D 衡量,$D=\sqrt{\sum_{i=1}^{n}(\overline{\theta_i}-\overline{\theta_{MVT}})^2/n}/\overline{\theta_{MVT}}$,其中$\overline{\theta_i}$为某区域中2003—2008年第$i$个省区的平均整体效率值,$\overline{\theta_{MVT}}$为四大区域的平均整体效率值,$n$为某区域内的省区个数,$D_1$代表东部地区,$D_2$代表西部地区,$D_3$代表中部地区,$D_4$代表东北地区。经测算得,$D_1=0.5989$,$D_2=0.7083$,$D_3=0.5347$,$D_4=0.2881$,$D_2>D_1>D_3>D_4$,西部地区内部整体效率差异最大,东部和中部地区次之,东北地区内部整体效率差异最小。

4. 变量的多元回归分析

为评价科技成果对区域经济增长的影响效应,本文采用对科技成果有效性评价指标的变量的多元回归分析方法对4个地区的数据运用SPSS统计软件进行检测,设X_1,X_2,X_3,X_4分别为自变量,地区生产总值为因变量Y,并依照逐步回归方法剔除不显著自变量X_2,得到输出回归表见表4。

表4　科技成果转化有效性变量的多元回归表

	非标准化系数	标准化系数	标准误差	T值	P值
constant	3 606.966		288.963	12.482	0.000
X_1	10.672	0.863	1.205	8.857	0.000
X_3	1.002	0.329	0.332	3.016	0.003
X_4	2.571	0.435	0.511	5.031	0.000

可得模型的回归方程为

$$Y=3\,606.966+10.672X_1+1.002X_3+2.571X_4$$

经输出模型和方差测算,可以得到模型的显著性概率P值,当0.05>

$P > 0$ 时，说明模型具有较好的显著性，该模型的显著性概率 $p = 0 < 0.05$。因此拒绝认为回归系数不为零的原假设，该回归方程是有意义的，且方差 $R^2 = 0.698$，模型的拟合度较好。检验结果认为在衡量科技成果转化的 4 个自变量中进入回归方程的 3 个显著变量，高技术产业规模以上企业增加值 X_1，高技术产业规模以上企业产值 X_3，高技术产品出口额 X_4 与地区国内生产总值具有明显的正相关性，技术市场成交合同额 X_2 具有不显著性，因此，加大科技成果转化力度可以有效促进区域经济增长。

四、结论

科技成果转化对区域经济增长有效性评价是比较困难的，现有分析定性的多，定量的分析相对较少。本文利用 2003 — 2008 年中国各省市自治区科技成果转化方面的面板数据，运用 DEA 方法评价科技成果转化对区域经济增长的有效性，通过科技成果转化对区域经济增长效应的评价模型分析了两者的关系，并找出最大的影响因素，为科技成果转化率的提高对策提供了一个比较好的分析工具。研究结果表明现阶段我国整体效率仍处于较低水平。科技成果转化对我国经济增长的贡献率普遍不高，需加强科技成果转化为现实生产力的力度。而敏感度分析和多元线性回归方程分析相关变量对区域经济增长效应表明，知识密集性服务业对经济增长的拉动效应最显著，其次是技术成果成交额、转让专利使用费，而新产品销售收入、高技术产业增加值、高技术产品出口额对经济有效增长的影响较小。此外，在科技成果对区域经济增长效应影响中，西部科技成果转化对经济增长的贡献率最大，其次是中部、东北三省，东部平均经济总量最大，但科技成果对经济增长的贡献率最低。分析结果表明除东北三省外，其他三大区域内部整体效率都存在着较大差异，显示出现阶段我国整体效率仍处于较低水平。科技成果转化各衡量指标与地区生产总值之间的正相关性，体现了科技成果转化对我国经济增长的贡献率普遍不高，且我国科技成果转化为现实生产力的力度有待加强的问题，说明加大科技成果转化力度能有效促进地区经济的有效增长。

参考文献

[1]　马松尧. 试论科技成果转化的动力机制[J]. 兰州大学学报：社会科学版，2004(5)：122 - 126.

[2]　吴寿仁. 我国科技成果转化的障碍与对策探讨[J]. 中国科技论坛，2007(9)：32 - 41.

[3]　游文明，等. 产学研合作动力机制优化研究[J]. 科学学与科学技术管理，

2004(10):9－12.
[4]　夏杰长.技术进步与经济增长的实证分析及其财税政策[J].财经问题研究,2002(11):53－59.
[5]　高处明.论经济增长与科技进步及就业[J].经济问题,2003(8):8－10.
[6]　王稳.科技进步与经济效率增长的作用机制分析[J].中国软科学,2003(2):96－102.
[7]　康胜.论科技创新与经济进步的互动关系[J].科技进步与对策,2003(8):90－92.
[8]　郑少春.科技进步与经济增长方式的转变[J].理论学习月刊,1997(4):35－37.
[9]　曾梅芳.科技进步的非对称性与经济可持续发展问题的探讨[J].经济观察,2005(11):332－333.
[10]　柳劲松.科技成果转化对民族地区经济增长贡献率研究[J].科技管理研究,2009(9):183－185.
[11]　李友华,韦恒.科技成果推广转化绩效评价理论与方法研究[M].北京:中国农业出版社,2008:48－64.
[12]　胡明铭.区域创新系统的评价、发展模式与政策[M].长沙:湖南大学出版社,2008:4－56.
[13]　戚湧,李千目.科学研究绩效评价的理论与方法[M].北京:科学出版社,2009:145－146.
[14]　薛声家,韩小花.中国区域经济发展有效性的实证分析[J].科技管理研究,2008(11):96－98.
[15]　张可,栾贵勤,王海龙.中部地区区域经济差异实证分析[J].经济问题探索,2009(7):13－18.
[16]　李应博.科技创新资源配置[M].北京:经济科学出版社,2009:87－88.
[17]　魏权龄.数据包络分析[M].北京:科学出版社,2004.

基于因子分析的我国装备制造业技术创新能力评价研究

段　婕　刘　勇

摘　要　通过对国内外有关产业技术创新能力评价指标体系以及评价方法的学术成果的研究，从技术创新保障能力、创新资源投入能力、技术创新转化吸收能力、创新资源产出能力4个方面构建我国装备制造业的技术创新能力的评价指标体系。用因子分析法建立评价模型，以我国装备制造业7个子行业2009年面板数据为研究样本，对其技术创新能力进行定量评价和实证分析。

关键词　因子分析　装备制造业　技术创新　评价

一、引言

装备制造业作为我国的基础性和战略性产业，其发展水平反映了一个国家的自主创新能力、产业竞争力和在全球价值链分工中的地位。我国装备制造业经过多年发展，虽然已经形成了门类齐全、具有相当规模和一定技术水平的装备制造业体系，并成为经济发展的重要支柱产业，但是，由于我国装备制造业“大而不强”的特征明显，尤其是在发展规模、技术水平和经济效益方面与发达国家相比，还存在自主创新能力薄弱、缺乏国际化大企业、关键技术和核心技术受制于人、重大技术装备和关键零部件依赖进口，呈现出一定程度的产业“空心化”现象，技术创新能力不足已经成为装备制造业升级的瓶颈因素。当前我国已经进入新型工业化道路快速发展阶段，对于重大先进技术装备的需求增加。随着国际产业转移趋势的加快，我国正从世界制造业基地向世界制造业中心演进，技术创新对装备制造业竞争力的作用越来越明显，甚至起决定作用，这更凸显了我国装备制造业技术创新能力提升的重要性。我国装备制造业技术创新面临重大的国内技术进步需求和国际竞争加剧的发展契机，技术创新成为获取产业竞争优势的根本途径。本文运用实证分析方法从构建装备制造业技术创新能力评价理论体系入手，客观有效地评价我国装备制造业的技术创新的发展现状和潜力，对提升我国装备制造业自主创新水平和国际竞争力具有重要意义。

关于装备制造业的技术创新能力评价问题,近年来引起诸多学者的关注。李廉水、周勇(2005)在分析产业技术创新的概念和内涵的基础上提出了制造业技术创新能力的评价指标体系,并以长三角地区为例进行了实证分析。黄鲁成、张红彩等(2005)运用因子分析法对北京制造业行业的创新能力进行了综合评价,认为投入能力是影响制造业技术创新能力的最显著因素。王章豹、吴庆庆、张米尔(2004)针对我国装备制造业面临着结构升级的紧迫任务,认为必须通过技术创新、组织创新、制度创新的有效互动来推动装备制造业的结构升级。王玉、孙慧(2004)运用主成分分析法,结合装备制造业的产业特征,建立了一套评价我国区域性装备制造业综合竞争力的指标体系,研究得到装备制造业综合竞争力的非均衡性及各地发展装备制造业的优势与劣势,并提出相应的政策建议。柳喜花(2006)利用灰色关联度评价法对中国装备制造业技术创新能力进行了测算和分析。王章豹和孙陈(2007)采用多指标投入产出分析法和因子定权法等方法,对中国装备制造业 7 个子行业的技术创新效率进行了定量的测度和排序分析。陈红梅(2009)将 AHP 和 DEA 模型引入技术创新能力评价领域,对装备制造业的行业技术创新能力进行绩效评价。但综观学术界的研究成果,不难发现,国内学者对于产业技术创新能力的研究基本上沿着两个途径进行,一是对产业技术创新能力的表征进行综合和总结,二是建立产业技术创新能力的评价指标体系。这些研究或者从宏观层面对我国不同区域装备制造业技术创新能力进行比较研究,或者从微观对我国某个省域某年的装备制造业技术创新水平进行研究,无法了解我国装备制造业自主创新能力整体不足的主要根源。基于此,本文运用主成分方法分别从技术创新的保障能力、创新资源投入能力、技术创新转化吸收能力、创新资源产出能力 4 个方面对技术创新能力进行全面评价,并通过计算装备制造业技术创新能力的综合排名,了解我国装备制造业整体产业技术创新能力的优势和劣势,并在此基础上为制定我国装备制造业产业发展战略提供科学依据。

这些都着重于研究创新的投入和产出,而对投入产出的比率,也就是创新效率的研究则显得相对不足。

二、我国装备制造业技术创新能力综合评价指标体系的构建

1. 指标选择

按照考核对象不同,可以将技术创新能力划分为微观企业技术创新能力、中观产业技术创新能力、宏观国家技术创新能力 3 个层次。不同的学者往往由于研究角度和关注重点的不同,因而在指标选择过程中所形成的差异构成

了不同的指标体系。装备制造业产业内部的各种创新资源是创新能力的潜在体现，只有充分运用这些资源为产业发展服务才能体现真正意义上的技术创新能力。因此，本文构建我国装备制造业技术创新能力评价指标体系时，遵循指标选取的科学性、可比性、代表性及可获取性的原则，将评价指标体系分为4个二级指标（技术创新的保障能力、创新资源的投入能力、技术创新转化吸收能力、创新资源的产出能力）和16个三级指标，本文构建的指标体系见表1。

表1　装备制造业行业技术创新能力评价指标体系

一级指标	二级指标	三级指标
技术创新能力	技术创新保障能力	企业科技机构数 科技机构人员数 科技项目数 科学活动经费筹资总额
	创新资源投入能力	R&D经费占主营业务收入比重 科学家与工程师占科技活动人员比重 开发新产品经费 新产品的开发项目数
	技术创新转化吸收能力	购买国内技术经费 消化吸收经费 技术引进经费 技术改造经费
	创新资源产出能力	专利申请数 新产品产值 产品销售率 总资产贡献率

（1）技术创新的保障能力。技术创新的保障能力是创新主体进行创新的前提和基础，为技术创新提供支撑和保障，主要用企业科技机构数、科技机构人员数、科技项目数、科学活动经费筹资总额指标来衡量。

（2）创新资源的投入能力。创新资源的投入与配置决定着创新的规模和质量，创新资源的投入能力主要考核企业创新的投入程度。本文选取以下4个指标来衡量：R&D经费占主营业务收入比重、科学家与工程师占科技活动人员比重、开发新产品经费、新产品的开发项目数。

(3)技术创新的转化吸收能力。技术创新的最终目的是将科技资源转化为现实生产力,而技术创新的转化吸收能力是决定能否实现最终目的的关键环节。本文采用购买国内技术经费、消化吸收经费、技术引进经费、技术改造经费指标来衡量。

(4)创新资源的产出能力。创新资源的产出能力包括在技术创新过程中直接的创新收益和研发的新技术、新产品投入生产领域所取得的经济效益,用专利申请数、新产品产值、产品销售率、总资产贡献率指标来衡量。

2.评价模型

目前,国内外学术界提出多种测度和评价技术创新能力的多指标评价方法,但这些方法往往存在指标包含信息的部分重叠性和赋权的主观性这两个问题。主成分分析法是一种在不损失或很少损失原有信息的前提下,将多个实测变量转换为少数几个互不相关的综合变量的多元统计分析方法,能够反映并解释这些实测变量之间的依存关系。其原理是通过计算各个候选指标在各个样本之间的相对差距,以此作为指标选择的依据,将各个样本之间具有相对较大差距的那些指标抽取出来,作为构建综合评估指标体系的元素,而排除样本之间差距不大的那些指标。采用因子分析法来进行综合评价时,对相关的创新能力指标向量进行降维,采用较少的因子,以每个综合因子的方差贡献率作为权重,构建综合评价模型来评判企业技术创新能力的大小。构建的综合评价函数为

$$F_{综} = \sum_{i=1}^{m} \alpha_i F_i$$

其中,α_i 是综合因子 F_i 的权数,它是根据 F_i 的贡献率确定的,即 F_i 的方差占全部总方差的比重确定的。指标权重是通过多重线性变换和数据运算获得的,既避免了主观因素的影响,也消除了指标间信息的重叠问题,同时指标的减少也有利于抓住主要矛盾,使综合评价结果唯一、客观、合理。

3.样本选择及数据来源

装备制造业在我国包括金属制品业、通用设备制造业、专用设备制造业、交通运输制造业、电气机械及器材制造业、通信设备计算机及其他电子制造业、仪器仪表及文化办公用机械制造业7个大类行业、56个种类、220个小类。本文所有样本数据是对《中国统计年鉴2009》《中国科技统计年鉴2009》《中国工业经济统计年鉴2009》及国家统计局官方网站等收集到的我国装备制造业7大类行业2009年的数据进行相关整合处理,得到的相关指标值。数据统计口径为我国装备制造业7大类行业的大中型企业。

三、我国装备制造业技术创新能力综合评价指标体系的实证分析

1. 数据处理

(1) 为消除因数据类型的不同产生的分析误差，消除量纲和数量级的影响。本文按照公式

$$X_i = 0.1 + 0.9 \times \frac{x_i - \min\{x_i\}}{\max\{x_i\} - \min\{x_i\}}$$

对原始数据进行无量纲化处理。其中，X_i 为经过标准化后的值，x_i 为指标原始统计数值，$\min\{x_i\}$ 为原始统计数值的最小值，$\max\{x_i\}$ 为原始统计数值的最大值。

(2)适合性检验。利用 SPSS16.0 软件对无量纲化数据进行 KMO 和 Bartlett 球形假设检验的结果表明，检验变量间偏相关性的 KMO 统计量数值为 0.624，球形假设检验的结果显著性水平为 0.000。拒绝零假设，表明样本充足，适合进行因子分析，可以对数据进行主成分分析。

2. 数据分析

运用统计软件 SPSS16.0 输出结果，得到主成分的矩阵特征值和累计方差贡献率见表 2，并依据特征根大于 1 的原则，提取公共因子。

表 2　主成分分析的特征值及贡献率

成分	合计	初始特征值贡献率/(%)	累积贡献率/(%)	合计	提取平方和载入贡献率/(%)	累积贡献率/(%)
1	10.455	65.346	65.346	10.455	65.346	65.346
2	2.912	18.198	83.544	2.912	18.198	83.544
3	1.438	8.988	92.532	1.438	8.988	92.532
4	0.886	5.538	98.071	0.886	5.538	98.071
5	0.255	1.595	99.666	0.255	1.595	99.666
6	0.053	0.334	100.000	0.053	0.334	100.000
7	4.221E−16	2.638E−15	100.000	4.221E−16	2.638E−15	100.000
8	3.455E−16	2.159E−15	100.000	3.455E−16	2.159E−15	100.000
9	1.797E−16	1.123E−15	100.000	1.797E−16	1.123E−15	100.000
10	1.275E−16	7.967E−16	100.000	1.275E−16	7.967E−16	100.000
11	2.111E−17	1.319E−16	100.000	2.111E−17	1.319E−16	100.000
12	−6.820E−17	−4.262E−16	100.000	6.820E−17	4.262E−16	100.000
13	−1.069E−16	−6.684E−16	100.000	1.069E−16	6.684E−16	100.000
14	−1.685E−16	−1.053E−15	100.000	1.685E−16	1.053E−15	100.000
15	−2.851E−16	−1.782E−15	100.000	2.851E−16	1.782E−15	100.000
16	−4.671E−16	−2.919E−15	100.000	4.671E−16	2.919E−15	100.000

由表2可知：F_1，F_2，F_3 3个全局主成分的方差累计率已达到92.532%(大于85%)，其各自的方差贡献率分别为65.346%，18.198%，8.988%，故可将其确定为所需要提取的3个全局主成分，根据主成分得分系数矩阵和标准化后的各变量的观测值，可计算出我国7类装备制造业在2009年3个因子得分；再以各因子对应的方差贡献率为权重进行加权汇总，得出样本单元最后的综合得分的评价公式为

$$F_{综}=0.65346F_1+0.18198F_2+0.08988F_3$$

3.计算综合得分

利用统计软件SPSS16.0，得到输出结果，成分得分系数矩阵见表3(限于篇幅，本文只给出前6个主成分的得分系数矩阵)。

表3　成分得分系数矩阵

指标	成分					
	1	2	3	4	5	6
X_{11}	0.062	−0.039	0.485	0.309	−0.006	−1.206
X_{12}	0.089	−0.108	−0.045	0.194	−0.319	0.529
X_{13}	0.089	−0.025	0.248	0.105	−0.085	0.027
X_{14}	0.095	0.015	−0.014	0.054	0.148	1.522
X_{21}	0.046	−0.265	−0.145	−0.238	1.127	−0.284
X_{22}	0.054	−0.144	0.229	−0.706	0.298	0.116
X_{23}	0.091	−0.030	0.175	0.171	0.039	−1.873
X_{24}	0.094	−0.035	−0.035	0.146	−0.006	1.157
X_{31}	0.068	0.206	0.172	−0.297	−0.283	1.334
X_{32}	0.084	0.092	−0.246	−0.152	−0.254	−1.858
X_{33}	0.086	0.144	−0.014	−0.103	0.383	−0.962
X_{34}	0.068	0.233	0.029	−0.204	−0.223	0.586
X_{41}	0.073	−0.184	−0.114	0.349	−0.035	1.202
X_{42}	0.093	0.026	−0.148	0.018	0.185	0.706
X_{43}	0.061	0.197	−0.322	0.191	0.619	−0.749
X_{44}	−0.061	0.193	0.248	0.231	1.291	0.841

由表3中的列向量、特征值和标准化后的指标值,可得各全局主成分的计算公式如下,其中 F_1,F_2,F_3 表示各全局主成分,X_{ij} 为按照无量纲公式所做的无量纲化处理数据。则有

$$F_1 = 0.062X_{11} + 0.089X_{12} + 0.089X_{13} + 0.095X_{14} + 0.046X_{21} + 0.54X_{22} + 0.091X_{23} + 0.094X_{24} + 0.068X_{31} + 0.084X_{32} + 0.086X_{33} + 0.068X_{34} + 0.073X_{41} + 0.093X_{42} + 0.061X_{43} - 0.061X_{44}$$

$$F_2 = -0.039X_{11} - 0.108X_{12} - 0.025X_{13} + 0.015X_{14} - 0.265X_{21} - 0.144X_{22} - 0.030X_{23} - 0.035X_{24} + 0.206X_{31} + 0.092X_{32} + 0.144X_{33} + 0.233X_{34} - 0.184X_{41} + 0.026X_{42} + 0.197X_{43} + 0.193X_{44}$$

$$F_3 = 0.485X_{11} - 0.045X_{12} + 0.248X_{13} - 0.014X_{14} - 0.145X_{21} + 0.229X_{22} + 0.175X_{23} - 0.035X_{24} + 0.172X_{31} - 0.246X_{32} - 0.014X_{33} + 0.029X_{34} - 0.114X_{41} - 0.148X_{42} - 0.322X_{43} + 0.248X_{44}$$

由计算公式得到,F_1 分别在科技机构人员数 X_{12}、科技项目数 X_{13}、科学活动经费筹资总额 X_{14}、开发新产品经费 X_{23}、新产品的开发项目数 X_{24}、消化吸收经费 X_{32}、技术引进经费 X_{33}、新产品产值 X_{42} 的系数较高,涉及技术创新保障、投入、转化和产出 4 个方面,因此 F_1 可命名为技术创新整体运作因子,其方差贡献率达到 65.346%。

F_2 分别在技术引进经费 X_{33}、技术改造经费 X_{34} 的系数较高,因此 F_2 可命名技术创新转化吸收因子,其方差贡献率达到 18.198%。

F_3 在企业科技机构数 X_{11}、科技项目数 X_{13}、科学家与工程师占科技活动人员比重 X_{22} 的系数较高,因此可看作技术创新支撑因子得分,其方差贡献率达到 8.988%。

根据综合得分评价公式和主成分计算公式,可计算出我国装备制造业 7 大类行业的技术创新因子得分及排名,见表 4。影响技术创新能力最重要的因子是技术创新整体运作因子,其影响系数达 65.346%,其次是转化吸收因子,其影响系数为 18.198%,再次是技术创新保障因子,影响系数为8.988%,它们对技术创新能力累积影响系数达 92.532%。

表 4　我国装备制造业行业技术创新因子得分及排名

	F_1		F_2		F_3		$F_{综}$	
	得分	排名	得分	排名	得分	排名	得分	排名
金属制品业	0.149 383	7	0.345 746	2	0.127 541	7	0.171 998	7
通用设备制造业	0.799 287	5	0.241 606	3	0.848 597	2	0.642 541	5
专用设备制造业	0.905 643	4	−0.096 31	5	0.798 573	3	0.646 05	4
交通运输设备制造业	1.321 901	2	0.597 061	1	0.309 351	5	1.000 267	1
电气机械及器材制造业	1.018 459	3	0.145 916	4	0.869 956	1	0.770 268	3
通信设备、计算机及其他电子设备制造业	1.410 015	1	−0.276 58	7	0.177 745	6	0.887 033	2
仪器仪表及文化、办公用机械制造业	0.593 109	6	−0.109 39	6	0.321 42	4	0.396 556	6

四、结论

(1) 根据表 4 综合得分的排序结果,可以看出我国装备制造业 7 大类行业的技术创新能力排名依次是交通运输设备制造业,通信设备、计算机及其他电子设备制造业,电气机械及器材制造业,专用设备制造业,通用设备制造业,而仪器仪表及文化、办公用机械制造业,金属制品业技术创新能力较弱。这一排序结果符合一般规律,即技术含量越高和综合竞争力越强的行业,其技术创新能力越强,综合排名越靠前,而传统的机械工业,自主创新能力相对较弱。

交通运输装备制造业技术创新综合实力最强,该行业的技术创新转化吸收因子 F_2 和技术创新整体运作因子 F_1 分别排名 1,2 位,远远高于其他行业,但是技术创新支撑保障能力相对较弱。从该行业的创新产出原始数据看出,其技术创新的产出较差,这说明较差的创新产出能力与其位列首位的创新投入能力是不相匹配的,需要加大产业内自主创新科研投入和成果的转化能力。

通信设备、计算机及其他电子设备制造业综合排名第 2,但整体运作能力因子得分最高,转化吸收能力因子只位居倒数第 1,技术创新支撑能力因子得分排名居第 6 位,位列两个极端。这说明虽然该行业技术创新整体投入较高,拥有较多的技术创新资源,但技术创新的转化吸收能力和支撑能力都很弱,该行业在创新资源利用上效率较低。该行业需要加大行业内科技资源的整合,加强自主研发的产出绩效。

电气机械及器材制造业技术创新综合排名第3，整体运作能力略低于前两个行业，转化吸收能力因子得分排名第4位，技术创新支撑能力因子得分排名第1位，该行业技术创新能力在创新产出方面能力较强，但创新资源投入相对不足，该行业发展潜力较大。

专用设备制造业技术创新能力综合排名居第4位，其整体运作能力因子、转化吸收能力因子和技术创新支撑能力因子得分排名依次为第4,5,3位，说明其整体运作能力、转化吸收能力、技术创新支撑能力均一般。该行业属于传统的机械业，其产业规模和人力资源拥有量均居中等水平，而创新产出能力差，创新资源的投入产出发展极其不均衡，存在大量的资源浪费，并主要关键设备依赖进口使得该行业缺乏竞争力，未形成良好的经济效益。

通用设备制造业和仪器仪表及文化、办公用器械制造业综合得分分别居第5位和第6位，技术创新整体运作能力相对较弱，这两个行业在在创新投入、创新产出方面发展较为平衡，技术创新整体运作能力薄弱是制约该子行业的技术创新综合能力提升的“瓶颈”，完善相关运作机制，提升整体运作能力是其当务之急。

金属制品业技术创新整体运作能力及技术创新支撑能力都排名居末，但转化吸收能力较强(排名第2位)，该行业属于传统的机械业，技术创新能力相对较弱。其技术创新转化吸收因子 F_2 位列第二，而技术创新整体运作因子 F_1 和技术创新支撑因子 F_3 得分最低，目前仍处于技术含量低的行业状态，因此，加大科技投入和产出，提升其整体运作能力和技术创新支撑能力是其首要任务。

(2) 从各大类行业的因子分值来看，交通运输装备制造业，通信设备、计算机及其他电子设备制造业，电气机械及器材制造业的技术创新整体运作因子 F_1 分值较高，位居前3位。这表明这三大类行业十分重视对技术创新的投入，在创新资源投入上远远超出其他大类行业，也验证了创新资源投入与技术创新能力的正向关系。

通信设备、计算机及其他电子设备制造业，仪器仪表及文化、办公用机械制造业，专用设备制造业的技术创新转化吸收因子 F_2 分值较低，位居7大类行业后3位，且得分小于0。这表明这些行业的技术创新产出绩效差，低于平均值，特别是通信设备、计算机及其他电子设备制造业，其因子得分很低(-0.276 58)，这可能是由该产业是一个技术含量中缺乏自主创新能力，核心技术对外依存度高，主要靠技术引进造成的。

交通运输设备制造业，通信设备、计算机及其他电子设备制造业，电气机械及器材制造业的技术创新支撑因子 F_3 分值较高，位居前3位。这表明这些行业的技术研发实力较强,科研投入较大,具有较强的竞争力和发展潜力。

(3) 针对我国装备制造业行业普遍存在的创新资源投入不足,新产品开发能力弱,产品科技含量和附加值低等问题,装备制造业行业应加大自主创新的资金投入,通过有效的激励机制,鼓励工程技术人员按照消化 — 吸收 — 再创新的思路进行设备改造和技术创新,建立自主创新平台,加强与高等院校及科研院所的合作,加强产、学、研一体化建设,走自主创新之路,从完全依靠国外进口核心技术转移到依靠自主创新的技术升级和设备更新,加强自主研发和新产品开发,提高产品的技术含量,增强产品市场竞争力。

参考文献

[1] 李廉水,周勇.制造业技术创新能力评价与比较研究[J].科学学与科学技术管理,2005(3):38-42.

[2] 黄鲁成,张红彩.北京制造业行业的技术创新效率评价[J].科学学研究,2005(12):279-282.

[3] 王章豹,吴庆庆.我国装备制造业自主创新之问题透视与路径选择[J].合肥工业大学学报,2006(10):1-8.

[4] 王玉,孙慧.长江三角洲装备制造业产业区带实证研究[J].财经研究,2005(9):71-78.

[5] 柳喜花.中国装备制造业技术创新能力研究[J].沿海企业与科技,2006(11):154-156.

[6] 王章豹,孙陈.基于主成分的装备制造业行业技术创新能力评价研究[J].工业技术经济,2007(12):63-68.

[7] 陈红梅.基于 AHP 和 DEA 的装备制造业行业技术创新能力综合评价[J].企业经济,2009(3):117-119.

[8] 上海财经大学产业经济研究中心.2010 中国产业发展报告[M].上海:上海财经大学出版社,2010.

基于4S分析的我国地方政府行政问责制研究

王 慧 张 星

摘 要 本文通过概述我国地方政府行政问责制的发展过程，分析了目前地方行政问责制中的4S分析即Subject，Scope，System和Standard，进而提出了通过强化异体问责实现问责主体的多元化，明确问责范围，拓宽问责领域，健全法律体系，克制问责制度缺陷等途径来完善我国地方政府行政问责制，全面追究政府责任监督政府职能。

关键词 我国地方政府行政问责制 4S分析

党的十七大中明确提出要“健全政府职责体系”“形成权责一致、分工合理、决策科学、执行顺畅、监督有力的行政管理体制”，行政问责制度作为现代民主行政的一项重要内容，旨在全面追究政府责任，监督政府职能。2003年的“非典”事件被认为是开了中国官员问责制的先河，使行政问责在我国第一次走进公众的视野。此后，重庆、天津、深圳、成都、长沙等地方政府相继试行“行政问责制”，使得行政问责制从非常时期的非常措施开始走向了制度化的轨道，展开了我国地方政府行政问责制的新篇章。

一、我国地方政府行政问责制的发展

我国行政问责制的发展可以说是以2003年为分界线的。2003年“非典”期间，当时全国查处上千名隐瞒疫情或防治不力的官员，是自新中国成立以来我国首次在突发灾害事件中，大规模、大范围地追究官员责任的一次举措。之后，中央开始加快推进行政问责制建设。在2004年2月颁布的《中国共产党党内监督条例(试行)》、3月5日发布的《政府工作报告》、4月中共中央批准实施的《党政领导干部辞职暂行规定》和国务院颁布的《全面推进依法行政实施纲要》中，都对行政问责制做了相关规定。而《中华人民共和国公务员法》于2005年4月颁布，这标志着我国的行政问责更加法制化和规范化，为健全我国政府职责体系、建设责任型政府提供了法制保障。另外，温家宝总理在2006年9月和2008年3月的两次讲话中都强调了加快建立实行以行政首长为重点的行政问责制。

根据中央文件和政策法规,各省市级地方政府相继出台了不同级别的地方政府行政问责暂行办法,2003 年 8 月,湖南省长沙市出台了国内首个地方政府行政问责办法——《长沙市人民政府行政问责制暂行办法》。2004 年 1 月 13 日,天津市颁布了《天津市人民政府行政责任问责制试行办法》,对行政问责的对象、行政问责的内容、行政问责的方式以及行政复核等有关问题进行了具体规定。2004 年 7 月 1 日,《重庆市政府部门行政首长问责暂行办法》正式实施,其中将重庆市政府各部门的行政首长以及参照执行的部门副职、派出和直属机构的"一把手"纳入问责对象范围,同时将效能低下、执行不力、瞒报或虚报重大突发事件、盲目决策和在商务活动中不讲诚信等 18 种情形列为追究责任依据。接着,2005 年 1 月、2 月、11 月,海南省、浙江省、成都市地方政府相继出台了关于行政问责制的相关规定。此外,深圳、河北、广西和甘肃等都相继出台了行政问责相关规定,并在一些地方掀起了责任风暴,使我国行政问责制的实践大大地向前推进了一步。2007 年 11 月。吉林省公布了行政问责暂行办法,规定对没触犯法律或者违法但不构成刑事责任的,以及未构成违纪或者违纪了但不够处分标准的 44 种行政行为进行问责。2008 年 1 月,云南省颁布《关于省政府部门及州市行政负责人问责办法》,提出"要让行政问责制度家喻户晓,让全社会都来监督政府官员和政府行为"。而江苏苏中地区的扬州、南通、泰州三市也分别于 2007 年 3 月、12 月,2008 年 7 月先后出台了《扬州市行政首长问责暂行办法》《南通市行政首长问责暂行办法》《泰州市人民政府行政问责暂行办法》。其中《泰州市人民政府行政问责暂行办法》对行政决策、行政执行、行政处罚、行政许可、行政强制、行政征收、行政裁决、行政确认、行政给付、行政检查、行政复议及行政赔偿等 12 种具体行政行为的 71 种情形,做出了问责规定,几乎贯穿了行政工作的全过程。

由此可见,我国各级地方政府已经充分认识到行政问责的重要性,陆续开始建立了地方行政问责制,形成了从中央到地方的行政问责制度。

二、我国地方政府行政问责制的 4S 分析现状

从 2003 年"非典"事件以来,各地政府根据中央精神,加快关于行政问责制度的建设发展,推动了我国行政问责体系的形成发展,对地方政府起到了监督职能、追究责任的重要作用。但要看到,在实际的发展过程中,各地措施中存在一些问题,导致行政问责制没有取得应有的绩效效果,影响了行政问责充分发挥其真正的作用。

1. Subject——问责主体

行政问责主体主要包括同体问责和异体问责两种形式。同体问责是指执政党系统对其党员干部的问责，或者行政系统对其行政干部的问责；异体问责包括行政系统外部的问责和最高权力机关的问责。而我国目前实行的问责制，主要是组织系统内部对成员的问责，属同体监督。

从实践来看，目前我国地方政府行政问责启动的大多是同体问责，即上级对下级的问责、专门行政机关对行政人员的问责。其在强化政府官员的责任意识方面当然具有重要作用.但也存在比较明显的缺陷与不足。在同体问责下，行政责任的授权主体是行政管理者，而行政责任的承受主体是行政被管理者，在问责主体和问责对象之间就有了清晰的上下级关系。那么如果在上下级之间需要承担连带责任的情况下，就难保问责结果的公正性。从理论上说异体问责更具有根本性，但目前来说异体问责的主体仍比较薄弱，各级人民代表大会、民主党派、公民等异体问责主体存在问责缺位，没有充分发挥异体问责的作用。

2. Scope——问责范围

行政问责的范围，不仅包括对发生的重大事故问责，而且要对行政机关及其领导做出的错误决策问责；不仅要对滥用职权的行政作为问责，而且要对故意拖延、推诿扯皮等行政不作为问责。

目前我国地方政府行政问责范围狭窄，唯“过”是问。各地政府实行的行政问责制过多注重追问具体问题的具体过错，多为对在重大事件中有严重失职或过失行为的领导、个人的事后惩罚，缺乏对根本责任的关注，实质上是一种善后的被动程序，无法起到主动避免灾难发生的作用，是一种消极问责。

3. System——问责制度

行政问责的制度就是指行政问责的依据。实施行政问责，必须以健全的法律制度作为有力支撑。但是，我国行政问责制立法的总体状况依然是“法律缺失”。

当前，我国有关行政问责的规定不够具体和科学，虽然适用于行政问责制的有关规定比较多，如《中华人民共和国公务员法》《中国共产党党内监督条例(试行)》《中国共产党纪律处分条例》《党政领导干部辞职暂行规定》等党和政府的相关法律与政策文件，但上述条例规定只能参照执行，并不是专门针对行政问责的法规。同时，关于行政问责的条文都比较笼统和抽象。比如在问责事由的规定中，对于“重大损失”和“重大事故”，对于引咎辞职中的“咎”的性质和轻重程度，都没有加以统一、具体、明确的界定。

此外，各地方行政问责的规章之间缺乏统一性。我国至今没有全国统一的关于问责制的法律法规。从目前各地制定的行政问责规章来看,无论是问责对象、问责主体、问责事由,还是追究责任的形式、方式、程序等诸方面都不尽相同。

4. Standard——问责标准

目前地方政府行政问责所适用的规范繁多,在问责范围、惩处依据和尺度等方面的问责标准不统一,由此导致操作上困难重重。

首先是问责程序的启动标准不规范。现行行政问责制适用的法规既有中央出台的,也有地方政府制定的;既有党的条例,也有政府的法规。这就导致各地对同一性质的行为该不该问责、问责结果如何,没有统一的标准,甚至相互矛盾。其次是在问责的认定上,对于在何种情况下依据何种标准对官员进行何种追究尚未明确,容易造成领导人最终决断的现象。

三、完善我国地方政府行政问责制的途径

通过4S分析,我们可以发现当前我国地方政府行政问责制的构建还处于发展阶段。在此过程中,还存在一些问题,这就亟须创新制度建设,从而使行政问责真正走向制度化、法制化。因此,在完善我国地方政府行政问责制的过程中,必须注重改革完善以下几个方面。

1. 强化异体问责,实现问责主体的多元化

在行政问责主体上,异体问责可以说是一种更客观、更有效、更具有公信力、更符合民主政治要求的问责方式。在行政问责制中。必须发挥异体问责对于国家公权力运行状况的监督功能,充分发挥人大的监督作用,这样才能对执政党和政府产生有效的政治压力和制约作用。

当前,虽然我国地方政府建立了同体问责与异体问责相结合的问责体制,但在实际的操作中,异体问责中的人民代表大会、民主党派和公众等仍存在问责缺位的现象。因而要加强人大的问责权力,通过行使有关法律中规定的质询权和调查权,对有关官员起到督察、规范作用。此外,吸纳各民主党派、人民团体进入到问责制度中,畅通新闻媒体及民众对行政问责的渠道,从不同维度对地方政府形成监督和控制,构建问责网络,实现问责主体的多元化。建立一个以民意和舆论为基础,以内部权力机关为主导,民主党派、人民团体、新闻媒体和民众等多方有序参与、相互配合、共同促进的行政问责体系。

2. 明确问责范围,拓宽问责领域

目前的行政问责仅限于在社会上造成不良影响的行为,在人命关天的大事件上,而且引咎辞职、责令辞职往往也只是关注于安全事故领域,对其他领域应担负领导责任的官员,至今尚未真正落实问责。因而这就要求合理划分

问责事项范围，明晰责任归属，制定科学的、公平的责权划分体系。

首先，行政问责制应是一个系统化的规范，是经常化、制度化的"问"——质问、弹劾、罢免等，从管理不善、政绩平平到用人失察、决策失误等都应纳入问责的范围之内，特别是那些已经或可能违背公共利益、没有满足公众期望的行为，以及碌碌无为、不思进取的官僚。其次，针对中国党政交叉任职较为普遍的情况，不仅要对行政机关及其工作人员问责，也要对各级党组织、权力机关、司法机关、公共部门等组织及其工作人员问责，明确政府官员分工，明确正副职之间的责任划分。

3. 健全法律体系，克制问责制度缺陷

健全行政问责的专门法律体系，不仅要梳理现有法律、规章和行政法令，推进现有关于《中华人民共和国国家公务员法》《中华人民共和国行政诉讼法》和《中华人民共和国国家赔偿法》的有效实施和配套法规的完善，还要消除相互冲突的条款规定，弥补体制漏洞和法律缺陷，促进政策的法律化，最重要的是应该加快行政问责立法步伐，尽快制定一部全国统一的行政问责法，把行政问责纳入法治化的轨道。同时，也要尽快制定行政问责的配套法律制度，完善行政问责的法律条款，如行政监督法、新闻媒体监督法等。这样在各类法规的执行中形成执法合力，从而一方面给予公众以监督的权利，保障公众基本的问责诉求；另一方面达到对责任官员的追究与惩戒，杜绝未来行政行为的再次违规、违法。

四、结语

行政问责制度是一把双刃剑。建立合理的行政问责制度，可以促使官员合法、正当地行使手中的权力，不断提高领导水平，但如果在实施行政问责制的过程中形式过于简单，范围过于扩大，则有可能挫伤行政机关和公务人员的积极性，背离问责制的初衷。因此，当前我们要用好行政问责制这把双刃剑，关键还是要坚持同体问责与异体问责相结合，强化异体问责；明确问责范围，对不同部门、不同岗位的领导职能、职责和权限进行明确、严格的划分；并以此为基础，建立科学系统、合理有效的行政问责制度和相关法律，真正推动政府向责任政府、民主政府转变。

参考文献

[1] 邱雯，曹希绅. 论行政问责制在我国的实施现状和对策分析[J]. 求实，2008(11).

[2] 陆彩鸣，徐小军. 中国行政问责制建设的现状缺陷及完善[J]. 中国发展，

2008(12).

[3] 丁存先,夏淑梅.完善我国行政问责制的几点思考[J].中国行政管理,2006(1).

[4] 刘国军.加强地方政府行政问责体系建设的对策与思考[J].领导科学,2009(1).

[5] 厉有国.地方政府行政问责的困境与出路[J].当代行政,2009(1).

[6] 宋涛.中国地方政府行政首长问责制度的制度设计缺陷及影响[J].行政论坛,2007(1).

[7] 范履冰,郭春甫.行政问责制对地方政府经济行为的影响——制度堕落的视角[J].西南政法大学学报,2007(10).

[8] 王娟.当前我国行政问责制存在的问题及对策分析[J].公共行政,2009(2).

[9] 孔杰.关于完善我国行政问责制的思考[J].昆明理工大学学报:社会科学版,2008(10).

高校民主管理建设中存在的问题与对策研究

贺　华　刘银中

摘　要　高等学校肩负着培养创新型人才，建立创新型国家的重大使命。高校实行民主管理有利于完善高校民主决策、科学决策机制，促进高校提高管理水平；有利于加强党风廉政建设，密切党群、干群关系，保护、调动和发挥广大教职工办学的积极性，是高校科学决策的立足点和支点。本文坚持以人为本的工作理念，从构建和谐校园的角度，对存在于高校民主管理中出现的各种不适应发展的问题和矛盾进行分析，结合高校民主管理的内涵、特点，对如何加强和完善高校中民主管理建设的对策和途径进行多角度、全方位的研究和探讨，谋求多方面的行之有效的解决问题的方式、方法，克服高校民主管理发展的瓶颈，保证高校管理制度的可持续发展和进一步的完善。

关键词　高校　民主　管理制度

近年来，随着教育体制改革的不断深入，高校办学自主权不断扩大，民主管理的重要性也越来越显现出来。教职工是学校的主人，尤其是工作在教学、科研第一线的教师，更是学校事业发展的骨干力量。学校民主管理的本质和核心，就是教职工当家做主，真正享有管理学校事务的权利。为此，探讨新时期加强高校民主管理，进一步调动广大教职工参与学校管理的积极性、主动性和创造性势在必行。随着国家教育事业的发展和政治文明建设的持续推进，民主管理在高校的地位不断提高，制度在不断完善，内容在不断丰富，呈现出良好的发展态势。高校民主管理制度的建设，是高校的一项基础性建设，是实现社会主义民主目标的根本途径，是保证高校教学、科研、管理顺利进行的根本条件，是现代高校赖以生存与发展的基础。没有高校民主，就没有高校的活力与创造力，就没有高校的现代化。为了更好地实现党的领导、师生当家做主、依法治校的有机统一，作为高校管理者和服务者必须冷静面对高校民主管理发展依然存在的弊端和问题，积极探索民主管理建设中的新理念、新方法。进一步认识新时期高校民主管理的内涵，坚持强有力的领导，采取切实可行的措施实施民主管理，是促进学校科学管理，提高办学效益的保证。高校只有坚持民主管理，健全民主决策机制和监督机制，才能保障教职工享有充分的民主权利，进而调动广大教职工的参与管理的积极性，保证高校向着规范、有序、持续、健康和谐校园的方向发展。

一、高校民主管理的内涵和特点

1. 高校民主管理的内涵

民主是指一种按照预定的程序和规则，根据多数人的意愿做出决策的机制。所谓民主，本质上讲是指一种国家制度，是指在一定阶级范围内按照平等原则和少数服从多数的原则来管理国家和社会事务。民主管理在具体工作中，是指一种民主管理原则和民主工作作风。高校民主管理指大学师生员工、各群体成员和民主管理机构对大学公共事务行使民主权力的制度和实践活动的总称。民主管理的主体是全体师生员工、各群体成员，民主管理机构包括教职工代表大会、工会、团委、学生会等，民主管理的内容包括政治事务、经济事务、行政事务、学术事务等。通过民主管理，让广大师生员工拥有知情权、建议权、决策权、监督权，把他们的智慧和才能充分发挥出来，这是办好一所学校的关键所在。其表现为 3 个基本方面：教职工以一定方式直接参与学校工作的管理，教职工以一定方式直接对学校工作实施群众性监督，在对学校管理直接参与和实施监督的过程中，表达和维护教职工自身的合法权益。

2. 高校民主管理的特点

“民主管理的特征主要有三点：一是具有广泛的群众性，自下而上反映广大群众的意愿。二是具有一定的约束力和权威性，有制度做保证，有一定的权力。三是具有独立性，不依附于行政管理机构。”从我国社会主义初级阶段的国情出发，相对于企业、农村和社区而言，高校的民主管理主要有下述 4 个特点。

(1) 传统继承性。从大学自治的发展历史来看，大学自治权的来源和行使都无法与大学的民主管理相分离，民主管理是大学自治的题中应有之义，是大学自治的原动力。高校要适应社会主义市场经济改革和依法自主办学的需要，就必须坚持民主管理，推进高校管理的科学化、民主化。

(2)法律规定性。高校民主管理是教职工依据《中华人民共和国教育法》《中华人民共和国高等教育法》《中华人民共和国教师法》《中华人民共和国工会法》等法律文件，以主人公身份，通过一定的组织形式，参与高校管理，行使民主管理权利的一种制度和一项活动。

(3)社会影响性。大学作为社会的人才中心、知识中心和信息中心，是知识分子集中的地方。大学师生是具有较高文化素养的公民，他们思想活跃，接受信息能力强，识辨能力强，对民主也具有独到的认识，对管理国家、社会和学校事务具有比较丰富的知识见解和较强的分析能力，充分发挥他们的民主积极性，有利于推动整个社会的民主建设，有利于社会主义建设的顺利进行。

(4)主体特殊性。高校民主管理面对的主要是教师、大学生这样两个不同的主体。一个是传道授业解惑者，一个是即将走入社会的社会主义建设者和接班人。教师的劳动具有高度自觉性，他们是培养高级人才的人类灵魂的工程师，在教师这一社会阶层中进行民主建设，直接影响着整个社会的民主政治建设的进程。而大学生思想活跃，精力充沛，富于开拓进取精神，正处于由学校进入社会的准备时期，他们在校期间接受民主教育的熏陶、训练以及在高校民主实践中养成的良好习惯，都将使他们成为社会主义民主建设的中坚力量和推动力量。

二、高校民主管理存在的主要问题

当前，中国高校的民主管理虽然进展比较快，总的发展势头比较好，取得了一些成绩和经验，但还存在一些不容忽视的问题。几千年来，中国"官本位"和"权本位"的人治传统观念根深蒂固，法治民主进程仍在循序渐进，民主管理的模式和体制还在不断探索与完善中，推进学校的民主管理，打造阳光高校的任务依然艰巨。存在于高校民主管理中的各种不适应发展的问题和矛盾日益凸显，高校民主管理发展处在难以克服的瓶颈中。

1.民主管理意识淡薄

尽管现在高校中都有教代会这种主要的民主管理形式，高校管理领导者也强调校务公开、民主管理和依法治校，然而，民主热情和口号并没有真正转化为民主作为和习惯。其主要原因是受领导干部群众观念和民主意识的制约，受教职工的民主意识和参政能力的制约。具体体现在，学校行政领导层在管理中达不到从"要我民主管理"到"我要民主管理"的思想转变，没有真正树立"广大教职工是学校的主体"的观念，致使民主管理停留在表面化；广大教职工没有把民主管理和依法治校作为自己的责任，学校校务公开不规范、民主管理制度不健全，民主管理氛围不浓厚，教职工怕提意见影响自己评职、申报课题和个人发展，怕耽误自己的时间，对官的敬畏或担忧依然存在，使得民主评议和监督都无法真正贯彻落实。

2. 制度建设和实施上还缺乏有力的保证

当前，高校民主管理在制度建设上面临着一些问题。高校教代会是高校民主管理的核心内容，但是，教代会制度的法规还有待完善。虽然《中华人民共和国教育法》《中华人民共和国教师法》和《中华人民共和国高等教育法》都对教代会做了规定，但对民主管理的基本形式、管理范围、运行程序、监督机制、具体措施、评价方法等并未做出明确规定，因此需要制定一部保证和规范高校教代会的法规或条例，使教代会的具体实施有法规和政策依据。另外，在一些学校，教代会工作的职责不够明确。教代会工作是学校党政工的共同责任，学校工会只是教代会的具体工作机构。但实际操作上往往把教代会和工会等同起来，认为教代会工作只是工会的事情，使教代会建设的力度受到影响。

3.没有形成完善的监督制约和处罚机制

高校民主管理实施的好坏，不像计划生育、综合治理等工作那样实行一票否决制，无论是单位或个人，谁违反了谁受到处罚。目前，对高校民主管理制度的落实情况缺少相应的监督机制，一方面，没有一个标准来衡量一所高校民主管理的好坏，另一方面，民主管理制度落实得好坏并没有影响学校的评优和领导的升迁。法律规定高校民主管理权是不可诉权，就是有侵犯民主管理权的行为也无法启动司法程序；法规具体措施的落实都有一个过程，执行法规的措施不明确，法规的实施很难到位。

三、完善高校民主管理的对策和途径

1.确立以人为本的理念，提高民主管理能力

加强高校民主管理，一是必须牢固树立“教育以人为本，以学生为主，办学以人为本，以教师为主体”的理念，落实全心全意紧紧依靠广大教职工办学的方针，尊重师生的主体地位，充分发挥他们在学校建设中的主体作用。二是坚持一切从师生员工的利益出发。坚持“尊重劳动、尊重知识、尊重人才、尊重创造”的方针，即注重政策激励，更注重人文关怀，最大限度地激发师生员工的创造活力，增强师生员工的归属感和向心力。三是统筹兼顾不同群体的利益。努力使学校的各项政策规定更好地体现师生员工的利益，妥善处理激发活力与形成合力的关系，从而增强凝聚力。

2.建立民主决策机制

科学民主决策是提高高校管理水平的内在要求，是加强高校民主管理的必然要求，是保证学校改革发展顺利进行的重要前提。要切实加强民主决策的科学性。一是要坚持从群众中来、到群众中去的工作路线，进一步完善教职工代表大会制度、情报反映通报制度、重大决策征求意见制度、学术委员会制度等，进一步明确群团、学术咨询组织的职能、作用和责任，完善依靠群众支持和参与的领导体制和工作体制，努力形成深入了解民情、充分反映民意、广泛集中民智的工作机制。二是要严格执行会议决策原则。按照集体领导、民主

集中、个别酝酿、会议决定的原则进行决策，建立健全信息公开制度和决策协商协调机制。三是建立教代会工作保障机制，使教代会上提出的建议得到有效实施，从而做到科学决策、民主决策。

3. 强化民主监督机制

加强民主监督是加强高校民主管理、推进决策科学化、民主化的重要举措。一是要加强对领导班子特别是主要领导的监督。认真落实领导干部个人事项报告制度，建立校长向教代会、职代会述职述廉制度，切实加强领导干部遵守党的纪律、贯彻落实科学发展观、执行民主集中制、落实廉洁自律规定等方面的监督检查。二是要完善权力运行的监督和制约机制。坚持科学、管用、有效的原则，建立健全决策权、执行权、监督权既相互制约又相互协调的权力结构，构建党内监督、党外监督、审计监督、师生员工民主监督和社会监督“五位一体”的立体监督体系。做到有制度管权、管事、管人，努力实现多层次、全方位的监督。

民主管理是新时期高校工作的重要任务，面对高校改革发展中不断出现的新问题、新情况，要全心全意依靠广大教职工办学，根据实际情况去科学民主地解决问题，真正实现民主管理。

参考文献

[1] 丁尊惠. 高校民主管理与民主制度建设的理性思考[J]. 云南高教研究，2000(71).

[2] 郑禹. 建设阳光高校是民主管理的必然选择[J]. 阜阳师范学院学报，2010(2).

[3] 宋智敏. 高校民主管理法制化的思考与建议[J]. 湘潭师范学院学报，2008(5)：96－98.

[4] 马乙玉. 大学民主治校路途的研究[J]. 黑龙江教育研究，2008(10).

[5] 吴志宏. 关于实行校务公开的几点思考[J]. 大连学院学报，2004(2).

高校民主管理制度建设研究

徐小莹　刘银中

摘　要　高校民主管理制度的建设，是高校的一项基础性建设，是实现社会主义民主目标的根本途径，是保证高校教学、科研、管理顺利进行的根本条件，是现代高校赖以生存与发展的基础。本文从构建和谐校园的角度，对存在于高校民主管理中的各种错综复杂的多元关系进行分析，并结合学院专业特色，对高校学院中民主管理制度建设进行多角度、全方位的研究和探讨，从而构建和完善学院民主管理体制与运行模式，进而达到教师、学院和学校共同、可持续发展。

关键词　民主管理　考核　权利

近年来，随着教育体制改革的不断深入，高校办学自主权不断扩大，民主管理的重要性也越来越显现出来。教职工是学校的主人，尤其是工作在教学、科研第一线的教师，更是学校事业发展的骨干力量。学校民主管理的本质和核心，就是教职工当家做主，真正享有管理学校事务的权利。为此，探讨新时期加强高校民主管理进一步调动广大教职工参与学校管理的积极性、主动性和创造性势在必行。进一步认识新时期高校民主管理的内涵，坚持强有力的领导，采取切实可行的措施实施民主管理，是促进学校科学管理，提高办学效益的保证。高校只有坚持民主管理，健全民主决策机制和监督机制，才能保障教职工享有充分的民主权利，进而调动广大教职工的参与管理的积极性，保证高校向着规范、有序、持续、健康、和谐校园的方向发展。因此做好学院中民主管理制度的建设研究，对学校的民主管理与民主建设研究有着十分重要的现实意义。

一、高校民主管理的概念

美国现代著名实用主义哲学家和教育家杜威（John Dewey，1859—1952）在《民本主义与教育》中强调："民主主义的特征是共同参与事业的范围的扩大，和个人各种能力的自由发展。"高校民主管理就是高校管理者在民主、公正、公平、公开原则基础上，集中高校教职员工智慧，以科学的管理决策，协调、控制高校内部各级组织的行为，达到管理目标的一种管理方法。高校的民主管理更大程度上是指高校教职员工参与学校决策的权利、参与学校管理的方式、参与民主监督的程度以及参与积极性是否得到充分发挥，属于管理民主。

二、高校民主管理的方法和途径

1. 民主管理制度的建立

民主管理所要达到的效果就是使每一个人心平气顺、利益平衡、目标一致、行动统一，使高校工作绩效实现最大化。这就需要有一整套规范完善、行之有效的运行机制。这个机制能够体现出以人为本、以教职工利益为本、反映教职工的意愿，能够成为个人利益与集体利益的有效保障，并且要具有广泛的约束力。良好的民主管理制度体系的建立正是实现教职工民主权利的基本保证。

民主管理制度体系的建立包括建立教职工代表大会制度、校务公开制度的建立、基层民主建设的加强。

2. 重大决策的民主化、科学化

民主决策是学校民主管理的核心内容。如何做到决策的民主化和科学化，这就需要学校管理者在决策的制定、形成、完善和实施过程中要时刻注重维护广大教职工的利益要求。要求决策要有可靠的政策依据和基础，决策需要满足广大教职工的意愿和要求，要有必要的民主程序。

3. 民主管理渠道的通畅化

高校如果没有通畅的民主渠道就没有民主管理，因此，拓宽民主渠道是高校民主管理建设的基础性工作。首先，抓好常规的民主渠道建设，如设立学校工作意见箱，定期召开座谈会，征求意见会，部门访谈会，设立校长接待日和走访日等，使常规的民主渠道发挥应有的作用；其次，随着信息技术和网络技术的发展，可以在校园网上设立校长意见箱、纪检监察信箱、民主管理网络论坛等，让网络拓宽民主建设渠道，方便群众参与和监督；再次，建立校情发布会制度和开展合理化建议活动，让大家知情后能广开言路、献计出策，让教职工以主人翁的姿态来共同谋求学校的发展。美国学者伯瑞兹（M. Bridges）认为，是否需要参与管理，在什么情况下参与，谁该参与，参与到什么程度，取决于个人与决策问题的相关性。高校管理者只有从心底里有接受和采纳教职工意见和建议的愿望，在实践决策的过程中也能积极听取、征求教职工的意见，并把意见纳入到决策方案中，才能真正调动教职工参与决策的热情，才能使民主渠道更通畅。

4.民主管理权利的扩大化

高校民主权利的扩大化,主要是指教职工广泛地参与民主管理,扩大民主管理参与的范围,集中体现在扩大教职工的知情权、参与权、评议权和监督权。

知情权的扩大,就是要让广大教职工了解校务基本情况、因果关系及处理过程、结果;参与权的扩大,就是要让广大教职工有参与民主决策和民主管理过程的权利;评选、评议权的扩大就是学校的各种评比权,不应过分集中在管理者手中,管理者应当放权,让广大教职员工积极参与评选过程中,教职工对评选有了发言权,就有了参与的积极性;监督权的扩大就是教职工对学校事务中的一些内容,不但知道详情、有权讨论,而且能够对这些事务加以监督管理。

三、高校民主管理中存在的各种关系

1.推进高校民主管理与完善高校管理体制的关系

教育改革越深入,就越需要建立、健全和完善高校的民主管理制度。而民主管理制度建设的推进,亦将极大地促使高校整个管理体制的健全、完善和发展。

2.民主管理制度与行政管理制度的关系

就其本质而言,这两者是完全一致的。而且只有这两种制度融为一体,形成合力,才能促进高校的改革和发展。在高校的管理实践中,也只有行政管理和民主管理相互结合,互为补充,才能构筑起高校坚实有力的管理体系,保证高校各项工作的顺利进行。

3.民主管理与集中管理的关系

在高校的民主管理中,必须注意民主与集中的辩证关系,既要保证党委在高校中的领导核心地位和保证校长能够依法独立地行使权力,又要保证教职工在学校中的主人翁地位,保证广大教职工在学校重大问题上有发言权、监督权。

4.党委与教代会的关系

党委与教代会是领导与被领导的关系。学校党委对教代会的领导,主要通过讨论审定召开教代会的计划和方案、对教代会的议题议程及报告进行审议后提出原则性意见等途径来实现。

5.民主管理与教代会职权的关系

教代会对学校发展具有全面性、长远性的重大问题及重大改革举措,应具有决策权、参与权;对学校教学、科研、产业及日常行政管理,应具有建议权;对涉及教职工切身利益的问题,应具有决定权;对学校各级行政领导干部,应具有评议权和监督权。只有真正拥有了这些权利,教职工才会有参与民主管理的主动性和积极性。

6. 党政与工会的关系

工会必须自觉接受党的领导，坚持独立自主地开展工作，团结和带领广大教职工献计献策，出色地完成学校的工作任务，成为党政的强大支柱。同时，工会一定要摆正位置，明确职责，既认真履行民主管理和民主监督的职权，又积极主动地与党政密切配合，做到到位不越位，主动不蛮干，补位不添乱，努力营造学校生动活泼、安定团结的政治局面。

四、对民主管理制度建设发展趋势的思考

1. 由被动服务向主动服务转变

首先，把高校教代会民主管理和民主监督工作体系建设的推进放在学校发展与教职工整体发展进步相统一的高度上来认识。重点从观念上树立起“主动”意识。其次，通过激励的方式，把给学校建设献计献策提升为经常性的工作，以工会为常设机构，已开设了“书记、校长、工会主席热线”，开通了网上论坛和建议信箱，由有关职能部门及时回复教职工提出的问题；设立专项奖励基金，对有价值建议进行奖励，并予以宣传表扬，增加职工参政议政的积极性；同时，还不定期举办各种大型公益性讲座，邀请其他高校或教育经济管理等方面的专家介绍行业发展状况，培养全校教职工对学校未来发展的预见力，开拓他们的视野。这一措施非常有效，不仅营造出“我与学校共同发展”的积极氛围，提高了教师代表的思想认识水平，也为全校民主管理和民主监督奠定了一个良好的基础。

2. 由依靠行政命令向依法行政转变

把教代会在会议中形成的决议纳入到学校领导的工作依据当中去。同时，还将所有经过实践检验的有效的量化标准加以制度化，比如将每学期的教代会代表巡视、调研和考察报告撰写工作结合起来；将校务公开工作的开展与院校两级领导的工作报告以及答辩会结合起来；将教代会代表参与学校重大决策等行之有效的量化考核方法固定下来形成制度。这样就最大程度地使校行政领导为教职工和学校负责，最大程度地使教代会参与到学校决策的全过程中，教代会工作的可操作性也得到增强，并在开会和闭会之间形成良性循环，由大包大揽向组织协调转变。

由以上分析可知，目前，我国高校民主管理制度的建设面临着诸多新问题、新情况，管理制度的完善和运行模式有待于探索新的途径和方法，新时期加强高校民主管理，进一步调动广大教职工参与学校管理的积极性、主动性和创造性势在必行。

参考文献

[1]　李毅,杜威.民本主义与教育[J].山东师范大学学报:人文社会科学版,1985(6).

[2]　邓国胜.事业单位治理结构与绩效评估[M].北京:北京大学出版社,2008.

[3]　毕宪顺.试论高等学校内部领导管理体制的构建(一个政治学研究的视角)[J].教育研究,2005(11).

西北工业大学国防特色办学思想探析

闫育周

摘　要　西北工业大学作为国家“985”工程和“211”工程重点建设的研究型大学，建校70多年来，为我国国防科技事业的发展做出了卓越的贡献。总结西北工业大学的办学思想、战略，主要包括坚持“教书育人，德育为先”的育人理念，在全国高校率先开展“三育人”工作；传承“西工大精神”，走国防特色路线；坚持产学研用，科学研究是创新型人才培养的基础；形成了独特的“西工大现象”，国防领域领军人物和精英人才不断涌现。“西工大”为什么会有如此独特的人才培养效果，“西工大”的办学特色与思想对其他高校有哪些启示？本文结合“西工大现象”，探析“西工大”国防特色办学思想。

关键词　西北工业大学　国防特色　办学思想　“西工大现象”

西北工业大学（简称“西工大”）毕业生遍布海陆空。在当今中国三航国防科技工业领域，西工大校友领军人才辈出，一大批西工大学子勇立潮头、追求卓越、大放异彩，引起全社会的广泛关注，蔚然形成令人瞩目、令人探究的“西工大现象”。在“孔雀东南飞”的年代，是什么精神令西工大人执着坚守西北、执着坚守国防？在出国潮持续涌动、市场经济大潮席卷全国的情势下，是什么力量令世代西工大人坚持航空报国的理想而专精覃思？西工大人的爱国、奉献与创新的动力究竟从何而来？……“西工大现象”值得深入探究，西工大国防特色办学经验需要总结。

2011年5月31日，两院资深院士联谊会“教育改革”项目调研组来到西工大，调研“科技复合型人才培养创新实验”，其间，调研组将大批西工大校友成为国防科技领军人物称为“西工大现象”。从师昌绪院士的国家最高科技奖，杨伟的F20四代机、歼10战斗机，西工大的无人机国庆阅兵，徐德民院士的水雷、航天学院的导弹装备部队，到张庆伟、黄强、雷凡培、荣毅超、李鸿、刘郑国等长期奋战在国防一线的6位全国十大杰出青年，西工大为什么会有如此独特的人才培养效果，西工大的办学特色与思想对其他高校有哪些启示？本文结合“西工大现象”，探析西工大国防特色办学思想。

一、坚持"教书育人,德育为先"的育人理念,在全国高校率先开展"三育人"工作

早在1982年,西工大率先在全国开展了"教书育人"活动。1991年校党委书记代表学校出席了全国教书育人工作座谈会,并在人民大会堂介绍了经验,西工大被中组部、中宣部、国家教委党组首批授予"党的建设和思想政治工作先进普通高等学校"。1993年,西工大申报的"教书育人系统工程"获国家优秀教学成果一等奖。

"教书育人",广大教师发挥主导作用。在课堂、实验、实习、辅导、批改作业等各个环节都建立了明确的教书育人职责要求,广大教师对学生"政治上引导、学业上帮助、生活上关心",形成了教学相长的良好氛围和"爱岗敬业、严谨治学、教书育人"的优良教风。随着时代的发展和国家对人才培养的要求,学校在不断总结经验的基础上,结合自身发展特色,不断完善工作体系,创新工作方法。多年来,学校注重树立身边典型,学习身边榜样,涌现出一批如张立同、赵令诚、周尧和、徐德民、魏炳波等知名学者和国家级、省级优秀教师。春风化雨,悉心教育,影响着一代又一代的青年学子。

张立同教授是西工大"教书育人"的典范。她是我国著名的材料专家,2004年国家科技发明一等奖获得者、中国工程院院士。她和团队"十年磨一剑",攻克了当今世界上材料科学研究领域的尖端难题"耐高温、长寿命、抗氧化陶瓷基复合材料制备技术",填补了我国在国家技术发明一等奖项上连续6年的空缺,也使我国成为第三个掌握这项技术的国家。在科研攻关的同时,张立同非常关心年轻人的思想进步,时常询问年轻教师和学生是否递交了入党申请书,并以自身言行影响和带动大家加入党组织。对于贫困学生,张立同积极帮助他们解决费用问题,并主动捐资助学,设立"崇德奖学金"。为了开阔研究生国际视野,培养一流拔尖人才,张立同鼓励并支持研究生出国留学或参加高水平国际学术会议,并经常到出国学生家里,看望老人和小孩,帮助其解决后顾之忧。在张立同的身体力行和潜移默化下,一大批青年学生和实验室的青年教师积极加入了党组织,她的学生李贺军、成来飞、乔生儒、李克智等,现在都已成长为在国际国内有着较高威望的材料专家。

"情同春雨细如丝",这是赵令诚教授一生"教书育人,德育为先"的生动写照。赵令诚教授是中国现代航空奠基人之一,飞机结构力学专家,正是由于他数十年如一载的"春风化雨,悉心育人",成就了西北工业大学在全国率先开展的"教书育人"工作。他身为教授、教研室主任,始终站在教学第一线,不仅指导研究生,有时还同时给几个专业的本科生班讲授不同的课程。他在教学过

程中，积极主动地做学生的思想政治工作，引导他们德智体全面发展，为培育有理想、有道德、有文化、有纪律的一代社会主义新人做了大量的工作。他十分重视调查研究，熟悉了解学生。在开学初为学生上课前，他都主动借阅学生档案，熟悉每一位学生的情况，等到第一次上课时，不用点名，他都能准确无误地认出每一个学生来，让学生感到非常的亲切、震撼。他常说"一个教师应该熟悉自己的教育对象。只有这样，教学上才能因材施教，育人时才能有的放矢"。

西工大教师的杰出代表傅恒志作为一代宗师，他对凝固技术实验室的后生晚辈从无门第观念，始终一视同仁，如同己出。为了能让学生在学术上不断进步，他以 75 岁高龄冒着漫天大雪亲自带学生到北京向专家组汇报项目进展。在他 78 岁那年，傅老师还亲自勉励受挫学生，"太宗初登基，颉利迫和，觉耻甚。玄奘禅机，太宗顿悟，遂开一代盛世"。正是西工大教师注重细节、孜孜不倦的教风感染并熏陶着一代代学生，他们的这种踏实的工作作风也潜移默化地影响着一代又一代的教师、学生，使他们在自己的工作岗位上踏实肯干、无私奉献。

在服务育人和管理育人中，有"女大学生贴心人"的浴室服务员屈秀梅，"精心治病、热情育人"的好医生卢性宁，"宁愿一身脏、换来全校香"的徐士清，"热饭、热菜、热心肠"的食堂管理员常春花，累倒在绿化卫生工作第一线的校园管理科长史自立……他们的事迹在校内外广为传扬，并在陕西高校中产生了强烈的反响。

二、传承"西工大精神"，走国防特色路线

学校融西北工学院（西工）、华东航空学院（华航）、哈尔滨军事工程学院（哈军工）优良传统于一体，纳诸方先进办学思想之所长，形成了厚重久远的大学精神和办学理念，为学校的长远发展奠定了宽厚而坚实的基础，为人才的健康成长营造了良好而独特的氛围。

1. 文化传承与大学精神

文化是大学之魂，一所大学的文化能世代相传、内化于心，为学子们奠基一生。正是西工大独具特色的文化和精神教会学生如何做人、做事、做学问。

汉唐盛地悠久的文化滋养，老西工、华航和哈军工的优异资质与优良传统赋予西工大丰厚深邃的文化底蕴。老西工抗日烽火中的坚守，新中国成立之初"华航"自南京西迁的果决，哈军工空军工程系的整建制并入，融通汇聚中、探索追求下，孕育了"公诚勇毅"校训和"三实一新"校风，形成了"扎根西部、艰苦奋斗、求真务实、开拓创新、追求一流、献身国防"的"西工大精神"。根据新

形势下国防科技人才的需求，学校在人才培养中突出了“两弹一星”精神、“载人航天”精神；根据地处西部的实际，又在师生中大力倡导自力更生、艰苦奋斗的延安精神。“两弹一星”精神、“载人航天”精神、延安精神以及西工大精神充实和丰富了校训校风的内涵和特质，它们深深植入西工大人的血脉，共同建构了西工大优良办学传统和鲜明办学理念的内核，深深地熏陶和影响着一代代学子，并为学校赢得“学在西工大”的美誉。

“公诚勇毅”校训与“三实一新”校风相得益彰，构成西工大文化的精髓。正是这种文化的力量使西工大能够坚守大学之道，坚持育人为本，不被“浮名”所绊，从而在三航国防科技工业领域形成独有的“西工大现象”。

2. 坚持特色办学理念

西工大人秉承“公诚勇毅”校训，弘扬“三实一新”校风，发扬西工大精神，与时俱进，以积极推动国防科技工业技术进步和国民经济发展为己任，在办学实践中不断丰富和发展办学指导思想。学校的发展壮大始终与我国国防事业、社会进步和西部的发展息息相关，在国家长期的重点投入和支持下，学校坚持走以内涵发展为主的道路，致力于贯彻落实国家“科教兴国”“人才强国”和“科技强军”发展战略，以培养高素质创新型人才、开展高水平科学研究的方式，为国民经济建设和国防科技现代化服务，并努力实现学校的自身价值和实力水平的跃升。西工大从组建时起，其定位就具有浓厚的国防色彩和性质。

建校 70 多年来，学校坚持“三航特色”和“国防特色”，汇聚了一大批航空、航天、航海等领域的科技精英，集纳了多所国防性质高校的学科优势，融合了优良的办学传统和经验，积淀了深厚的文化底蕴，并校之初就站在了一个很高的历史起点上。在学校发展建设过程中，1960 年被国务院确定为全国重点大学；“七五”“八五”均被国务院列为重点建设的全国 15 所大学之一；“九五”首批进入国家“211”工程立项建设；“十五”进入国家“985”工程重点建设，是全国首批设立研究生院和国家大学科技园的高校之一。正是由于学校鲜明的国防特色和独特的办学理念，奠定了学校今天举足轻重的地位。

因此，西工大以服务建设创新型国家和走新型工业化道路的国家战略，全面融入工业化、信息化、国防工业现代化建设中，形成了三航特色、质量立校、精英教育、探索创新、敬业奉献五大办学理念。

3. 国防特色的校园文化

学校坚持不懈地对本科生开展国防教育，以抓学生军训为起点，逐步形成了学生军训—军事理论课—经常性国防教育—国防实践活动等多层次一体化的国防素质教育模式。

从新生军训开始，学校注重把爱国主义教育、革命英雄主义教育、部队优良作风教育等，同强化军事教育训练结合起来，增强国防教育的实效性和针对性。学校每年派出约 1 000 名本科生、研究生，到部队院校、科研基地、机场、场站和舰艇等地进行社会实践，多层次、多渠道、多形式的国防教育活动，强化了学生献身国防、报效祖国的使命感和责任感。

在本科生中开展经常性的国防知识竞赛、国防教育图片展、军事科技知识宣传展览，开设军事知识选修课和不定期举办军事知识讲座等；结合寒暑假社会实践，组织学生深入酒泉卫星发射中心、海军基地等部队以及军工企事业单位开展国防教育活动。积极支持、指导学生军事爱好者协会、航模队、航空爱好者协会、飞行器动力协会等组织开展国防教育活动。学校还通过报刊、墙报、校报、闭路电视、网络等媒体，利用开学和毕业典礼、重大节日等，营造浓厚的国防教育氛围。此外，学校经常性地举行相关的知识竞赛、报告会等活动，邀请了如陈一坚、杨伟、李鸿、雷凡培、张庆伟等西工大校友和翟志刚等知名军事专家和国防建设一线英雄，来校对大学生进行爱国主义专题教育，让学生感受“两弹一星”和“载人航天”精神，激发学生的爱国主义情怀，坚定学生科技强军、献身国防事业的信念和斗志。

三、坚持产学研用，科学研究是创新型人才培养的基础

要培养学生的创新意识、创新思维和创新能力，高水平的科学研究是基本保障，它可以有力推动学科交叉和学科融合，推动新观点、新思想和新理论的不断提出和探讨，推动新产品、新材料的不断发明和发现，形成浓厚的创新氛围。科学研究的本质是创新和创造，人才培养只有紧密结合科研创新实践，其知识的更新速度才能跟上日新月异的科学发展速度，才能够紧密联系经济社会发展走向传授最新知识，传授创新之道，培养创新素质人才。

随着科学研究的发展，西工大在 20 世纪 70 年代，先后恢复和建立了一批科研机构，不断扩大专职科研队伍，将人才培养与型号研制、课题项目特别是国家重大工程项目相结合，始终坚持产学研用的模式培养学生。几十年来，学校先后承担或参与了大量的国防重大项目和型号工程，学校充分发挥这一工科和国防优势，以这些项目为牵引，教师带领学生参与其中，将教学与科研相结合，将理论研究与实践能力培养相结合，将人才培养与科技攻关相结合，使学生快速深入到本专业领域的前沿，养成了勤于思考、勤于动手、敢于创新的习惯。

学校结合自身特色，瞄准我国国防的薄弱环节，积极申请国家重大项目，并以项目为牵引，引导学生积极参与科学研究，重视产学研相结合的培养模式，是西工大创新人才培养的一大特色。学校学生毕业设计选题和生产科研

一线课题相结合有着良好的基础和优越的外部条件。“十一五”以来,学校承担各类科研项目8 000余项,包括国家科技重大专项、国防基础科研计划、预研计划、国家“863”计划、自然基金以及各类行业基金在内的国家各类纵向计划,这些课题的研究为学生毕业设计选题奠定了良好的基础。

学生毕业设计与生产一线课题相结合,提高了学生的科研能力和创新能力,使学生熟悉科研活动的过程和规律,体会到求真务实的科学精神。学生在学习过程中,把所学知识融会贯通,灵活运用,强化了创新意识、提高了实践能力。同时,教师将科研成果向教学转化,使其进课堂、进教材、进实验、进创新基地,推进教育教学改革。

四、国防领域领军人物和精英人才不断涌现——独特“西工大现象”

建校70多年来,学校已为国防科技事业和国民经济建设输送了15万多名高级科技人才,其中博士3 300多人,硕士22 800多人。学校先后培养了6个学科的我国第一位博士和中国第一批硕士试飞员,一大批毕业生成为党政军领导、院士以及国家重大型号领军人物。校友中有师昌绪、高景德、史绍熙、李恒德、吴自良、庄逢甘、杨卫等30多位中国科学院、中国工程院院士,有吴仪、谭绍文、谢光等20多位党政军领导,有6位校友被评为“中国十大杰出青年”。一大批校友成为国防、科研、生产单位的领军人物和栋梁之才,为我国国防科技事业和国家经济发展做出了重大贡献。

据中航工业集团人力资源部门2011年最新统计数据显示,在中航工业集团下属三大所(中航第一飞机设计研究院、成都飞机设计研究所、沈阳飞机设计研究所)和三大厂(西飞、成飞、沈飞)担任总师(副总师)、重大型号总师(副总师)、特级专家、党政领导及国家三大奖获得者中,西工大校友占60%以上。从民机到军机的升级换代,西工大人为重点型号研制做出了巨大贡献——从20世纪70年代参与大型飞机“运10”研制,到再度承担国家重大专项“C919”等大飞机的关键技术研发任务;在国家众多新型飞机型号研制中有大批西工大校友担任总设计师,如“枭龙”总设计师杨伟、“新飞豹”总设计师唐长虹等;在“歼10工程”30多位受表彰的功臣当中,西工大校友占13位(包括总设计师、双座总设计师、试飞总机、总工程师等);2011年4月,“中航工业”隆重表彰10位“航空报国特等金奖”获得者,西工大校友占到6位(杨伟、樊会涛、唐长虹、何胜强、尹泽勇、江和甫),其中杨伟同时被中航工业授予唯一“中青年自主创新领军人才”荣誉称号;任职空军某研究所的李航航,几乎是一个创造奇迹的代名词,27岁就担任总设计师,领衔攻克某重点飞机型号难关,并获得军队科技进步一等奖,当选空军十大杰出青年……在新中国成立60周年国庆大阅兵中，首次集体亮相、举世瞩目的无人机方队全部 3 个型号均由西工大研制生产。因在武器装备型号研制中取得突出成绩，西工大受到中共中央、国务院和中央军委联合褒奖，是全国获此殊荣的唯一高校。

在中国航天领域，一批西工大校友成为领军人物。从早年的“航天三少帅”（其中的两帅张庆伟和雷凡培），到中国探月工程总设计师吴伟仁，再到“中国航天液体动力掌门人”谭永华……一大批西工大的杰出校友相继为我国航天事业的飞速发展做出了突出贡献。以中国航天科技集团公司第四研究院为例，其重大型号总师中西工大校友占 44%，国家两大奖获得者中西工大校友占 45%。同时，西工大也参与了“神舟”系列飞船研制任务，是被中国载人航天办公室表彰的“为中国首次载人航天飞行做出贡献单位”的两所高校之一。

在中国的船舶和水中兵器领域的领军人物队列中，同样活跃着一批西工大的精英校友。从主持研制出我国第一代声呐的中国船舶重工集团第 715 研究所原所长和总工程师刘孟庵，到中国船舶重工集团副总经理钱建平、中国船舶重工集团办公厅主任刘郑国……英才辈出，不胜枚举。同时，由西工大教授、中国工程院院士马远良担任总师，成功研制两型吊放声呐，由西工大教授、中国工程院院士徐德民担任总师的某型自主水下航行器的研制取得重大突破，实现了我国水下航行器的跨越式发展，为我军由被动防御转为主动防御提供了重要保障。

“西工大现象”产生的原因很多，但其中独特国防特色的办学思想是其最主要的原因。一代又一代西工大人，用他们赤诚的爱国之心和强烈的报国之志挺起了国家国防科技现代化的脊梁。与国防事业的世代情缘是几代西工大人立志国防报效祖国的见证，正是他们为国防科技事业辛勤工作，为国防现代化和建设创新型国家播撒着青春和热血，为学校赢得了良好的社会声誉。

参考文献

[1]　刘献君．“哈军工”办学战略思想探析[J]．高等教育研究，2007(28)：61－67．

[2]　陶秉礼．西北工业大学校史(1938—1985)[M]．西安：西北工业大学出版社，1995．

国防特色高校开展军工能力建设项目的SWOT分析

张　敏　侯成义　张守华　曹郑玉

摘　要　本文针对目前国防特色高校的实际，采用战略管理中SWOT分析方法，对国防特色高校开展军工能力建设的优势、劣势、机会和威胁进行了客观的分析研究，并提出了具有可操作性的策略建议。

关键词　国防特色　高校　军工建设　SWOT分析

自“十五”以来，国家不断加大对国防科技工业军工建设的投入，有力地保障了各单位研制任务的顺利完成，显著提高了国防科技工业固定资产的投资效益。近年来，我国国防特色高校作为科技自主创新的重要力量，一方面具有普通高校知识创新、人才培养和服务社会的基本功能，另一方面又兼具国防特色，在国防科技工业发展中承担了大量的基础研究和应用研究任务，为国防科技工业发展培养了一批高层次创新人才，科研水平在某些领域已经起到了带动行业发展的重要作用。“十五”以来，国防特色高校持续面向国防，不断增强与国防企事业单位和军队系统部门交流、沟通与联系，积极参与国防科研与生产工作，加强国防科研环境建设，发挥国防特色高校在基础研究方面的优势，多渠道争取国防科研项目，高质量完成国防科研生产任务。

随着承担任务和军工建设项目的逐步增加，国防特色高校的管理体制和运行机制与承担建设任务的不相适应性逐渐体现出来。为了充分发挥国防特色高校在军工能力建设方面的优势、快速提升建设成效，迫切需要制定出符合国家国防建设需求与长期发展的策略，扬长避短，化解威胁，抓住机会，发展自己。为此，本文采用SWOT方析法对国防特色高校开展军工能力建设项目的优势、劣势、机会和威胁进行深入的分析，并在此基础上提出了应对策略，为今后国防特色高校开展军工能力建设提供一定的理论基础。

一、SWOT分析法文献综述

SWOT分析法通过具体的情景分析，将与研究对象密切相关联的内部优势因素（strengths）、劣势因素（weaknesses）、机会因素（opportunities）和威胁因素(threats),通过调查分析分别识别和评估出来,并依照一定的次序按矩阵进行罗列,然后运用系统的研究分析方法,将各因素相互匹配起来进行分析研究,最后提出相应对策。

写作要点:①围绕军工能力建设问题有哪些人展开了哪些方面的研究,进行归纳总结;②这些研究有哪些不足;③提出本文的研究内容。

二、国防特色高校开展军工能力建设的SWOT分析

(一)国防特色高校开展军工能力建设的优势

1.有利于发挥知识创新和技术创新,实现理论创新成果向武器装备产品的转化

高校拥有较为丰富的创新人才、智力资本,掌握着大量的新知识、新技术,在开展交叉学科研究等方面具备得天独厚的优势和条件。国防特色高校具有丰富的科技人才资源,雄厚的科研实力,跨学科的发展等优势,其中高素质科技创新人才是科技攻关中最活跃和最重要的因素。雄厚的科研实力,尤其跨学科的交叉、渗透,是知识创新的基础,利用强大综合学科的背景,在前沿理论探索、技术创新实践,尤其在国防基础研究和关键技术攻关等方面起到关键性引领作用,最大限度实现自主创新综合能力的提升,完成武器装备研制任务,实现理论创新成果向武器装备产品的转化,有力保障武器装备研制任务的圆满完成。

2.有利于保障投资效益,实现国家投入的最大效益化

从固定资产管理的角度出发,按照现行的管理办法,一般是谁建设的条件就由谁使用、谁保管。国防特色高校目前主要以教学和科研为主,其中科研的分量比起教学毫不逊色。就目前情况来讲,在保障承担的研制任务完成后,投入的固定资产一方面可用于教学、科研、实验和相关学科发展,另一方面可用于基础能力的创新和实践,能够为学校的学科建设、人才培养、基础研究等搭建广阔坚实的支撑平台,实现资源共享与优化配置,使科研、设计条件不断完善,研发手段进一步提高,试验环境得到优化,为高校实现关键技术攻关、顺利完成科研生产任务起到了至关重要的作用,使得国家投入最大程度地发挥出投资效益。

(二)国防特色高校开展军工能力建设的劣势

1.管理制度不完善,高校特有的管理体系和运行机制制约了军工能力建设发展

“十五”期间,国防特色高校逐步开始承担军工能力建设项目,根据对国防

7所院校的调研,项目管理一般是挂靠在发展计划处、科技处、实验室与设备处、科学技术研究院和国防科技研究院等部门,涉及建设的职能部门还包括实验室与设备处、国资处、档案馆、财务处和基建处等多个部门,在管理上大都采用校、院二级管理,没有专业人员对项目的全过程进行管理,缺乏对军工投资政策、法规的统一理解,给建设工作带来一定难度。

由于承担军工能力建设的人员肩负着学科建设和人才培养的重任,同时还要成为承担建设任务的主力军,根据高校有关政策,承担军工能力建设任务年底不计入工作量,造成了项目建设单位积极性不高,项目建设质量和进度得不到保证。

2. 军工投资零散分散,缺乏统一规划,难以满足提升国防科技整体水平的要求

"九五"和"十五"前期,国防特色高校对于军工能力建设的重要意义缺乏认识,加上任务来源具有多样性的特点,使学校各个学科多往纵深方向发展,忽视了校内多学科领域的横向联合,因此往往未从提升学校整体研制和创新能力的角度对军工投资进行统筹规划。特别是在项目的前期论证中,缺乏顶层设计和系统规划,调研不充分,使项目建议书、可行性研究报告论证深度不够,导致项目出现重复建设、拖延进度、调整量大等问题,加之不同领域、不同学科方向的军工投资零散分散,难以形成一定能力,无法满足提升国防科技整体水平的要求。

(三)国防特色高校开展军工能力建设的机会

1. 构建创新型国防科技工业,为国防特色高校发挥技术攻关提供了广阔发展平台

2009年国防科技工业工作会议明确提出了建设先进的国防科技工业的奋斗目标,并作为一切工作的出发点和落脚点。陈求发局长在讲话中明确将自主创新能力界定为先进的国防科技工业所必须具备的基本能力,指出提高自主创新能力是实现目标的战略基点。

"十五"以来,国家加大了对国防科技工业的投入,军工能力建设较为集中、项目多、规模大,确保了企业整体技术水平的提高,并促进了产业升级,有力地保障了各单位生产任务的顺利完成,提高了投资效益,同时提升了国防特色高校的自主创新能力。

"十一五"期间,军工能力建设模式的一个重要转变就是科技发展由跟踪研仿为主转为自主创新为主,从根本上说,就是要增强科技首创能力。一方面瞄准国防科技前沿,持续不断地取得新的成果,引发首创性理念、技术、产品的诞生,引领武器装备的创新跨越发展;另一方面,满足型号工程研制需要,将工

程中发现的基础性问题作为基础科技研发的主要命题，攻克技术关键，支撑近中期武器装备发展。因此，目前的形势给国防特色高校提供了一个掌握和拥有支撑武器装备和高技术产业持续发展的前沿技术、基础技术和关键技术，提高自主创新能力的平台，为国防特色高校开展军工能力建设创造了可持续发展的环境。

2. 国防特色高校正逐步成为国防军工科研发展需求的有生力量，一支重要的方面军

国防特色高校科研是国防军工和国防建设科研工作的重要组成部分之一，科研能力是国防高校的核心能力。“十五”期间，随着国家国防科研生产体制的不断调整与改革，国防高校与国防科研任务单位逐步开始保持紧密的合作关系，国防特色高校承担国防科研生产任务的机会越来越多，无论是科研项目种类还是数量都较“九五”期间得到了较大增长，不仅为我国国防科研生产提供了大批高水平的、高科技含量的科研成果，而且对国防高校相应的学科建设与发展，科研学术水平的提高，高层次人才的培养等各方面都有所促进。因此，国防特色高校正逐步适应国防科研任务的需要，更好地服从和服务于国防现代化建设，成为国防军工科研发展的生力军。

(四)国防特色高校开展军工能力建设的威胁

1. 传统观念根深蒂固，阻碍了国防特色高校承担军品任务研制

当前我国的武器装备研制一般由总体所牵头，型号总师或者副总师单位大都由军工企业或研究所担任。传统观念认为，高校是从事教育、教学和基础研究的单位，国防特色高校在承担武器装备研制方面存在方向多而不强，任务有而不足的缺陷，因此，仅仅承担了部分关键技术攻关的任务，很难在型号研制中立有一席之地。

第二次世界大战以来，美国高度重视高等学校在发展军事科技中的作用。大学，特别是研究型大学被纳入到美国的军事科研体系当中，成为实现美国军事科技发展战略的重要力量。因此国家高校强则中国强，对于我国来讲，国防高校强则国防科技创新能力强。国防高校作为知识产生和科技创新的主体，不应被排挤在国防建设之外，应当加强与国防特色高校之间的联系，不断完善创新体系，使大学、研究院所、生产企业在知识产生、流转、使用环节发挥不同的功能，形成相互依赖、相互促动的闭环式创新链条。

2. 更多单位参与国防建设，给国防特色高校开展军工能力建设带来了威胁

“十五”和“十一五”以来，军工企业、科研院所对于开展军工建设的重要意义有了更为深入的认识，同时民营企业也参与到国防建设的大军中来。军工

企业和科研院所一方面积极参与型号任务研制,一方面不断加强军工能力建设;民营企业由于其运行机制较为灵活为开展军工建设带来了一定的优势。同时,国家对于承担军品研制任务的单位所给予的支持力度也存在一定的差异性,往往倾向于行业的总体所和军工企业,致使各单位之间的竞争日趋激烈。再加上国防特色高校本身在参与军工能力建设方面,一直存在承担型号任务少、灵活性较差等问题,对其参与军工建设项目产生了一定程度的威胁和压力。

三、SWOT 策略分析

根据以上的分析可知,国防特色高校在开展军工能力建设方面机遇与挑战并存,优势与劣势同在。国防特色高校开展军工能力建设的 SWOT 策略见表 1。

表 1　国防特色高校开展军工能力建设的 SWOT 策略

内部因素 / 外部因素	优势(S)	劣势(W)
	1. 有利于关键技术攻关、前沿技术探索、基础研究的实现。 2. 固定资产投资建成后不易造成设备闲置、浪费等现象	1. 开展固定资产投资建设时间较短,管理制度还不完善。 2. 国防高校缺少统一、长远的统筹规划,使得投资具有零散、不确定性和滞后性,直接影响建设周期和建设效果
机会(O)	SO:	WO:
1. 充裕的中央财政支持,为高校固定资产投资项目建设提供了保障。 2. 构建创新型国防科技工业,为高校发挥技术攻关提供了广阔的发展平台	1. 在全校范围内深入挖掘项目苗头,结合承担的任务,开展军工建设,提升国防特色高校基础创新能力。 2. 充分利用形成的固定资产,在校内进行仪器设备共享,提高设备的利用率,最大限度地发挥设备的功能,物尽其用,保障国家投资效益	1. 构建适合国防特色高校的新的组织管理模式、优化管理流程、创新管理体制,为持续开展军工能力建设创造良好的环境。 2. 组织全校力量,统筹规划,加强顶层设计,注重前期调研论证,避免论证不充分带来的低水平投资,避免重复购置低端试验设备,提升学校的创新能力和整体水平

续表

内部因素 / 外部因素	优势(S)	劣势(W)
	1. 有利于关键技术攻关、前沿技术探索、基础研究的实现。 2. 固定资产投资建成后不易造成设备闲置、浪费等现象	1. 开展固定资产投资建设时间较短,管理制度还不完善。 2. 国防高校缺少统一、长远的统筹规划,使得投资具有零散、不确定性和滞后性,直接影响建设周期和建设效果
威胁(T)		
1. 传统观念根深蒂固,阻碍了国防特色高校承担军品任务研制。 2. 各单位更加重视军工建设,增加了国防特色高校开展军工建设的难度	ST: 1. 充分发挥各个国防特色高校的专业特色,扬长避短,集中优势力量,紧密联系国防科技工业发展,开展相关能力建设。 2. 在保障任务基础上,注重能力建设,实现平稳、可持续发展	WT: 1. 转变观念,统筹任务保障与强化基础,以任务保障满足当前急需,以强化基础增强发展后劲。 2. 面向型号工程研制需要,将工程中发现的基础性问题作为基础科技研发的主要命题,攻克关键技术,支撑近中期武器装备发展

综上所述,通过对国防特色高校承担军工能力建设任务的优势、劣势、机会和威胁分析,可以看出国防特色高校在军工能力建设方面面临机遇的同时也面临着威胁和挑战。要在军工建设中占有一席之地,根据分析结论找出应对的策略,发扬对自己有利的因素,避开对自己不利的方面,明确今后发展方向,使我们最大限度地发挥内部优势,充分利用外部机会,尽量回避自身劣势和外部威胁,充分发挥国防特色高校特色,更好地为建设先进的国防科技工业做出应有的贡献。

参考文献

[1]　常非.高校国防科技工业固定资产投资管理工作的思考[J].中国现代教育装备,2008(5).

[2]　吕秀美.高等学校科技创新管理体系探析[J].科学与管理,2007,27(2).

[3]　严汝建.高校固定资产投资管理探析[J].实验技术与管理,2009,26(7):158－159.

[4]　发展计划司.大力推进军工核心能力建设——四论建设先进的国防科技工业[J].国防科技工业,2009(2):11-12.

[5]　科技与质量司.狠抓基础科技发展,提高自主创新能力——六论建设先进的国防科技工业[J].国防科技工业,2009(2):15-16.

[6]　发展计划司.开拓先进军工核心能力建设和重大事项组织协调新局面[J].国防科技工业,2010(4):12-13.

[7]　李庆剑.对国防科技工业固定资产投资管理与转型升级的思考[J].航天工业管理,2007(2):13-15.

[8]　潘文婷,等.国防科研:中国重点高校的分析[J].清华大学教育研究,2006,27(2):95-99.

[9]　侯锡林.我国高等学校创新体系的结构、性质与功能[J].科技进步与对策,2007,24(12):187-189.

基于因子分析法的国防高校科技创新能力结构与评价体系研究

侯成义　张守华　曹郑玉　张　敏

摘　要　针对国防高校科技创新的特点，明确了国防高校科技创新能力的概念及构成要素，设计了国防高校科技创新能力的评价指标体系。在此基础上，以原国防科工委所属的7所高校为例，利用教育部科技发展中心和各高校网站公布的统计数据，采用因子分析法提取并验证了国防高校科技创新能力结构和评价体系。

关键词　国防高校　科技创新　能力　结构　评价体系

随着科学技术的迅猛发展和经济、科技全球化进程的加快，技术创新已成为国家经济增长和国际竞争力提高的决定性因素。高校作为国家科学研究的一个重要方面军，是我国经济建设和参与国际竞争的重要力量。国防高校是国防科技工业高层次人才培养的重要基地，学术思想活跃，学科门类较为齐全，特别是国防特色学科基本配套且居国内领先水平，具有良好的育人环境和学科交叉融合的优势，在研究生教育教学方面具备较为成熟的条件，具有较大的培养规模。因此，国防高校已经成为国防基础研究、关键技术和高新武器装备研制的中坚力量，在构建创新型国防科技工业中具有重要的地位和作用。

但是与发达国家高校以及我国科学院系统相比，我国国防高校的科技创新方面还有待进一步完善，丰富的人才、科技等重要资源还未能实现优化配置，在科研攻关、前沿技术引领、国防高素质人才队伍培养等方面的作用还未能充分发挥。因此，为进一步增强国防高校科技创新能力，加快推进国防科技工业创新体系的建立和创新能力的提升，迫切需要对国防高校科技创新能力进行科学、全面的评价和分析，以便准确把握其总体科技创新能力的核心要素，明确今后的发展方向。

一、文献综述

围绕高校科技创新能力评价问题许多学者都展开了大量的理论和实证分析，提出了相应的评价原则、指标体系、评价方法，也有针对高校科技创新能力进行排名研究。例如,部分学者以一般意义上的高校为研究对象开展评价研究。刘书雷、吕蔚、韩琰分析了高校科技创新能力的要素构成和结构特征,提出了高校科技创新能力评价的参考模型。王章豹、徐枞巍从科技创新基础能力、科技创新投入能力、科技创新产出能力 3 个维度,构建了高校科技创新能力量化综合评价指标体系,提出了综合评价的模型与方法。部分学者以区域高校为样本,针对区域高校科技创新能力的评价问题展开研究。施星国、张建华、仲伟俊设计了区域高校科技创新能力的评价指标体系和评价方法,并进行了实证研究。陈运平、陈林心对我国中部 6 省的高校科技创新能力的发展变化趋势进行了动态比较分析。吕建秋、王斌伟、严会超从科技发展能力、科技产出能力、科技贡献能力 3 个方面衡量了广东高校科技创新能力。吕建荣、姚远、陈镱文、王强从科技基础、科技投入、科技产出 3 个方面分析了西部 12 省市高校科技创新能力。部分研究关注地方高校的科技创新能力。例如刘永、李汉邦、张水潮、王继娜通过采用正态分布、变化趋势和分类对比三类诊断分析法,对地方高校科技创新能力的投入、产出、效益及总体能力展开实证研究。

在评价方法上,以线性加权法、多层次评价法、模糊综合评价法居多。例如,王章豹、徐极巍、李姚矿等采用线性加权求和法计算综合评价得分。敖慧研究了多级模糊综合评价在高校科技创新能力评价中的应用。梁燕、耿燕、林玉伟、李相银利用层次分析法对高校科技创新能力评价体系进行权重赋值,定量反映高校科技创新能力。吕蔚、王新峰、孙智信利用核主成分分析法进行了高校科技创新能力评价的实证分析。

从现有文献看,尽管针对高校科技创新能力的评价指标体系、评价方法等方面都展开了丰富的研究,但在研究对象、指标体系设计和研究方法等方面还存在不足。在研究对象上,大都以一般意义上的高校、地方高校、区域(省级)高校为主要测评对象,针对国防高校的科技创新能力问题的研究较少;在评价指标体系的设计上,主要从科技创新过程、创新内容等方面选取指标,并没有考虑到不同研究对象的特殊性,缺乏结合国防高校的创新实际设计相应的评价指标体系;在评价方法上,尽管多数定量研究构建了指标体系,但并没有考虑到多个评价指标存在相关性、计算量大等问题,造成评价结果无法准确衡量不同评价对象的真实水平。因此,本文将以具有鲜明国防特色的原国防科工委所属 7 所高校为研究对象,结合国防高校科技创新的特点,以创新过程为出发点,融入创新活动内容,构建相应的评价指标体系,采用因子分析法提取国防高校科技创新能力结构、建立评价指标体系。

二、国防高校科技创新能力的概念

1. 国防高校的范围界定与特点

原国防科工委所属的 7 所高校，即哈尔滨工业大学、北京航空航天大学、西北工业大学、北京理工大学、南京航空航天大学、南京理工大学和哈尔滨工程大学，作为具有国防背景的高校，具有鲜明的国防特色。与普通高等院校相比，国防高校除了具有服务国家经济发展的职能外，还要担负起国防建设的重任。这对国防高校提出了更高的要求。一方面，要适应国防科研试验任务的需要，建立起多学科、多层次且结构合理的人才培养体系，更好地服从和服务于国防现代化建设需要；另一方面，在人才培养上，在完善学生专业知识体系、提高科研水平的同时，还要严格培养德智体全面发展的高素质复合型人才，经得起繁重的科研试验任务的考验，经得起国防现代化建设的考验。

同时，国防高校科研与普通高校科研相比，还具有任务多元化、社会价值多样性、项目复杂程度高等特点。第一，任务多元化主要体现国防高校所承担的科研任务面向着多个不同的主体，其科研经费主要来源于国家、军队和国防科技主管部门。第二，国防高校都具有寓军于民、科研开发与基础研究相结合的特点，不同的国防高校的任务重点不同，社会价值的表现形式不同。第三，国防高校科研比较复杂，它是多种学科、不同类型的科技活动的集合体，具有不同的活动规律与过程，周期差别也很大。例如，型号研制投入资金多、人员多、周期长，不仅需要跨学科、跨专业的科研人员参与、还需要配备更多的研究经费和科研平台等多种资源的支持。

2. 国防高校科技创新能力的概念

高校科技创新活动是一个多要素投入和多要素产出的复杂系统，对科技创新能力的评价应涵盖高校科技创新活动的各个方面，贯穿从科技投入到科技产出的整个过程。从创新过程来看，高校科技创新能力是指高校通过创造新知识和新技术，将新知识和新技术转化为新产品、新工艺和新服务，推动区域科技、经济和社会发展的能力。从创新内容来看，高校创新能力是指高校有效利用和优化配置各种科技创新资源，通过知识创新、技术创新、成果转化创新、管理创新等各种科技创新活动产出高水平科技创新成果，并形成具有竞争优势的科技领域与创新特色的综合能力。因此，本文将国防高校科技创新能力界定为，国防高校通过有效利用和优化配置各种科技创新资源，通过知识创新、技术创新、科技成果转化、创新团队与人才培育等多种方式，在国防基础研究、关键技术攻关、武器装备研制等方面具有竞争优势的能力。

三、国防高校科技创新能力的结构与评价体系

根据国防高校科技创新能力的概念,结合国防高校自身的特点,在借鉴国内外高校科技创新能力评价研究成果的基础上,遵循目的性、科学性和适用性的基本原则,设计了国防高校科技创新能力结构与评价体系(见表1),包括科技创新基础能力、知识创新能力、技术创新能力、创新团队与人才培育能力4个一级指标,18个二级指标。

表1　国防高校科技创新能力的结构与评价体系

一级指标	二级指标	测度变量
科技创新基础能力	国防科研经费总额占总经费比例(%)	J1
	军工固定资产投资总额占固定资产总投资比例(%)	J2
	国防重点(特色)学科(个)	J3
	国防科技重点实验室(个)	J4
	正副教授占专职教师中的比例(%)	J5
	博士生占研究生中的比例(%)	J6
知识创新能力	国家自然基金面上项目资助数(个)	Z1
	承担"973"计划的项目数(项)	Z2
	承担"863"计划的项目数(项)	Z3
	发表科技论文数(篇)	Z4
	发表科技专著数(部)	Z5
	SCI论文数(篇)	Z6
	全国优秀博士学位论文数(篇)	Z7
技术创新能力	国家级科技奖励数(个)	C1
	国防科技奖励数(个)	C2
	发明专利授予申请比例(%)	C3
创新团队与人才培育能力	国防科技创新团队(个)	R1
	国防科技工业突出贡献专家(人)	R2

(1)科技创新基础能力。科技创新基础能力是国防高校开展科技创新活动的基础,其核心是国防科技创新的经费投入、科学研究的平台和环境建设、

支持技术创新的学科基础，以及参与科技创新的人员。这3项内容为国防基础研究、关键技术攻关、型号项目研制提供不可缺少的保障。

(2)知识创新能力。知识创新是国防高校科技创新的重要内容，知识创新也是国防高校进行技术创新的基础。知识创新能力主要反映在国防高校承接国家自然学科、国防基础研究等课题的能力上，这不仅是开展基础研究的重要前提，更体现出国防高校在该领域所积累的科研实力和影响力；科技论文数、专著、论文索引和全国优秀博士论文等情况则反映了知识创新的产出量，是衡量国防高校科技人员知识吸收、转化、应用、积淀程度的重要指标。

(3)技术创新能力。技术创新能力是国防高校为满足国防需求，突破关键技术、解决武器装备研制中技术难题的能力。国家级科技奖、国防科技奖、专利发明等是衡量技术创新水平的重要指标。国家级科技奖励主要包括自然科学奖、科技进步奖和发明奖，国防奖励则包括技术发明奖和技术进步奖，这些奖项的数量和质量可以直接反映国防高校在国防基础研究、应用研究以及技术成果转化的水平和价值；专利授予申请比例主要体现国防高校在应用研究上的总体绩效，是测度技术创新能力的重要指标。

(4)创新团队与人才培育能力。国防高校作为高科技人才的培养基地，国防科技创新团队是国防高校通过整合全校多个优势学科，优化配置教师、研究生、实验平台等多种科研资源，承担国防基础研究和型号研制任务，培养、锻炼科技人才的重要体现；国防科技工业突出贡献专家则反映出国防高校教师通过国防科技前沿理论研究、关键技术攻关、武器装备研制等成为推进国防科技发展的攻坚力量。

四、国防高校科技创新能力结构的提取

高校科技创新能力结构是一个多层次的综合体系，所涉及的变量众多，并且指标彼此之间有一定的相关性，多个统计数据反映的信息在一定程度上可能存在重叠。因子分析法能较好地解决这一问题。因子分析法是通过变量的相关系数矩阵内部结构的研究，找出能控制所有变量的几个随机变量去描述多个变量之间的相关关系的方法，即在保留了原始变量的大部分信息的基础上，构造出少数几个具有代表意义的因子变量，综合分析时更简洁。

1.数据来源

本文以原国防科工委所属7所高校为研究对象，利用教育部科技发展中心和各高校网站上公布的统计数据，采用因子分析法，运用SPSS16.0统计分析软件，对国防高校科技创新能力结构与评价体系进行分析。

2. KMO 和 Bartlett 球体检验

在对国防高校科技创新能力进行因子分析之前,先通过 KMO 样本测度和 Bartlett 球体检验,以判断是否可以进行因子分析。对国防高校科技创新能力量表中的 18 个二级指标进行检验的结果可以看出(见表 2),KMO 值为 0.798 且 Bartlett 统计值显著异于 0,表明可以对国防高校科技创新能力的量表进行因子分析。

表 2 KMO 和 Bartlett 检验值

Kaiser-Meyer-Olkin 取样充分性测量		0.798
Bartlett's 球体检验	χ^2	2 699
	自由度	91
	显著性	0

3. 因子提取

在通过 KMO 和 Bartlett 球体检验的基础上,对国防高校科技创新能力进行因子分析的结果可以看出(见表 3),共提取出 4 个因子,所有指标的变异都大于 1,4 个因子的累积解释变异为 73.002%。根据因子载荷的分布来判断,国防高校科技创新能力与测度量表的理论结构保持一致,即科技创新基础能力、知识创新能力、技术创新能力、创新团队与人才培育能力等 4 个变量的指标均根据预期归入了同一个因子,通过了因子分析的检验。

表 3 因子分析结果

变量名称	指标	因子载荷			
		1	2	3	4
科技创新基础能力	J1	0.137	0.757	0.069	0.234
	J2	0.359	0.721	0.115	0.066
	J3	0.245	0.656	0.124	0.033
	J4	0.364	0.523	0.231	0.126
	J5	0.014	0.554	0.362	0.334
	J6	0.075	0.775	0.245	−0.032
知识创新能力	Z1	0.363	−0.090	0.113	0.861
	Z2	0.337	0.348	0.358	0.617
	Z3	0.245	0.157	0.426	0.598
	Z4	0.369	0.259	0.258	0.659
	Z5	0.456	0.336	0.265	0.721
	Z6	0.364	0.247	0.337	0.586
	Z7	−0.173	0.439	0.280	0.728

续 表

变量名称	指标	因子载荷			
		1	2	3	4
技术创新能力	C1	0.312	0.024	0.704	0.285
	C2	0.406	0.058	0.542	0.273
	C3	0.100	0.135	0.778	0.053
创新团队与人才培养能力	R1	0.865	0.110	0.110	0.163
	R2	0.867	0.048	0.229	−0.047
特征根值		5.873	1.791	1.441	1.115
各因素解释变异的百分比/(%)		41.972	12.794	10.295	7.961

五、结论

在国防科技工业科技创新体系中，国防高校作为国防科技工业的重要组成部分，担负着为国防科技工业培养高素质专门人才、推动科学技术创新和服务社会的光荣使命。国防高校的科技创新能力已经成为影响国防科技工业创新能力，推动创新型国防科技工业形成与发展的重要因素。由于我国军工企业技术创新的能力还相对较弱，国防高校将在国防科技工业创新体系中发挥更大、更重要的作用。

通过对原国防科工委所属 7 所高校为代表的国防高校科技创新能力结构与评价体系进行设计与检验分析得出，国防高校科技创新能力主要体现在科技创新基础能力、知识创新能力、技术创新能力以及创新团队与人才培育等 4 个方面。因此，要提升国防高校科技创新能力，第一，需要不断加大国防科研经费的投入力度，通过开展军工固定资产投资为知识创新、技术创新、创新团队与人才的培育创造良好的硬件平台和环境，以优势学科的继承发扬与交叉融合为基础，充分发挥教师中领军人物的创新主动性和积极性，同时带领博士研究生等科研人员开展创新活动，夯实科技创新的基础；第二，整合全校科技资源，提升承接国家自然基金、国防基础、预研与型号项目研制等重大科研项目的能力，通过课题研究不断拓展、吸收、积累、利用和转化知识，实现隐性知识显性化的转变，通过论文、专著等形式共享创新成果，为今后该领域的深入研究奠定基础；第三，以国家基础科学研究与国防科技发展需求为牵引，在知识创新的基础上，不断探索前沿理论，引领高、精、尖技术的研究方向，攻克技术难题,完成先进科技成果的转化与应用;第四,集成学校不同学科、专业领域的教师、研究生和科研人员等多种智力资本,组建多方位、多层次的代表学校科研特色的创新团队,通过科研项目锻炼队伍,培养造就出理论扎实、具备实践创新经验、综合素质强的创新型人才,并输送到国防科技工业的各行各业,为我国国防事业的发展贡献力量。

参考文献

[1] 刘书雷,吕蔚,韩琰.高校科技创新能力的要素构成及评价体系研究[J].科学学研究,2009,26(2):467-470.

[2] 王章豹,徐枞巍.高校科技创新能力综合评价:原则、指标、模型与方法[J].中国科技论坛,2005(3):55-59.

[3] 施星国,张建华,仲伟俊.区域高校科技创新能力的评价研究[J].研究与发展管理,2009,21(4):106-111.

[4] 陈运平,陈林心.我国中部六省高校科技创新能力比较研究[J].科技进步与对策,2009,26(1):38-45.

[5] 吕建秋,王斌伟,严会超.充分发挥高校优势提高广东高校科技创新能力[J].成都理工大学学报:自然科学版,2003,30(8):293-296.

[6] 吕建荣,姚远,陈镱文,等.我国西部12省市高校科技创新能力研究[J].西安电子科技大学学报:社会科学版,2007,17(3):152-158.

[7] 刘永,李汉邦,张水潮,等.地方高校科技创新能力诊断性评价实证研究[J].中国高教研究,2008(9):55-58.

[8] 王章豹,徐枞巍,李姚矿,等.高校科研排行性评价与科技创新能力评价指标设计[J].合肥工业大学学报:社会科学版,2005,19(1):1-8.

[9] 敖慧.高校科技创新能力的多级模糊综合评价[J].武汉理工大学学报:信息与管理工程版,2004,6(6):169-171.

[10] 梁燕,耿燕,林玉伟,等.基于层次分析法的高校科技创新能力评价指标体系研究[J].科学学与科学技术管理,2009(5):194-196.

[11] 吕蔚,王新峰,孙智信.基于核主成分分析的高校科技创新能力评价研究[J].国防科技大学学报,2008,30(3):81-85.

[12] 刘微微,石春生,徐明.基于生态位的国防高校科研能力模糊综合评价[J].哈尔滨工业大学学报:社会科学版,2010,12(1):126-130.

高校教师绩效考核指标体系胜任力模型的构建

崔华华　施晓娟　刘信鹏

摘　要　目前，我国高校教师绩效考核指标存在诸多问题，突出表现为绩效考核指标针对性不强，学科差异体现不明显；考核指标重视显性因素，轻视隐性因素；考核指标的设计重视表面，轻视实质。本文试图通过构建胜任力模型并结合层次分析法，为高校教师绩效考核指标存在问题的合理解决提供定性分析与定量分析相结合的新视角。

关键词　高校教师　绩效考核指标　胜任力模型　层次分析法

一、引言

近年来，高校教师绩效考核日益受到社会各界的广泛关注，教师绩效考核已然成为高校日常工作的重要组成部分之一。教师绩效考核结果能够在一定程度上反映出教师的岗位业绩，然而，目前在教师绩效考核过程中依然有许多问题存在，诸如高校教师绩效考核针对性不强，学科差异体现不明显；高校教师绩效考核指标重视显性因素，轻视隐性因素；绩效考核的指标设计重视表面，轻视实质等，这些问题严重影响了绩效考核的客观性和准确性，挫伤了教师的工作积极性，给教育发展带来了消极作用，导致科研创新后劲不足，部分教师社会责任感缺失。针对高校教师绩效考核指标存在的不足，本文尝试通过构建高校教师绩效考核指标体系胜任力模型，为高校教师绩效考核存在问题的合理解决提供一个全新的研究视角。

首先，高校教师绩效考核指标针对性不强，学科差异体现不明显。当前大部分高校教师绩效考核指标针对性都较为缺乏，没有结合不同学科的特点与教师工作特点进行科学设置，主要体现在文科与理工科这两类学科，这两类学科教师的工作内容、教师的工作量、教师的教学科研成果显现等方面都存在一定差异。如果绩效考核指标针对性缺乏，学科差异性不明显这一问题得不到合理解决，那么就很难充分展现教师的工作特点，就无法确切考察教师的实际工作业绩，不仅难以调动教师的工作积极性，而且严重影响着教师的发展。

其次,高校教师绩效考核指标的设计重视显性因素,轻视隐性因素。显性因素是指完成某种特定活动所蕴含的外部具体方式的本领。高校教师的显性因素主要体现在行为、基本知识、专业技能等方面,隐性因素是指能够顺利完成某种活动所必需的内部个性心理特征。高校教师的隐性因素主要体现在自我形象、个性品质、价值观、态度、动机等方面。显性因素与隐性因素共同构成了高校教师的能力特质,缺少其中任何一种,都会造成高校教师的能力出现缺陷。然而目前在高校教师绩效考核过程中,普遍重视可以进行量化与技术特征明显的因素,像教师价值、道德、动机等难以量化的复杂的隐性因素却被拒之于绩效考核之外。即使考虑了这些隐性因素,对其权重的设计也缺乏科学依据。

再次,高校教师绩效考核指标的设计重视表面,轻视实质。目前,许多高校教师绩效考核指标设计存在着忽视实质内容,而重视表面内容的现象。教师绩效考核如同教育管理的船舵,指引着教师的职业发展方向,绩效考核指标的科学与否直接影响着教师工作的效果。在我国,对教师工作量的重视程度远远高于教师工作量的完成质量,甚至从某种程度上忽视对教师工作完成质量的考核,教师的基本工作是完成一定的教学、科研任务,如果仅仅重视教师工作数量的考核,而忽视对教师工作完成质量的考核,这就容易导致教师出现失范现象,致使一些教师产生功利主义思想,而且许多教师会大量发表质量偏低的科研论文、学术著作,目的只为了追求较高的考核成绩,甚至有的还通过人情关系、金钱关系发表论文,导致学术腐败现象频频出现,严重影响教师的职业发展,教师绩效考核的激励作用也就会大打折扣,对学校及教师的长远发展都会产生消极影响。因此,高校管理工作的当务之急便是构建科学的教师绩效考核指标体系。

二、构建高校教师绩效考核指标体系胜任力模型

胜任力可以解释为能力素质、胜任能力、资质等。著名的心理学家、行为学家戴维·麦克利兰教授在其发表的文章 *Testing competency rather than intelligence* 中最早提出胜任力一词。他将胜任力定义为,能够区分在特定的工作岗位和组织环境中绩效水平的个人特征。

绩效的决定性因素之一是胜任力,不同的胜任力要素对应着不同的绩效影响作用。Holmes 和 Joyce 提出当对胜任力进行研究时,应该重点关注管理者的胜任力如何影响他们的绩效,这说明构建胜任力模型的重点在于应该选择那些对绩效产生影响的胜任力要素。

胜任力模型是指担任某个特定任务角色需要具备的胜任特征的总和,它

是针对特征职位表现要求组合起来的一组胜任特征。目前，学术界普遍认同的胜任力模型是由 Spencer 等人提出的冰山模型，其主要观点是，人的能力结构如同漂浮在海面上的一座冰山，处于海面上的部分是个人的知识、技能、行为等一些外在的、可观察的特征，然而这仅仅是人的结构能力中的组成部分；处于海面下的部分是能力的另一部分，包括自我形象、个性价值、价值观、态度、动机等等。其中，漂浮在海面上的技能与知识是基准性胜任力，属于外显性要素、表层性特征，易于进行分析与评价；然而浸没在海面下的人格特征、社会角色、自我形象、动机等其他要素是鉴别性胜任能力，属于深层性特征，难以进行分析与评价，但却是决定人们行为及表现的关键因素。

运用此模型可以解决当前教师绩效考核中的突出问题，如考核指标针对性不强、学科差异体现不明显，忽视教师价值、道德、动机等复杂的难以量化的隐性因素，绩效考核的指标设计重视表面内容、轻视实质内容等，能将高绩效优秀教师与低绩效普通教师区分开来，以此进行奖励，从而调动教师们的积极性。

1. 胜任力考核指标的设计

构建科学合理的胜任力考核指标体系不仅能够为教师绩效考核提供可靠依据，而且能够明确、清晰地反映教师的职业特点，以及教师的工作能力。那么，构建公平、合理的教师绩效考核指标体系的第一步便是考核指标的科学设计。本文结合高校的特点，并参考其他研究者的教师绩效考核指标体系，确定高校教师胜任力指标，将教学能力、科研能力、心理特征作为胜任力指标体系中的一级指标，在胜任力指标体系中教学能力与科研能力属于基准性胜任力，心理特征即工作态度、个性动机属于鉴别性胜任力。

学校各项工作的基础及高校教师工作的根本是教学能力，教学能力指标应该在教师绩效考核指标体系中得到重视。教学工作涉及广泛的研究范畴，通过综合分析专家意见，在教学能力一级指标下，将教学改革与建设、教学工作量、教学质量列为二级指标，教学改革与建设包括教学改革与研究项目、课程建设成果、教育教学研究论文、教材建设成果。教学工作量包括指导研究生课程教学工作量、本科生课程教学工作量、本科生毕业论文工作量、讲座或学术报告次数、指导本科生科研活动工作量、指导硕士生和博士生工作量。教学质量包括指导研究生获优秀学位论文、学生对教学质量的评价、同行专家对教学质量的评价、研究生教学成果奖、本科生教学成果奖。

高校的重要职能及其生存、发展的基础是科学研究，建设高水平的大学必须重视教师的科研能力。通过分析专家意见，在科研能力一级指标下，二级指标包括科研工作量和科研质量。科研工作量包括出版学术著作数量、科研论文数量、科研经费、申请与获得专利数量。科研质量包括科研论文发表期刊级别、纵向科研项目等级、科研成果获奖、科研成果转化、研究报告被采纳、学术著作出版社级别、科研论文被引用转载、科研论文发表期刊影响因子。

在高校中,对教师职业生涯发展起到至关重要作用的是心理特征,心理特征在一定程度上决定了教师的教学能力、科研能力。但在许多绩效考核指标体系中,常常忽略心理特征方面的研究,这样不利于教师工作积极性的调动。因此,重视高校教师绩效考核指标体系中的心理特征因素是十分重要的。心理特征包括个性动机和工作态度,工作态度包括治学严谨、尊重他人、热爱教学、诚实正直。个性特征包括奉献精神、成就动机、社会责任感、自信心。

2.胜任力考核指标权重的确定

选取全面、合理的胜任力指标后,再根据指标因素的重要程度赋予科学、合理的权重。在各项指标权重计算中,不同的权重赋予方法对应着不同的结果。为了避免评价指标的权重受到主观臆断的影响,通常运用层次分析法,构建数学模型来确定每个指标的权重。

层次分析法是20世纪70年代由美国著名运筹学家Saaty教授提出来的,它是一种将定性分析与定量分析相结合的,将人的主观判断用数量形式表达和处理的方法。层次分析法的基本原理是,将复杂问题分解为若干个指标因素,再将这些指标因素按照其相应的隶属关系分组形成递阶层次结构,通过两两比较指标因素,对各个指标因素的相对重要程度进行确定,然后对比较结果的科学性、合理性进行一致性检验,由此为教师绩效考核提供较为科学的依据。

第一,建立层次结构。将胜任力指标划分为三级递阶指标层次结构,其中,将一级指标划分为三类指标因素,即科研能力指标 A_1、教学能力指标 A_2、心理特征指标 A_3。

将各项一级指标分别设为 A_1,A_2,A_3,那么,其对应的权重分别为 $\omega_1,\omega_2,\omega_3$。则有

$$\left.\begin{array}{l} 0\leqslant \omega_i\leqslant 1, i=1,2,3 \\ \sum_{i=1}^{3}\omega_i=1 \end{array}\right\} \tag{1}$$

再将一级指标隶属下二级指标设为 B_{1m},B_{2n},B_{3k}(m,n,k 为自然数),具体内容见表1。

表 1　各级指标假设符号

	指标 1	指标 2	指标 3	指标 4	…	指标 m,n,k
科研能力 A_1	B_{11}	B_{12}	B_{13}	B_{14}	…	B_{1m}
教学能力 A_2	B_{12}	B_{22}	B_{23}	B_{24}	…	B_{2n}
心理特征 A_3	B_{31}	B_{23}	B_{33}	B_{34}	…	B_{3k}

设二级指标的权重分别为 $\omega_{ij}(i=1,2,3;j=1,2,\cdots,\max\{m,n,k\})$，则有

$$\left.\begin{array}{c} 0\leqslant\omega_{ij}\leqslant 1,i=1,2,3 \\ \sum\limits_{j=1}^{\max\{m,n,k\}}\omega_{ij}=1 \\ \sum\limits_{i=1}^{3}\sum\limits_{j=1}^{\max\{m,n,k\}}\omega_i\omega_i=1 \end{array}\right\} \tag{2}$$

第二，确定标度。通过两两比较各因素之间的相对重要程度确定科学、合理的标度值，即 $a_{ij}=\omega_i/\omega_j$。标度值可以参照 1 ～ 9 标度法确定(见表 2)。

表 2　标度指标及含义

标　度	含　义
1	i 因素与 j 因素同等重要
3	i 因素与 j 因素比略重要
5	i 因素与 j 因素比较重要
7	i 因素与 j 因素比非常重要
9	i 因素与 j 因素比绝对重要
2,4,6,8	以上两判断之间的中间状态对应的标度值
倒　数	若 j 因素与 i 因素比较，得到判断值为 $a_{ji}=1/a_i$，$a_{ii}=1$

第三，构造判断矩阵。两两比较同层次评价指标，得出对应的权重，所得比值可以构成 $n\times n$ 矩阵 $\mathbf{A}$：

$$\boldsymbol{A}=\begin{bmatrix}a_{11} & a_{12} & \cdots & a_{1n}\\ a_{21} & a_{22} & \cdots & a_{2n}\\ \vdots & \vdots & & \vdots\\ a_{n1} & a_{n2} & \cdots & a_{nn}\end{bmatrix}\approx\begin{bmatrix}\omega_1/\omega_1 & \omega_1/\omega_2 & \cdots & \omega_1/\omega_n\\ \omega_2/\omega_1 & \omega_2/\omega_2 & \cdots & \omega_2/\omega_n\\ \vdots & \vdots & & \vdots\\ \omega_n/\omega_1 & \omega_n/\omega_2 & \cdots & \omega_n/\omega_n\end{bmatrix}$$

第四,判断特征根。运用"和积法"对判断矩阵的最大特征根进行计算,具体计算步骤:

按列归一化判断矩阵 **A**,得

$$\bar{a}_{ij}=\frac{a_{ij}}{\sum_{k=1}^{n}a_{kj}} \tag{3}$$

计算,有

$$\bar{\omega}_i=\sum_{j=i}^{n}\bar{a}_i,\quad i=1,2,\cdots,n \tag{4}$$

将 $\bar{\omega}_i$ 归一化,得到

$$\omega_i=\frac{\bar{\omega}_i}{\sum_{i=1}^{n}\bar{\omega}_i},\quad i=1,2,\cdots,n \tag{5}$$

即为特征向量 ω 的第 i 个分量。

计算,有

$$\lambda_{\max}=\sum_{i=1}^{n}\frac{(\boldsymbol{A}\bar{\omega})_i}{n\omega_i}=\frac{1}{n}\sum_{i=1}^{n}\frac{(\boldsymbol{A}\bar{\omega})_i}{\omega_i}=\sum_{i=1}^{n}\frac{\sum_{i=1}^{n}a_{ij}\bar{\omega}_i}{n\omega_i} \tag{6}$$

第五,一致性检验。计算一致性指标 CI,有

$$CI=\frac{\lambda_{\max}-n}{n-1} \tag{7}$$

根据表 3 所示,可以得出对应的平均随机一致性指标 RI。

表 3　平均随机一致性指标 *RI*

阶数 n	1	2	3	4	5	6	7	8	9	10	11
RI	0	0	0.52	0.89	1.12	1.26	1.36	1.41	1.46	1.49	1.52

计算一致性比率 CR,有

$$CR=\frac{CI}{RI} \tag{8}$$

做出一致性判断：

当 $CR<0.1$ 时，表示该判断矩阵是满意一致性矩阵；

当 $CR\geqslant 0.1$ 时，表示应当修改判断矩阵。

如果一阶矩阵与二阶矩阵具有一致性，那么 $CR=0$。

通过进行上述5个步骤的计算，各个岗位胜任力评价指标的相对权重可以合理、科学地求出。假设第 x 个岗位胜任力评价指标的得分为 $\nu_i(i=1,2,3;j=1,2,\cdots,\max\{m,n,k\})$，则第 x 个岗位胜任力得分为

$$f_x=\omega_1\sum_{j=1}^{m}\omega_1\nu_{1j}+\omega_2\sum_{j=1}^{n}\omega_{2j}\nu_{2j}+\omega_3\sum_{j=1}^{k}\omega_{3j}\nu_{3j} \tag{9}$$

由式(9)也可以清楚地发现每个岗位胜任力的最终得分都将会受到 ω_i 和 ω_{ij} 的直接影响。即

$$\mathbf{A}=\begin{bmatrix}1&1&3\\1&1&2\\1/3&1/2&1\end{bmatrix}=\begin{bmatrix}1&1&3\\1&1&2\\0.333&0.5&1\end{bmatrix}$$

利用“和积法”求 $\mathbf{A}$ 的特征向量 $\mathbf{W}=\begin{bmatrix}W_1\\\vdots\\W_n\end{bmatrix}$ 和特征根 $\lambda_{\max}$。

将上述矩阵向量进行归一化得到特征向量近似值，得

$$\mathbf{A}(\widetilde{W}_{ij})_{n\times n}=\begin{bmatrix}0.429&0.4&0.5\\0.429&0.4&0.333\\0.143&0.2&0.167\end{bmatrix}$$

$$\sigma_1=1+1+0.333=2.333$$

$$\sigma_2=1+1+0.5=2.5$$

$$\sigma_3=3+2+1=6$$

将 $\mathbf{A}(\widetilde{W}_{ij})_{n\times n}$ 中元素 $\widetilde{W}_{ij}$ 分别按行求和，得

$$\widetilde{W}_i=\sum_{j=1}^{n}\widetilde{W}_{ij}$$

$$\mathbf{A}(\widetilde{W}_i)=\begin{bmatrix}1.329\\1.162\\0.51\end{bmatrix}=\widetilde{\mathbf{W}}$$

再将上述矩阵向量归一化得到特征向量近似值，得

$$\mathbf{W}=\frac{\widetilde{W}_i}{\sum_{i=1}^{n}W_i}=\frac{1}{3}\begin{bmatrix}1.329\\1.162\\0.51\end{bmatrix}=\begin{bmatrix}0.443\\0.387\\0.17\end{bmatrix}$$

依据特征向量计算对应的最大特征根，得

$$\lambda_{\max}=\frac{1}{n}\sum_{i=1}^{n}\frac{(AW)_i}{W_i}=\frac{1}{3}\left(\frac{\sum_{i=j=1}^{n}a_{1j}W_i}{W_1}+\frac{\sum_{i=j=1}^{n}a_{2j}W_i}{W_2}+\frac{\sum_{i=j=1}^{n}a_{3j}W_i}{W_3}\right)=$$

$$\frac{1}{3}\left(\frac{\begin{bmatrix}1 & 1 & 3\end{bmatrix}\begin{bmatrix}0.443\\0.387\\0.17\end{bmatrix}}{0.443}+\frac{\begin{bmatrix}1 & 1 & 2\end{bmatrix}\begin{bmatrix}0.443\\0.387\\0.17\end{bmatrix}}{0.387}+\frac{\begin{bmatrix}0.333 & 0.5 & 1\end{bmatrix}\begin{bmatrix}0.443\\0.387\\0.17\end{bmatrix}}{0.17}\right)=$$

$$\frac{1}{3}\left(\frac{0.443+0.387+0.51}{0.443}+\frac{0.443+0.387+0.34}{0.387}+\frac{0.148+0.194+0.17}{0.17}\right)=$$

$$\frac{1}{3}(3.025+3.023+3.012)=\frac{1}{3}\times 9.06=3.02$$

故有最大特征根为

$$\lambda_{\max}=3.02,\quad \boldsymbol{W}=\begin{bmatrix}0.443\\0.387\\0.17\end{bmatrix}$$

对 $\boldsymbol{A}$ 一致性检验指标，有

$$CI=\frac{\lambda_{\max}-n}{n-1}=\frac{3.02-3}{2}=\frac{0.02}{2}=0.01$$

$$RI=0.52$$

$$CR=\frac{0.01}{0.52}=0.019<0.1$$

故通过检验。

同理，可以运用层次分析法计算出高校教师绩效考核二级指标与三级指标的权重。

根据上述计算，得出高校文科与理工科教师胜任力指标及权重见表 4 和表 5。

表 4　文科教师胜任力指标及权重

目标层	准则层（一级指标）	权　重	指标层（二级指标）	权　重	因素层（三级指标）	权重
文科教师胜任力指标	教学能力	0.387	教学工作量	0.297	本科生课程教学工作量	0.211
					研究生课程教学工作量	0.226
					指导本科生毕业论文工作量	0.074
					指导本科生科研活动工作量	0.093
					指导硕士生、博士生工作量	0.312
					讲座或学术报告次数	0.085
			教学质量	0.539	同行专家对教学质量的评价	0.200
					学生对教学质量的评价	0.205
					指导研究生获优秀学位论文	0.261
					本科生教学成果奖	0.167
					研究生教学成果奖	0.167
			教学改革与建设	0.164	课程建设成果	0.330
					教材建设成果	0.330
					教学改革与研究项目	0.120
					教育教学研究论文	0.140
	科研能力	0.443	科研工作量	0.300	科研经费	0.258
					出版学术著作数量	0.521
					申请与获得专利数量	0.095
					科研论文数量	0.127
			科研质量	0.700	纵向科研项目等级	0.137
					科研成果转化	0.057
					科研成果获奖	0.161
					科研论文发表期刊级别	0.110
					研究报告被采纳	0.112
					科研论文发表期刊影响因子	0.128
					科研论文被引用、转载	0.154
					学术著作出版社级别	0.141
	心理特征	0.170	工作态度	0.550	热爱教学	0.499
					治学严谨	0.281
					诚实正直	0.140
					尊重他人	0.080
			个性动机	0.450	自信心	0.094
					成就动机	0.501
					社会责任感	0.247
					奉献精神	0.154

表 5　理工科教师胜任力指标及权重

目标层	准则层(一级指标)	权重	指标层(二级指标)	权重	因素层(三级指标)	权重
理科教师胜任力指标	教学能力	0.358	教学工作量	0.297	本科生课程教学工作量	0.144
					研究生课程教学工作量	0.214
					指导本科生毕业论文工作量	0.064
					指导本科生科研活动工作量	0.074
					指导硕士生、博士生工作量	0.387
					讲座或学术报告次数	0.117
			教学质量	0.539	同行专家对教学质量的评价	0.250
					学生对教学质量的评价	0.141
					指导研究生获优秀学位论文	0.222
					本科生教学成果奖	0.194
					研究生教学成果奖	0.194
			教学改革与建设	0.164	课程建设成果	0.272
					教材建设成果	0.401
					教学改革与研究项目	0.207
					教育教学研究论文	0.120
	科研能力	0.449	科研工作量	0.300	科研经费	0.459
					出版学术著作数量	0.165
					申请与获得专利数量	0.190
					科研论文数量	0.190
			科研质量	0.700	纵向科研项目等级	0.200
					科研成果转化	0.119
					科研成果获奖	0.171
					科研论文发表期刊级别	0.122
					研究报告被采纳	0.051
					科研论文发表期刊影响因子	0.153
					科研论文被引用、转载	0.139
					学术著作出版社级别	0.045
	心理特征	0.192	工作态度	0.550	热爱教学	0.499
					治学严谨	0.281
					诚实正直	0.140
					尊重他人	0.080
			个性动机	0.450	自信心	0.094
					成就动机	0.501
					社会责任感	0.247
					奉献精神	0.154

通过上述表格，我们可以较客观地列出岗位胜任力的要素组成以及各自的重要程度，而且根据此模型可以客观地测评出高校教师的绩效，从而促进教师的全面发展。

三、结论

在我国社会主义现代化建设的新时期，在改革开放和市场经济条件下，对高校教师如何有效地进行绩效考核以及绩效考核的重要作用如何体现，是每个高校需要重视的工作。其中，实现绩效考核作用的关键是科学设置绩效考核指标与充分考虑各方意见。

以上两个模型可以科学、合理地解决高校教师绩效考核指标存在的3个问题。

首先，针对学科差异体现不明显这个问题，此模型指标的设置体现了不同学科之间的差异性，明确区分了文科与理工科的不同考核标准，指标的针对性更强，而且在指标设计过程中，根据不同学科特点，赋予的权重值也不尽相同，如科研质量中，文科纵向科研项目等级的权重值为0.137，理工科纵向科研项目等级的权重值为0.200；文科科研成果转化权重值为0.057，理工科科研成果转化权重值为0.119；文科科研成果获奖权重值为0.161，理工科科研成果获奖权重值为0.171；文科科研论文发表期刊级别权重值为0.110，理工科科研论文发表期刊权重值为0.122；文科研究报告被采纳权重值为0.112，理工科研究报告被采纳权重值为0.051；文科科研论文被引用、转载权重值为0.154，理工科科研论文被引用、转载权重值为0.139；文科学术著作出版社级别权重值为0.141，理工科学术著作出版社级别权重值为0.045。这样科学合理地反映出教师的实际工作业绩，较好地解决了不同学科间教师在工作业绩上的差异，从而对教师起到积极的激励作用。

其次，这两个模型从不同程度上体现了隐性因素的重要性，并赋予适当的权重值，克服了以往将教师的工作态度、个性动机等复杂的难以量化的因素拒于评价视野之外的现象。从这个模型中我们可以看出，心理特征即工作态度、个性动机分值高的教师，其教学能力、科研能力也相应较强，也就是说工作态度、个性动机优良的教师在职业生涯中更具发展潜力，表现得更出色，反之亦然。

最后，两个模型一定程度上解决了绩效考核指标设计中存在的重视表面、轻视实质的问题，同时此模型也体现了更深层次的考核，就科研来讲，无论是文科还是理工科都倾向于重视对纵向科研项目等级、科研成果获奖、研究报告被采纳、科研成果转化、科研论文发表期刊影响因子、学术著作出版社级别、科研论文被引用转载、科研论文发表期刊级别的考核，这样可以从某种程度上杜绝了以往出现的某些教师为了追求较高的绩效而大量发表和出版质量偏低的科研论文、学术著作的现象，从而比较客观地对教师的工作绩效进行测评，以此来调动教师的工作积极性。

总之，构建高校教师胜任力模型是开展高校人力资源管理的基础，应用胜任力模型对高校教师绩效考核指标进行研究，不仅注重文科与理工科不同学科之间的差异性，而且考虑了显性因素，又兼顾了隐性因素，同时在绩效考核中重视表面、轻视实质的现象也得到了很好的克服。此外在量化处理的方法上采用层次分析法(AHP)，减少了传统评价体系确定权重过程中的主观随意性，从而使评价结果较客观公正，有较高的可信度。

运用胜任力模型分析高校教师绩效考核指标体系，有助于增强高校教师的社会责任感。而且教师绩效考核指标不再仅仅关注教师在短时间内所取得的工作成绩的外在表现，而是更加关注教师的远景战略以及与教师教学能力、科研能力相关的心理特征；不再是将定性标准与定量标准简单地分割开来，而是将高校教师评价过程中实现二者的有机结合，全面促进高校教师的个人发展。

参考文献

[1] McClelland D C. Testing for Competence rather than for Intelligence [J]. American Psychologist，1973(28).

[2] Holmes L，Joyce P. Rescuing the Useful Concept of Managerial Competence：from Outcomes back to Process[J]. Personnel Review，1993，22(6).

[3] 赵永乐.基于人力资源管理的岗位胜任力素质模型的建立[J].东南大学学报:哲学社会科学版，2007(1).

[4] 杨海洪.胜任特征在HR管理实践中的应用[J].商场现代化，2008(23).

[5] 王重鸣，等.管理胜任力特征分析:结构方程模型检验[J].心理科学，2002(5).

[6] 刘宝存.美国大学的创新人才培养与本科生科研[J].外国教育研究，2005(12).

[7] 张一纯.运用灰色系统，分析影响高校专利数量的关键因素[J].科技管理研究，2005(1).

[8] 刘叶云.我国高校教师胜任力评价指标体系的构建[J].湖南师范大学教育科学学报,2010(2).
[9] 李明斐,卢小君.胜任力与层级式胜任力模型构建方法研究[J].大连理工大学学报:社会科学版,2004(1).
[10] 张鹏,等.信用风险度量的新专家方法[J].科技进步与对策,2006(7).
[11] 杨德礼.AHP判断矩阵与模糊判断矩阵相互转化方法[J].大连理工大学学报,2003(4).
[12] 刘泽文.胜任力建模:人才选拔与考核实例分析[M].北京:科学出版社,2009.
[13] 薛贞霞,等.AHP中群体信息的提取方法[J].统计与决策,2007(11).

国际化背景下高水平大学青年教师培养机制与思考

何　敏

摘　要　对比分析了欧美和国内高水平综合性大学在新教师的引进和招聘、工作模式以及培养和职务晋升等方面的差异，分析我国高校特别是我校青年教师的现状和问题，浅谈在国际化背景下，对大学青年教师培养方式方法的几点思考。

百年大计，教育为本；教育大计，教师为本。人才是国家繁荣强盛的根本，也是高等学校兴旺发展最重要的基础。青年教师作为学校未来发展的生力军，是学校可持续发展的源泉和动力。因此，各国政府和国内外高水平大学都非常重视人才和青年教师的培养。2010 年我国颁布了《2010 — 2020 年国家中长期人才发展规划纲要》，明确指出人才是我国经济社会发展的第一资源。国外对如何招聘到好的教师人才进行了深入研究，建立了教师考核评价模型，国内也研究探讨了青年教师培养的方式方法。当前，国内高水平大学都在通过制定各种政策、招收留学生、建立国际化的课程体系和开展教育和科研国际合作等，努力提高国际知名度，增强人才培养的质量。这些都迫切需要建立相应的青年教师培养机制，使他们能够尽快适应高水平大学国际化的要求。本文从新教师引进与招聘、工作模式以及培养和职务晋升等方面，对比分析了国内外高等学校的差异，结合学校的实际分析了目前青年教师的现状和存在的主要问题，对国际化下的青年教师培养体制机制进行了初步探讨。

一、国内外高校青年教师培养体系与对比

1. 引进和招聘

欧美高校引进新教师时是没有国籍限制的，一般都具有博士学位，个别有特殊经历，如在政府或大型企业担任过要职的人员，如愿意当教师，也可以被聘为教授职务。这样招聘可以把最优秀的学者和专家吸收到教师队伍中来。招聘新人岗位时由系主任根据学科发展方向和系里的预算经费，通过与系里知名教授沟通，并征询院长同意，发出招聘广告，明确招聘岗位的名称、职称、

方向和对候选人的基本要求等。系里预算经费主要是根据全系在教学、科研和社会服务等方面的"产出"来确定的。在招聘岗位和职责确定后,新招聘的教师通常要通过一定的程序才能成为正式人员。在评审选拔过程中,候选人如有不同意见,可以申诉。

此外,为防止近亲繁殖,欧美大学通常不选留本校毕业的博士生直接当教师。本校毕业生必须先到其他学校或企业工作几年以后,通过严格的招聘程序后才能回到母校任教。

欧美国家大学招聘新教师的程序基本相同。我国高校招聘教师时差异较大。除了从国内外引进特聘教师有较一致的规定程序以外,其他新教师的招聘通常没有一个严格的程序,大学里各学院招聘程序和对新教师要求的标准也不尽相同。

2.工作模式

欧美国家大学新教师的工作模式差异较大,但主要有两大类。第一类是个体(individual)工作模式,如北美的研究型大学。这种管理模式讲究的是教师个体的独立性,主要由 3 层结构组成,即教授(教师)+自己的博士生+自己的硕士生。每位教授、每位副教授、每位助理教授通常都是自己组建一个研究小组。这种工作模式也讲究联合,但那是基于研究项目的联合,以发挥组成研究项目各个教授的优势。不同的研究项目,会构成由不同教授组成的研究团队,这样的联合相对比较松散。第二类是团队(group)工作模式,如欧洲的主要研究型大学。这种管理模式讲究的是团队的协作性,主要由 4 层结构组成,即 1 名教授+5～8 名副教授/助理教授+团队博士生+团队硕士生。每个研究团队教授的岗位一般只有一个,研究团队列有若干研究方向。对于招聘来的新教师,他首先必须进入到某一个研究团队中去。当大学希望开辟一个新的研究领域时,通常采用的方法是通过引进这一领域世界知名的一位大师,再给他 3～4 个引进团队成员的名额,用于组建一个新的研究领域。

随着国家改革开放和对外交流的不断深入,我国大学新教师的工作模式也在发生着变化,从最初苏联大学以教研室为单位的个体工作模式,到北美大学以系为单位的个体工作模式,再到近几年正逐步转变为欧洲主要研究型大学的以学院为单位的团队工作模式。除了通过引进大师级人才开辟新的研究领域和方向外,目前我国高水平研究型大学招聘每位新教师通常也是要进入到一个研究团队中去,其工作模式与欧洲研究型综合大学基本相同。

3.培养和职务晋升

欧美国家大学在职务晋升上都有一个名称叫 tenure track,但其内涵根据欧美研究型大学工作模式的不同略有不同,一般分为两种培养和职务晋升体系。

第一种是北美研究型大学体系。每一位新教师从与学校签订合同之日起,他们就被列入到 tenure track 中,就是进入到可以晋升为终身教授的行列中。经选拔聘任的青年教师,通常和学校签订 5～6 年合同,为助理教授。根据其在教学、科研和社会服务的工作量进行考核。两年后系里对该教师进行第一次考评,4 年后进行第二次考评。第二次考评后一般由全系终身教授集体讨论评估该教师是否适宜长期在该校任教,能否评为终身副教授。如评不上终身副教授,该教师就必须另谋出路。在北美一流研究型大学,晋升为终身副教授通常是很难的,因此他们通常把终身副教授统称为终身教授。

第二种是欧洲研究型大学体系。招收的新教师通常先签两年的合同,在合同中规定这个教师做教学和科研工作的比例,大多数新教师教学和科研的比例是 1∶1。新教师首先必须进到一个学院的一个研究团队中;每个研究团队一般只有一个教授,只有等这个教授退休后,才能晋升新的教授;两年中,对于新招收的教师,每年学校将组织对新教师进行评估。在英语为非母语的国家里(如荷兰、法国等),其研究型大学对新教师的英语水平也有严格的要求,一般两年后学院将进行评估,以决定该教师是否还能继续留校任教。能继续留校的人中只有 20%左右非常优秀的人,才会被确定成为 tenure-track staff。被列为 tenure-track 的教师是将来可以晋升为教授职务的候选人,学校对这些选拔出的优秀教师在教学和科研条件上给予特殊的保证。需要说明的是,纯粹从事教学而不做科研的教师在欧洲研究型大学中一般是不能晋升为教授职务的。

虽然欧美国家研究型大学在新教师的培养方面不尽相同,但是他们都有严格的职务晋升要求和程序。主要特点是衡量的内容涉及教学、科研和社会服务 3 个方面:在教学方面,系里的终身教授定期听助理教授的课,写报告存档;同时学生在每学期结束前要对老师的授课情况,写评语、打分。科研成果是青年教师晋升终身教授的重要因素。对于不同的学科,晋升终身教授的要求有所不同。例如,对于自然科学学科,主要看教师发表论文的质量和数量,需有一两篇学术界公认的在某一领域有突破性的论文,一般情况每年至少要在一流刊物上发表两篇论文。而对于人文学科等通常至少要撰写一本专著。此外,在教师晋升方面还要看社会服务。教师必须积极参加学校、学院和系里组织的各项活动,在各委员会中任职做出贡献,进行有创造性的教学改革,提高学生解决实际问题的能力等。当晋升评审时,教师的代表性论文和专著评审采用“匿名审稿制度”。在世界范围内,由学院邀请 10 位左右同行专家写出评审意见书。职称的评审主要是通过三级的秘密投票决定:系里教授委员会、学院评审委员会和学校评审委员会，且每级的评审结果和出具的报告都会告知候选人。如果待评审的教师对于评审结果有异议，可以向学校设立的申述委员会进行申述。如果申述的有道理，学校评审委员会有可能根据申述进行再次投票。

我国高校教师在培养模式上已靠近欧洲大学的团队培养模式，但在职务晋升的方式上是从助教、讲师、副教授到教授逐级评聘。这点与美国大学相类似，即每位新教师无论后面的考核结果如何，都是以晋升教授为目标的。其评选的标准也主要包括教学工作量、科研经费数、科研论文水平和数量、科研成果、学科建设和公益活动等。但是各大学具体职称评选时，掌握的标准和尺度并不相同。

二、我校青年教师的现状和问题

(1)突出拔尖人才不多。我校青年教师队伍现状与一流高水平研究型大学要求距离相差较大，突出拔尖人才匮乏，尤其是缺少出类拔萃的青年人才。

(2)国际化水平不高。现有青年教师英语水平普遍不高，大多缺少国外学习和培训经历，在双语教学、招收学位留学生、对外国际合作科学研究等方面存在语言交流问题，无法满足学校国际化高水平研究型大学的建设要求。

(3)教学和科研工作不平衡。基础课青年教师平时教学任务偏重，科研的能力和水平不高，与一流研究型大学的要求有较大差距。专业课青年教师科研任务重，教学工作偏少或几乎没有教学任务。现行的考核体制还造成青年教师普遍存在“重科研轻教学”现象，教学、人才培养和科学研究没有很好结合。

(4)培养环境相对单一，“近亲繁殖”现象严重。青年教师之间缺乏教学和学术交流，不利于交叉学科和新兴学科的培育和发现，不利于青年拔尖人才的培养。

(5)对外开拓精神不足，组织能力普遍偏低。学校基层青年教师大多毕业于本校，“三实”有余，而“一新”不够，在对外开拓和对外学术交流方面普遍偏弱，使得在专业学术会议、鉴定会、评审会上较少看到我校人员。

(6)经济压力大。与国外大学教师有较高待遇、教师可以专心致志从事教学和科研不同，我国高校教师，特别是青年教师，待遇有待提高。在国家CPI指数不断升高、物价上涨较快的今天，青年教师的需求与收入存在明显差距，使得青年教师无法安心从事教学和科研等工作。为了经济利益，低水平重复性的科研项目偏多，不利于青年教师学术水平的提升。

三、国际化大学青年教师培养机制的几点思考

(1)巩固学校已有好的政策。我校在青年教师培养上也取得了较好成绩。一方面,20 世纪 90 年代初,学校在青年教师中评选的“跨世纪学科带头人”和“跨世纪教学带头人”已成为我校目前翱翔学者、长江学者、杰出青年基金和教学名师的主体。近年来,在青年教师中评选“翱翔之星”,同时在破格晋升职务、出国学习、参加国际会议、青年科研基金、教改立项等方面向青年教师倾斜。特别是从去年提出的从出国培养的博士生中提前选留师资和大力引进海外高层次人才政策,极大地提高了我校未来师资队伍的学术水平和国际化水平。另一方面,学校相继出台了教师有限晋升和青年教师合同制等措施,建立淘汰机制。这些政策和措施有效促进了我校青年教师的成长,为学校发展奠定了良好基础。

(2)加强团队建设力度,构建“教学科研统一体”。将教学和科研工作结合到团队中,构建“教学科研统一体”。一个团队不仅要从事高水平的科学研究,出高水平的研究成果,同时每个团队还要承担一定的教学任务和工作。团队负责人要对团队“教学上质量”“科研上水平”负责。只有这样才能够将教学和科研有机结合在一起,使得人才培养和科学研究工作相辅相成,相得益彰。每位新教师都需要进入到一个团队中,通过深化并做实“双导师制”,使新教师在教学和科研两方面都得到具体指导,有效提高外语水平、教课水平和研究水平。每一位青年教师可以根据自身特点和特长,在团队中主要承担教学或科研工作,使青年教师能够“在正确的位置做力所能及舒心的事”,有利于青年教师在教学和科研两方面均衡发展。在新教师的试用期内,通过学校和学院考核,确定一个更适合新教师成长的道路。

(3)建立和重视学院青年工作委员会。通过建立学院青年教师工作委员会,加强各团队青年教师之间在教育教学方法、科研项目申请、论文撰写等方面的交流,提高授课技巧和质量,提升学术水平,发现和培育新学科增长点,促进新兴交叉学科的生长,锻炼青年教师的组织管理能力和与人交往的能力。

(4)国际化视野的培训和锻炼。通过引进国外博士毕业生和青年教师出国培训深造,提升青年教师的国际视野和英语水平。

(5)加大在国家部委和企业的交流锻炼。创造机会,选拔优秀青年教师到国家有关部委、有关国防院所进行短期工作和交流。促进青年教师对国家需求,特别是国家重大需求的了解和认识。将国家需求、研究院所型号任务、教师自身学术专长有机结合起来,将产学研做实。

青年教师是学校的未来,在国际化的大背景下,建立有效的培养机制使青

年教师尽快脱颖而出是高水平综合性大学必须解决的问题。为此，需要在教师的引进和招聘、工作模式以及培养和职务晋升等环节中吸收国外先进方法和经验，结合我国大学发展的实际，形成符合中国国情、具有国际视野的高水平综合性大学青年教师培养体系。

参考文献

[1] Alexander Dilger. The Principle of Hiring the Best Available Academics[J]. International Journal of Education Management, 2009, 23(6): 523－532.

[2] Frank A, Tayler III, Allen F, et al. Personnel Evaluation with AHP [J]. Management Decision, 1998, 36(10):679－685.

[3] 何仲山.美国高校教师的选拔和培养[J].高等教育,2001(4):74－76.

[4] 张建平.高校青年教师成长过程探析[J].南通大学学报:教育科学版,2005,21(1):12－15.

[5] 周杰,孙江丽,李昌祖.基于成长性需求的高校青年教师激励机制研究[J].2009(6):86－87.

高校实验室软实力及其提升对策研究

张义庭　李　鑫

摘　要　实验室软实力是大学软实力的重要组成部分，对实验室软实力建设的研究是大学软实力发展的重要环节。文章从提升实验室软实力的意义出发，对高校实验室软实力的内涵、构成要素以及高校实验室软实力提升主要影响因素进行了研究，并在此基础上探讨了提升高校实验室软实力的对策建议。

关键词　高校　实验室　软实力　提升对策

一、引言

面对日趋激烈的知识经济时代竞争，高校实验室作为培养高素质人才、知识生产、科技创新的重要基地，在国家发展和社会进步中，发挥着越来越重要的作用。胡锦涛同志在党的十七大报告中指出："要坚持社会主义先进文化前进方向，兴起社会主义文化建设新高潮，激发全民族文化创造活力，提高国家文化软实力，使人民基本文化权益得到更好保障，使社会文化生活更加丰富多彩，使人民精神风貌更加昂扬向上。""文化软实力"这一新名词出现在十七大报告中，是我们党对文化在党和国家工作全局中战略地位和重要作用的新认识、新论断。高校实验室软实力作为在大学发展的历程中积淀而成的一种独具特色的文化形态，是大学软实力的核心要素和重要支撑。

二、高校实验室软实力的内涵及构成

1. 高校实验室软实力的内涵

探讨高校实验室软实力建设，首先要对软实力、高校实验室软实力这几个概念进行界定。"软实力"是美国哈佛大学肯尼迪学院院长、国防部前助理部长约瑟夫·奈提出的一个观点，他认为，一个国家的综合国力，既包括由基本资源（土地、人口、自然资源等）、军事力量、经济力量和科技力量等表现出来的"硬实力"，也包括以文化、政治价值观、意识形态及外交政策等资源体现出来的"软实力"，即通过精神和道德诉求，影响或说服别人相信和同意某些行为准则、价值观念和制度安排。

目前,从“国家软实力”演化而来的“大学软实力”,尚处在一个初级的探索阶段。大学实验室的软实力是大学软实力的延伸，但也有其一定的特异性。实验室软实力是指实验室所拥有的一切精神性力量。从根本上说,实验室软实力就是广义的实验室文化软实力。文化软实力即文化对行为主体产生内化的凝聚力和外化的影响力。广义的实验室文化包含精神、制度、环境 3 个维度。实验室精神文化,主要体现为实验室的治学理念、发展战略、价值观念等;实验室制度文化,主要体现为实验室的规章制度、运行机制等;实验室环境文化包括器物文化和行为文化,主要体现为物质层面的工作环境、建筑风格、纪念性标志等;在非物质层面体现为人际关系、学术氛围、团队协作等。

2. 高校实验室软实力的构成要素

实验室软实力是大学软实力的组成部分之一,对实验室软实力建设的研究是提升大学软实力发展战略的重要环节。实验室文化是大学文化的亚文化状态,它是指对科学的探索所展示出来的人类存在发展的特定精神、信仰、价值取向、方法,以及为促进科学探索、发展所需的社会制度、规范、物质手段、技术、行为、过程、历史和学术研究、传播等的总和。它包括 4 个层面的内容,分别是物质基础、制度力、精神力和科研团队,如图 1 所示。对科学文化软实力的研究也将从以上的 4 个方面展开。

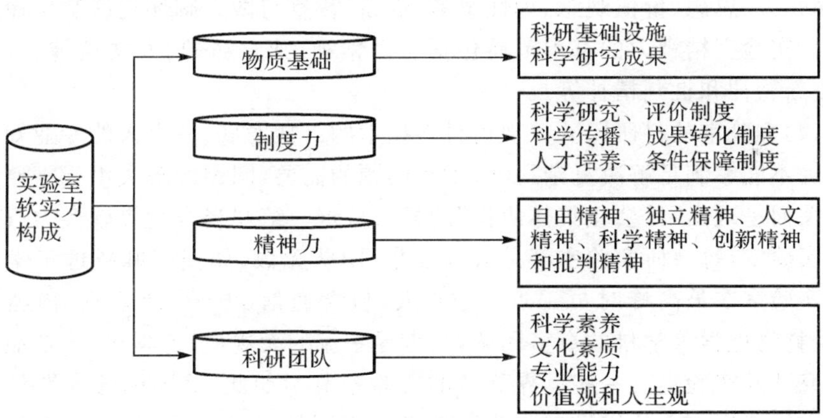

图 1　高校实验室软实力构成要素

(1)实验室的物质基础。实验室软实力的物质基础是实验室文化的物质形态,既是实验室其他形式软实力的物质基础,也是实验室综合实力的重要标志。它包括实验室科技成果的物质形态;一个经过独特设计,可以体现本实验室精神文化且能激发工作热情和创造性的实验场所;一批现代化、高精尖的实验设备和先进信息网络平台等支撑实验室存续与发展的物质要素与成果。

(2)实验室的制度力。制度是自由秩序的形成路径,制度的功能是提供框架性约束,以实现预期功能、激励功能、宽容功能和妥协功能。实施制度管理的过程就是统一人员行为、同化人员思想的过程。实验室制度是以学术本质为根据确定的实验室行为规则体系。植根于科技全球竞争化背景的现代大学实验室,所面临的现实要求和发展环境,已经并且正在发生深刻的变化,迫切需要建立一套科学而灵活的现代大学实验室制度,以促进并保障实验室健康、协调、可持续发展,从而有力地推动科技进步和人才培养目标的实现。实验室制度创新、实验室制度力的培育与提升,其目的是为了继承实验室的优良传统,应对时代发展要求。实验室的制度分为一般制度和学术制度。一般制度是指实验室运行必须遵循的基本原则,它保证实验室的正常运行,功能正常发挥,其核心主要有科学研究和评价制度、科学传播和成果转化制度、人才培养和条件保障制度等。学术制度是实验室的根本制度,实验室的根本制度是实验室制度的内核和灵魂,它规定了实验室的基本价值取向,从根本上制约着实验室的一般制度。

(3)实验室的精神力。实验室的精神力是实验室赖以生存和发展的精神支撑。实验室的精神既深藏于实验室之中,又游离于实验室之外,它给实验室注入了生命活力,使实验室不仅仅是研究设备的聚集,也不仅仅是人才的集散地,而是人、思想、价值观念、理性思考、创新、智慧与博大胸怀的科学生命力的源泉。实验室精神力的基本范畴包括自由精神、独立精神、人文精神、科学精神、创新精神和批判精神等。

(4)实验室的科研团队。现代科学技术的迅猛发展,一个人的专业知识早已远远不能够满足解决复杂科学、工程问题的需要,问题的解决由于需要团队的攻关而呈现出“社会化集体协作”的显著特点。综观当今世界软实力影响广泛的实验室,每一所实验室都是大师云集、团队无数,如美国麻省理工学院的林肯实验室在最高峰时员工近 3 900 人,包含通信、电子、计算机、神经生理学、生物物理学等学科的众多团队,是世界一流的大规模、跨学科、多功能的技术研究开发实验室。一些世界著名的实验室莫不如此,美国的劳伦斯伯克利实验室培养出的 9 位诺贝尔奖获得者来自不同的科研团队,没有一个是通过单兵作战而获得的。国外一流实验室成功的经验和管理模式告诉我们:“大学要想建设具有世界一流影响力的实验室,建设高水平的科研创新团队是不可或缺的条件。”

三、高校实验室软实力提升的主要影响因素

实验室的硬实力是打造实验室软实力的基础，实验室软实力的提升是积累实验室硬实力的强有力的支撑，硬实力不能软，软实力必须硬，实验室只有拥有较强的综合实力，才能具备强有力的竞争力和生存力，才能保持旺盛的生命力和创造力。

1. 国家实力的快速增强是提升实验室软实力的物质基础

构建实验室软实力必须依托一定的经济基础、物质保障和良好的社会环境。我国改革开放30年以来，国家经济实力、科技实力、国防实力得到了快速提升。国家创新体系、基础研究、科技基础设施建设和基层科技工作进一步加强。一批重大科技项目和高新技术产业化取得新的突破。国家从战略高度出发，针对高校建设提出了"985""211"等一系列战略工程，大大提升了高校实验室的硬件设施水平，为构建和强化实验室软实力奠定了坚实的物质基础。

2. 千载难逢的发展机遇是提升实验室软实力的根本动力

"十二五"期间是我国加快社会主义现代化建设进程的重要战略机遇期，党中央坚定不移地实施科教兴国战略和人才强国战略，大学的发展正迎来实现新跨越的新机遇。当前，我国正处在经济转型的关键时期，社会对先进科技和高端人才的巨大需求，是实验室实现新跨越的动力基础。面对科学技术日新月异，知识经济方兴未艾，综合国力竞争日趋激烈的新形势，高等学校是高层次人才培养的主要阵地，是人才汇集的战略高地，在经济转型中居于十分重要的地位，高等教育面临着十分难得的发展机遇。

未来几年或十几年，将是中国确立各高校相对地位的关键时期，对每所大学的发展潜力和能力将是一次全方位考验，而实验室的影响与能力是高校水平的重要体现。在这种局面下，各个大学都在想方设法在激烈的竞争中占有一席之地。大学实验室特别是一些重点实验室经过改革开放30年以来的密集建设，在科研设施、资产规模等方面得到了长足快速发展。然而，功利主义、学术浮躁、重"尖端设备"轻"科研能力"、重"物质"轻"精神"等诸多不良现象也在不断蔓延，失去了实验室应有的精神和内涵，实验室软实力的提升刻不容缓。

3. 充满活力的大学文化是提升实验室软实力的重要载体

党的十六大报告指出，当今世界，文化与经济和政治相互交融，在综合国力竞争中的地位和作用越来越突出，文化的力量，深深熔铸在民族的生命力、创造力和凝聚力之中。文化是社会发展的导向，是社会规范、调控的阀门，还是社会凝聚和经济发展的驱动力。实验室文化作为一种区域性亚文化，是整

个大学文化的子系统之一,所以在其形成和发展过程中必然受到大学文化的影响,从而决定了它具有大学文化的客观属性。故在建设实验室文化的过程中,必须注重与本土校园文化的融合,吸收其合理、先进的养分,从而体现出其具有的共同教育背景,深刻的人文特征和多元化的价值理念,这是真正发挥实验室作为综合研究基地潜在作用的重要保证。高品位的校园文化氛围,可以净化人的灵魂,升华人的品格,陶冶人的情操,规范人的行为。高格调的校园文化环境,先进高雅的校园文化精神,给人以熏陶、教化、激励的作用,发挥着凝聚、润滑、整合的功能。因此,鲜活而充满生命力的大学文化成为提升实验室软实力的重要载体。

四、高校实验室软实力提升的对策

高校实验室的竞争,不仅表现于科研项目的竞争,发展空间的竞争,也表现于思想文化的竞争,精神理念的竞争,这种竞争不仅表现在硬实力上,同时也表现在软实力上。实力决定地位,能力决定价值,发展决定空间。在积极强化实验室硬实力的同时,努力提升实验室软实力,不断提升包含软实力在内的实验室综合竞争能力,这是全球性竞争环境下高校实验室发展的根本出路。软实力不是一个自然生成的过程,而是一个实践生成过程。这种实践过程就是人们通过文化的作用不断内化和外化行为主体而产生力量的积累过程。因而,对内增强凝聚力和对外增强影响力是生成高校实验室软实力的两个基本途径。

1. 注重挖掘培育,增强实验室软实力的内生力

实验室精神是实验室的一面旗帜,是实验室赖以生存和发展的精神支撑,发挥着激励意志、规范行为、凝聚人心的功能。软实力源于实验室的综合实力,软实力折射实验室的发展潜力,反映实验室的对外影响力,软实力是硬实力的体现。没有硬实力,就无所谓软实力,反之,软实力增强了,也会促进硬实力的增长。然而,在相对固定的一个时期内,就实验室而言,硬实力是可以通过投资发展的,而软实力则只能立足于本身,从潜移默化中逐步提升。实验室是一个科学家汇集的场所,是知识生产的源泉。梅贻琦先生指出:“所谓大学者,非谓有大楼之谓也,有大师之谓也。”因此,要更加重视大学软实力建设,不可一味追求实验室规模的“大”而“全”,而应该进一步深入挖掘实验室发展历史上做出过杰出贡献的科学家的精神财富,培育符合时代精神和现代科学发展规律的实验室文化。增强实验室软实力的内生力,一要挖掘治学传统,对实验室发展历程进行现实反思与提炼,确立实验室独具特色的治学理念;二要根据现实社会对科学技术发展和人才培养的新要求,站在全球的视野、发展的视

野、多元的视野，重新审视与阐释实验室精神，确立实验室与社会发展相适应的战略和目标；三要协调人文精神与科学精神的共同发展，培育立人惠众的品位与气质。

2. 谋划事业发展，增强实验室软实力的感召力

高校实验室知名度越高，其感召力就越强，就能吸纳更多的英才投其麾下，吸引更多的科研项目，以实验室精神的凝聚力、实验室文化的感染力、实验室事业的辐射力汇聚人流、物流、信息流、资金流，推动实验室跨越式发展。如我校的凝固技术国家重点实验室，在中国科学院院士周尧和教授、中国工程院院士傅恒志教授和张立同教授的带领下，汇聚了国家杰出青年科学基金获得者和教育部长江计划特聘教授等一批高水平的团队，先后获得了国家科技进步一、二、三等奖 6 项，国家发明奖 4 项，省部级奖励 45 项以及一批领先的研究成果。而以这些条件为基础，又能够争取许多重要的科研项目和吸引优秀人才加入，从而形成良性循环。当前，做大做强实验室，一要科学地进行战略发展规划，明确实验室的发展定位；二要加强优势、特色学科的建设，增强实验室的知识创新能力，提高实验室的科研质量；三要重视人才队伍建设，营造让大师级人才源源产生的良性“生态系统”；四要从严治学，从严治教，凝聚实验室的人心，维护大学的形象。

3. 创新实验室制度，增强实验室软实力的导向力

实验室制度是一个融合实验室的历史与现实、具体与抽象、问题与方法的一个内涵极为丰富的概念。实验室精神文化，只有通过一系列具体的实验室制度才得以开展和落实。制度创新是指制度顺应时代变化的改革、深化和发展。它既包括制度规定的创新，也包括实施制度的措施、方法、条件的创新。制度创新是一个艰难的自我反思与自我超越过程，也是一个极为复杂的系统工程。

创新实验室制度，首先要合理扬弃过去既有的制度，对不适应科学发展，不利于调动人的积极性和创造性的制度进行改革，破除过去一些陈旧封闭的制度，完善不健全的制度，坚持合理的制度。其次，要始终贯彻“以人为本”的思想，充分体现人在制度建设中的主体作用，关心和关注人在制度作用下的客体地位。通过制度创新，促使实验室师生员工的积极能动因素得到充分的调动，促进实验室发展力量得到充分的凝聚，增强实验室活力的要素得到有效的发挥。

4. 主动服务社会，增强实验室软实力的认同力

随着我国经济转型的深入，大学的作用会越来越向社会中心挺进，大学功能也从单一的育人功能向多功能转化。江泽民同志说过：“时代的发展要求高

等教育深化改革,要求高等学校成为新知识、新科学、新产业的诞生地、发源地。"这就表明,现代大学必须应对知识经济的挑战,除了具有传统的教育、研究两大基本功能外,还应具有利用科技文化与科研文化成果为社会服务的功能。

高校实验室主动服务社会,一方面要主动应答社会经济发展中提出的科学问题,满足社会经济发展需要。与此同时,要增强与政府管理部门、企业、等单位建立多形式多渠道的合作关系,加强交流与互动,争取社会支持,谋求更广阔的发展空间,获取更多的社会资源,带动实验室硬实力的提高。另一方面,要通过做出高水平的科研成果,培养行业领军人才,吸引社会对实验室的注意力,增强社会对实验室软实力的认同力,提升实验室软实力。高校实验室只有自觉担负起社会赋予的职责,才能凸显实验室在高校乃至社会中的地位和作用。

综上所述,高校实验室的软实力在很大程度上也体现大学的软实力,是大学可持续发展过程中不可或缺的一环。高校实验室软实力的建设关系到高校实力特别是科学研究实力的整体提升以及高校的影响力、创造力和竞争力等多个方面。为了实现高校实验室软实力的提升,政府和高校都有必要进行长远规划,并将其作为教育发展的战略性目标,对实验室软实力建设进行深入、充分的研究和论证,并且通过加大各方面的投入推动高校实验室软实力发展。

参考文献

[1] 傅秀芬,闻星火,黄乐.创建世界一流大学实验室建设与管理的相应对策[J]. 实验技术与管理. 2005(8):11-16.

[2] 约瑟夫.美国霸权的困惑[M].北京:世界知识出版社,2002:8.

[3] 约瑟夫.软实力:世界政坛成功之道[M].北京:东方出版社,2007:33-35.

[4] 戴业炼,陈宏愚.软实力研究综述[J].科技进步与对策. 2006(11):23-27.

[5] 杨安.对高校实验室软实力的初步研究[J].实验技术与管理. 2007,24(9):150-153.

[6] 杨毅仁,刘树道.文化力是一流大学竞争的软实力[J].高教探索,2009(1):123-126.

[7] 李化树.论大学的软实力[J].清华大学教育研究,2005,26(4):48-54.

[8] 张若飞,等.大学软实力探源[J].贵州社会科学,2008,(9):34-37.

[9] 贺国庆,何振海.从西方大学改革二百年历程中获得的启示[J].教育研

究，2007(12)：57－59.

[10] 安小六，邹小红. 加强实验队伍建设增强高校实验室软实力[J]. 西南师范大学学报：自然科学版，2010(2)：229－232.

[11] 张原. 高校实验室文化的内涵及建设途径[J]. 实验技术与管理. 2010(3)：15－19.

[12] 蔡先金. 软实力：大学竞争力提升之道[J]. 中国高教研究，2006(3)：16－19.

[13] 王勤，韩艳. 一流大学与大学精神[J]. 浙江大学学报：人文社会科学版，2005(6)：31－35.

[14] 于洪良. 提升高校发展软实力的思考[J]. 理论学习，2006(6)：38.

[15] 江泽民. 论科学技术[M]. 北京：中央文献出版社，2001.

高校科研保密风险分析与管理对策

潘　炜　陈杨林　魏海燕

摘　要　高校是保密科研项目研究的重要基地,科研保密工作已成为高校科研管理工作的重要组成部分。针对高校保密管理工作中存在的问题,系统分析了高校科研保密的风险因素和高校科研泄密事件的客观发生规律,深入剖析了高校科研保密工作中消除泄密隐患或避防泄密事件的管理机理。在此基础上,构建了一种层次化的高校科研保密预警管理系统,给出了相应的管理对策。该系统能预警、预防或预控泄密事件的发生,降低泄密事件的发生率,提高保密管理的有效性,为高校科研保密管理工作提供了一种新思路。

关键词　高校科研保密　风险分析　预警管理

一、引言

科研保密是为了维护国家或某方面权益,在一定时空条件下,按照规范程序对含有国家秘密内容的科学研究活动及其成果有针对性地采取的保护性措施和活动。高校作为我国高新科技研究的重要基地,在国家下达的科技攻关计划、各类型的基金项目资助等高新技术、国防项目中占了很大的比例,对推动我国科技与经济的发展发挥着举足轻重的作用。高校,尤其是承担众多国防科研项目的国防高校已经成为各种敌对势力刺探情报的焦点。科研保密与科技发展、技术创新同样都是维护国家安全和利益的需要。因此做好高校科研保密工作尤为重要,科研保密工作已成为高校科研管理工作的重要组成部分。

近几年来,高校安全保密工作取得了明显成效。高校管理者把安全保密工作放到十分重要的位置来抓;广大教学、科研管理人员包括学生安全保密意识大大提高;安全保密防范措施得到进一步加强,特别是通过保密审查认证资格的单位,安全保密工作正在向制度化、规范化方向迈进。但是学校面临的保密形势依然复杂严峻,失、泄密隐患都不同程度存在。泄密事件往往难在事前发现,而一旦发生,则损害已成事实。因此,提高主动管理、超前管理、预警管理的能力,探索建立泄密预警、应急反应、危害评估等机制,形成严密的防范体系，增强防泄密反窃密的预见性，已成为当前乃至今后高校保密系统应当认真研究解决的重要课题。

二、保密管理的国内外研究现状

目前，国内外的安全保密研究主要集中在保密管理、保密立法以及保密技术 3 个方面。在现有公开发表的文献资料中，保密立法和保密技术的研究文献较多，而关于保密管理的研究，由于其特殊性，大部分研究内容并未详细公开。但是根据对大量文献资料的分析表明，国内外安全保密的研究正在从强调保密立法、保密技术转向强调保密管理的效力上来，各国无不高度重视安全保密管理工作。

在国外，美国在保密管理工作方面向来以严厉著称。美国已先后颁布了 8381，10104，10290，10501，11652，12065，12356，12958，13292 号总统行政命令，详细、系统地规定了美国的定密、保密制度。其中，奥巴马政府执政以来颁布了第 13526 号行政命令，更加强调定密政策审查、定密教育培训和有效的解密工作，采取了更严格的信息安全和保密管理措施。美国的保密管理研究，主要从以下 4 个方面入手，即物理设施保密管理、涉密人员管理、接触秘密信息管理和网络安全保密管理。

在国内，政府非常重视保密管理工作，通过深入调查研究，借鉴国外先进管理经验，先后制定和实施了一系列保密管理法规和政策。国内学者对保密管理的研究焦点在保密宣传教育、保密组织管理、信息安全管理、涉密人员管理、定密管理、保密学科建设等方面。这些研究成果均应用于科研保密管理中。其中，有代表性的研究包括国家保密局副局长丛兵提出了电子文件与纸质文件管理相结合、防外与防内相结合、保密管理与业务工作相结合、技术措施与管理制度相结合的综合保密管理办法；王桂芝等人提出了高校基层部门科技保密管理工作应采取的具体措施；李源等人提出了通过开展科研保密宣传、科研成果保密管理、保密人才队伍建设等具体工作实现国防高校的科研保密管理；蒋美仕等人提出了市场化、网络化条件下科研保密管理体系的运作机制；姜建国等人提出了通过构建中国特色保密学科理论体系，促进安全保密管理的理论框架。陈立骅提出了安全保密层级监督机制；王宇提出了面向涉密人员的信用评级、岗位认证、监管分离、奖惩激励四项管理机制；李秀群给出了定密授权机制、定密责任机制、定密监督机制的具体建议；罗江淮提出了信息公开保密审查的重要原则及其法律依据；李培新等人论述了科技保密及其对象，科技保密内容与性质，提出了科技成果在各个阶段的保密工作思路；李娟重点论述了对信息时代高校保密工作的思考以及创新；肖润谋等人分析了国内高校科技保密工作所存在的问题并提出了相应的解决方案;李伟国分析了高等院校泄密案件并给出了相应的对策;蔡文洁对我国科技保密制度建设和运行状况进行了实证调查与分析研究。

三、高校科研保密管理中的问题分析

结合国内外实际情况,尤其是高校科研保密研究现状,可以看出目前研究中主要存在下述3个方面问题。

(1)现有的保密管理方法大多属于被动的防御和管理,缺乏主动性,无法对泄密的隐患进行及时的侦查与处置。这些隐患经过不断积累,必然会产生“蝴蝶效应”,极有可能演变成一个个重大的泄密事件。一旦泄密事件成为事实,已然对国家安全构成威胁、国家资产造成损失,事后管理的能力有限。

(2)基层单位科研保密管理工作与上级主管单位的保密管理工作联动协调机制不强,易造成管理工作的时空延迟。高校作为科研保密工作的基层单位在开展保密管理工作中需要与上级主管单位进行沟通。现有的办法是基层单位向上级单位的科研保密举报制度,和上级单位向基层单位的保密提醒制度和保密审查制度。这些制度是刚性的,对突发的泄密事件上下级之间该如何协商处置的灵活性不够。在突发情况下无法保证上下级单位保密工作执行的连续性、节奏性。一旦无法做到协调,必定会产生管理工作的真空期,对安全保密构成威胁。

(3)缺乏保密管理办法在实践工作中的执行能力强化机制,易造成保密管理工作效率不高。目前的保密管理理论研究已经形成并出台了许多管理制度和政策,但是由于未对实际的应用对象和应用环境进行细致考虑,造成管理制度和政策在一定程度上可操作性不强、不细,进而影响到保密工作的效率。比如,高校现有的应急处理制度大多是直接引用或参照上级单位的安全保密应急处理制度,由于不具备执行能力强化机制,造成应急预案的演练不到位,无法将应急响应方式调整到位以适应突发事件的应急处理需求,导致无法发挥应急处理制度应有的效力。

四、高校科研保密的风险分析

科研泄密事件成因的分析及成因机理的分析,是建立科研保密预警管理体系的基础。科研泄密事件的成因是多样化的,每个成因都表现出特定的特点和规律,同时各个成因之间存在着耦合关系。通过分析单成因、双成因和多成因耦合,可建立泄密事件的成因直接耦合结构模型和成因间接耦合模型。在此基础上,运用系统工程理论,可以揭示研究泄密事件的阶段活动规律、事件信息传播的蔓延机理、事件引发高校科研管理连锁反应的灾变机理。

1. 高校科研保密的风险因素分析

依据系统工程理论进行分析，在高校科研保密项目的管理体系中影响科研保密项目的正常研发和实施的风险因素可归纳为4类因素：人、物、环境和管理，如图1所示。这4类因素中的一种或多种因素出现异常状况以及它们之间的相互作用都有可能成为科研泄密的致灾因素。

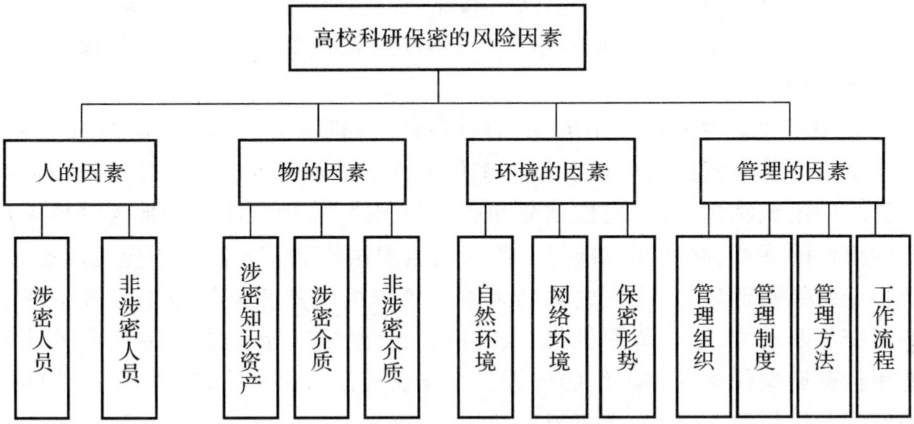

图1　高校科研保密的风险因素

人的因素主要有两个方面：涉密人员的因素和非涉密人员的因素。涉密人员是高校科研保密项目的主体人员，其自身的保密意识、保密知识水平、政治立场、道德品行、工作责任强度都会对科研保密工作产生直接影响。非涉密人员是高校教学、科研活动中的一般人员（教职工和学生），在开放式的校园环境中大量存在，其自身的政治立场、道德品行、知识水平也会科研保密工作产生间接影响。

物的因素主要有3个方面：涉密项目知识资产、涉密介质和非涉密介质。涉密科研项目都有其生命周期，在项目的申请、立项、研发、成果产生、知识产权保护、成果转化、成果鉴定和宣传等过程中都会形成一系列的知识资产和成果，其中任何一个环节一旦泄密，都会对整个项目产生致命的影响。涉密介质主要包括涉密计算机、涉密办公自动化设备、涉密存储介质等，这些是涉密科研项目研究工作正常开展所必需的基础性设施，若保护管理不当，极易造成泄密事件。非涉密介质主要包括在科研工作中日常性使用的非涉密计算机、非涉密办公自动化设备、非涉密存储介质等，在受其他保密风险因素的作用下，也会对科研保密工作产生间接影响。

环境的因素主要有 3 个方面:工作环境、网络环境和保密形势。工作环境是指涉密科研项目研究工作开展所需的工作场所、条件和建筑设施,当受到自然环境和人的因素的影响时,会对科研保密造成风险和隐患。网络环境是指高校教学、科研活动中所使用的局域网、校园网和公众网,由于网络中存在大量的网络病毒、木马和恶意攻击、刺探行为,在受其他保密风险因素的作用下,极易对科研保密工作形成压力和威胁。保密形势是指一定时期内国家层面、省市层面、院校机构层面的安全保密状况、敌我博弈态势、未来发展趋势,会对高校科研保密的工作部署和实施产生影响,若未理清保密形势,易使保密工作处于被动局面。

管理的因素主要有 4 个方面:管理组织、管理制度、管理机制、工作流程。这 4 个方面是科研保密管理工作常态化进行所必不可少的。管理组织是指保密管理的组织结构设计、岗位划分和职权分配等,管理制度是指保密管理中具有约束性的规章、制度和标准等。静态的组织结构和管理制度在应对动态、复杂多变的保密形势时,存在失灵的风险。管理机制是联系保密工作各个环节的纽带和驱动力,比如奖惩机制、激励机制、分配机制等,管理机制的有效性和适用性会影响保密管理工作的成效。工作流程是指保密管理工作中具体的业务流程和运作模式,若工作流程存在缺陷,容易威胁到涉密科研的研究工作。

科研保密过程中,由于各种风险因素之间存在着相互影响、相互作用,最终会改变各种风险因素演化的进程和性质,形成风险演化过程中的风险耦合。风险耦合主要存在 3 种形式:单因素耦合,双因素耦合和多因素耦合。单因素耦合是影响科研保密的单个风险因素内部风险因子的相互作用和影响。每一种风险因素都包含多种风险因子,它们之间的相互耦合作用就可能增加科研保密的整体风险。常见的单风险因素耦合包括人-人耦合,物-物耦合,环-环耦合和管-管耦合。双因素耦合是影响科研保密的某两种风险因素之间的相互作用和影响,比如人-物耦合、物-环耦合、环-管耦合、人-管耦合等。多因素耦合则是影响科研保密的两种以上风险因素之间的相互作用和影响,比如人-物-环耦合、人-物-环-管耦合等。

通过对实际的高校科研保密管理工作进行调查分析、案例分析可以发现,造成科研项目泄密事件的成因是多方面的,风险耦合会加大泄密事件发生的可能性。因此,这就迫切要求保密管理研究应从系统学的角度出发对科研保密风险进行分析,特别是加强对各个风险因素之间关联度、耦合度的深入研究,从而改善保密管理工作的科学性和可靠性,消除风险隐患或最小化泄密事件发生的次数以及灾害损失。

2. 高校科研泄密事件的致灾机理分析

机理是事物遵循的内在逻辑规律。对于高校科研泄密事件而言，分析清楚事件的机理，就可以发现事件形成和发展的规律，便于迅速找出相应的管理方法和应对策略，达到遏制泄密事件、最小化泄密事件损失的目的。

高校科研泄密事件具有发生、发展和演化 3 个过程特性，如图 2 所示。高校科研泄密事件的发生是因为人、物、环境和管理因素的不断积累、相互作用，逐渐达到质变临界点，在其他诱因的催化下，最终爆发成为泄密事件。比如，科研人员因保密意识薄弱，使用非涉密介质存储涉密文档，一旦非涉密介质被窃取、丢失、攻击，极易发生泄密事件。

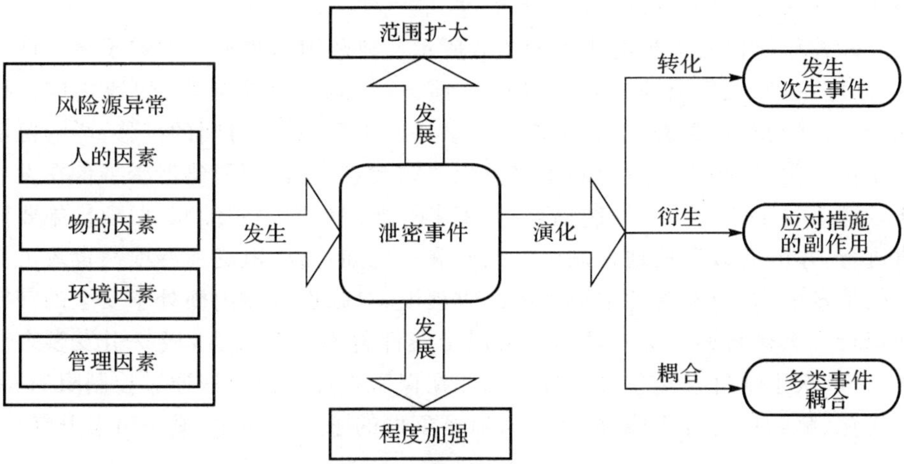

图 2　高校科研泄密事件的机理

在事件发生之后，泄密事件在一定的时间维度上，会出现空间上的扩展和烈度上的增强。比如，科研项目在立项阶段就出现了泄密，而管理人员未能察觉，随着项目的进展，泄密的内容会越来越多，危害程度愈演愈烈。

随着泄密事件的进一步发展，可能会造成更多的事件，即出现泄密事件的演化。演化过程主要有转化、衍生和耦合 3 种形式。转化是由于不同性质的事件之间存在一定的因果逻辑关系，当一种事件的发展到一定程度时会引发另一种事件的发生。比如，科研泄密事件会带来经济损失。衍生是为了处置泄密事件，会采取一些积极的管理措施，但这些措施可能会引发一些副作用。比如，应对泄密事件采取的严厉惩罚措施有助于强化科研人员的保密意识和工作责任心，但也会在一段时间内对高校承担保密科研项目的资质和能力产生负面影响。耦合是两个或两个以上事件共同作用导致事件进一步加剧的变化,最终形成影响极其恶劣的,造成严重损失和后果的重大事件。比如,多项科研子项目的泄密事件发生易造成项目所属的总体项目集体泄密,严重危害国家安全。

五、强化高校科研保密管理工作的对策

1. 高校科研保密管理的机理分析

高校科研保密管理的机理分析是在高校科研泄密事件机理分析的基础上,对管理工作本身的内在规律进行分析,有助于找到管理工作的切入点和应对措施,弥补已有管理工作中存在的不足,扩展和强化高校科研保密管理工作的实质性内容,提升管理工作的有效性。

高校科研保密管理的机理如图 3 所示。科研泄密事件一般属于突发性事件,因此,事件发生后应迅速启动应急预案,消除风险源异常、快速响应。比如,涉密移动载体丢失,应迅速追回。事件发生后,随着时间的推移,影响范围趋于扩大化,影响程度也会趋于严重化。因此,突发性的科研泄密事件在发展阶段应该着手泄密源头控制隔离、泄密事件严重程度遏制缩减,两项措施要同时进行,才能有效迅速地控制事态的发展。比如,由于电磁泄漏或病毒攻击导致的信息泄密,应及时评估泄密的严重程度,对临近区域内尚处于安全的涉密知识资产进行转移。突发性的科研泄密事件若不及时处置,极易引发事态恶化,造成次生事件甚至重大事件。因此在保密管理方面应该通过控制阻断、策略优化、解除耦合等手段,防止科研泄密事件的进一步演化,避免事态升级。

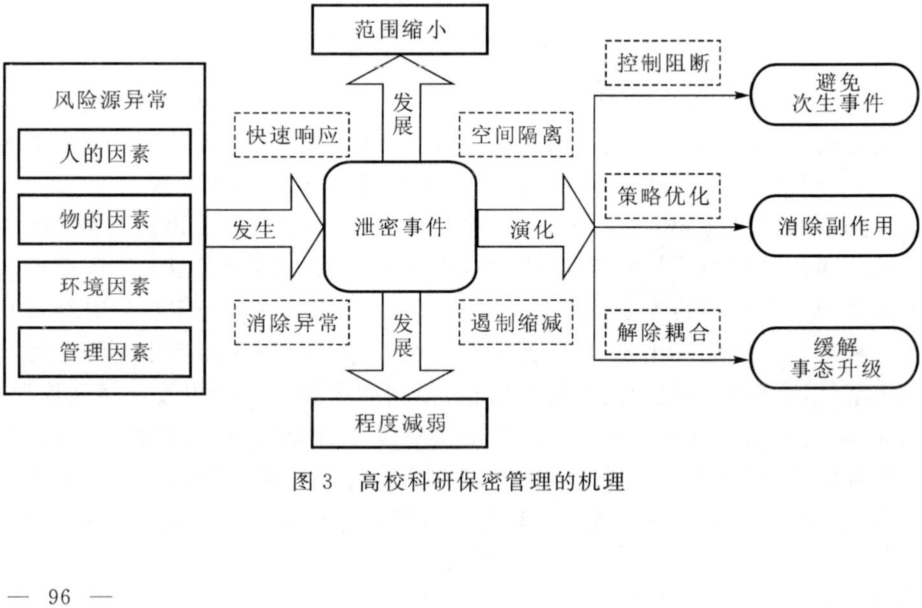

图 3　高校科研保密管理的机理

2. 高校科研保密的预警管理体系构建

对高校科研保密工作可能存在的泄密隐患及泄密事件进行系统思考，在实证基础上研究高校科研泄密事件的客观发生规律，可揭示高校科研保密工作中消除泄密隐患或避防泄密事件的保密管理机理。保密工作重在防范，“事后补救”在绝大多数情况下为时已晚。探索将风险管控关口前移，建立一个有效的科研保密预警管理系统，可及早发现和消除隐患，降低泄密事件的发生率，提高保密管理的有效性。

在高校科研保密预警管理系统组建和运作的过程中，应注重以下几点：

(1)构建高校科研保密工作的层次化预警管理系统。预警管理的目的主要有两点：一是监控风险源，遏制泄密事件的发生，二是一旦事件发生，应最小化事件所造成的影响和损害。高校科研保密的预警管理系统可采用层次式、平台化设计进行构建，如图 4 所示。层次化的预警管理系统可以扩大泄密隐患的预警渠道，加快应急反应速度，充分运用技术辅助手段，从而为泄密预警提供流程式服务，最大限度地遏制泄密事件的发生。

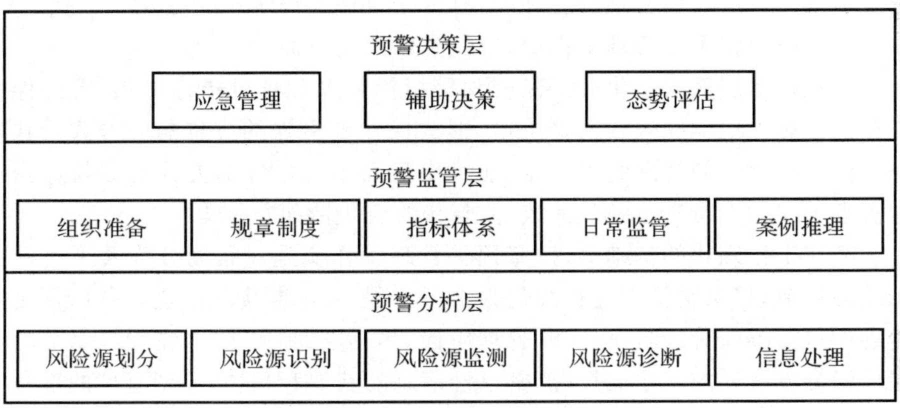

图 4　高校科研保密的预警管理系统

系统可分为 3 个层次：预警分析层、预警监管层和预警决策层。

1)预警分析层包括保密风险源的划分、风险源识别、监测与诊断、预警信息预处理。该层按照传统手段与信息手段、人工方式与自动化方式、公众举报与专业检查相结合的原则，整合各种信息来源，提前发现和举报泄密风险前兆和隐患，扩大泄密预警信息的渠道来源。

2)预警监管层包括组织准备、规章制度、指标体系、日常监管、案例推理。该层应专门设计满足保密预警要求的组织结构、规章制度和管理流程，建立定性分析和定量分析相结合的预警指标体系，做好泄密事件的案例分析、推理和危机推演。同时应对校内密源的物理安全、信息安全、技术安全按照保密管理条例进行监控和定期检查,并对校园网络安全进行实时监控,尤其是监控网络中的"灰色地带"(涉密信息非正常性出现的网络区域或存在违规行为的网络区域),以保障科研保密环境的正常和安全。

3)预警决策层包括应急处理、辅助决策和态势评估。该层应对泄密预警信息和违规信息进行筛选、鉴别,上报科研保密预警管理中心,由管理中心根据科研保密预警评价指标体系做出决策,确定应急响应方式,组织相关人员快速、准确地执行应急预案。同时,分析一定时期内高校科研保密的敌我博弈态势,对未来保密工作的发展趋势进行预测,借助技术辅助手段,形成预警管理的决策方案。

(2)树立精细管理理念以提升高校科研保密预警管理工作水平。精细管理是一种先进的管理理念和管理技术,注重综合运用细化、量化、流程化、标准化等手段,强化组织管理各单元之间的协作,以达到提高管理质量、精益求精的目的。目前高校的科研保密管理大多还处于粗放式管理阶段,将精细管理理念引入高校科研保密预警管理中,有助于管理工作水平的提升。

在科研保密预警管理工作中,应做到以下几方面:

1)在技术层面上量化科研保密预警指标体系和评价指标体系,帮助保密工作人员做出更加准确的预警决策,形成操作性更强的应急响应方式。在管理层面上量化预警管理组织工作,通过定量而不是定性的方式对参与保密预警管理工作的人员进行绩效考核,监督预警管理的执行能力。

2)在工作细化的基础上,按照预警管理工作实施过程划分为若干个前后相连的环节,将保密管理过程细化为工序流程,并不断优化改进。科研保密预警管理包括事前管理阶段、实时管理阶段、事后管理阶段 3 个阶段,每个阶段又可细分成具体的工序流程(泄密事件信息的获取和预警、泄密事件的准备与预防、泄密事件的控制与回应、泄密事件后的恢复与重建、持续不断的学习与创新)。

(3)完善高校科研保密预警管理系统的支撑保障体系。在保密管理过程中,应加强保密教育培训,采取案例分析和实证分析的方式让涉密人员学习和掌握一定的情报与反情报技术和方法,提升涉密人员的预警意识和预警责任;把握国家建设保密学科的契机,依托国防高校保密学院建设,培养保密专业人才;整合并优化科研保密预警管理所需的各项资源(人力、技术、设备、组织等);建立责任管理、监督考核机制,通过合理分权、规范工作流程,形成一个相互制约、相互监督的保密工作氛围。

六、结语

综上所述，科研泄密事件的成因是多样化的，每个成因都表现出特定的特点和规律，同时各个成因之间存在着耦合关系。科研泄密事件成因的分析及成因机理的分析，是建立科研保密预警管理体系的基础。通过对泄密隐患及泄密事件的“成因机理—发展过程—预警控制”的机理性分析，可构建一种能及早识别、预防或避免泄密事件，并将泄密事件所造成危害限制在最低限度的高校科研保密预警管理系统，可做到对已有的高校科研保密管理工作的强化。

参考文献

[1] 丛兵.要加强信息安全保密管理工作[J].信息安全与通信保密，2004(11).

[2] 王桂芝，崔淑妮，李君利.高校基层部门科技保密管理工作的几点体会[J].科研管理，2008(10).

[3] 李源，郑鹂穜.高校开展科技保密工作实践研究[J].西北工业大学学报：社会科学版，2006(3).

[4] 蒋美仕，杨如，任树言.市场化、网络化条件下科技保密管理体系的机制探析[J].科技进步与对策，2005(9).

[5] 姜建国.关于构建中国特色保密学科理论体系的思考[J].保密工作，2010(4).

[6] 陈立骅.论保密工作的层级监督[J].保密工作，2009(4).

[7] 王宇.建立涉密人员管理的四项机制[J].保密工作，2009(4).

[8] 李秀群.定密机制方面存在的问题与建议[J].保密工作，2009(12).

[9] 罗江淮.信息公开保密审查的重要原则及其法律依据[J].保密工作，2008(9).

[10] 李培新，李永刚.论科研管理中的科技保密工作[J].科学学与科学技术管理，2002(7).

[11] 李娟.信息时代高校保密工作的思考与创新[J].湘潭师范学院学报：社会科学版，2004(4).

[12] 肖润谋，刘丽华.论加强高校科技保密管理工作[J].科技·人才·市场，1998(5).

[13] 李伟国.网忧——政府网站泄密事件频发原因及对策[J].保密工作，2009(8).

[14] 蔡文洁.我国科技保密制度建设和运行状况的实证调查与分析研究[D].南京：东南大学，2005(3).

校园网络中信息安全及保密问题浅析

李　晗　魏海燕　潘　炜

摘　要　校园网络在担负着高等学校对外沟通与信息交流工作的同时，也面临着漏洞隐患、防护性弱、负荷过载、信息保护难及网上泄密等安全问题。针对高校信息安全的现状及存在的各种问题，深入分析了校园网络的特殊性及其中的安全隐患，探讨了学校数据信息泄密的几种途径，提出了加强校园网络的防火墙技术、及时安装补丁程序和杀毒软件、物理安全策略、定期备份、加强校园网络安全管理政策建设和加强安全组织建设6种防护措施。只有网络安全技术与网络安全意识相结合，才能真正实现高等学校校园网络安全及信息保密。

关键词　校园网络　信息安全　保密

一、引言

高等教育和科研机构是互联网诞生的摇篮，也是最早的应用环境。各国的高等教育都是最早建设和应用互联网技术的行业之一，中国的高校校园网一般都最先应用最先进的网络技术，网络应用普及，用户群密集而且活跃。然而，校园网络由于自身的特点也是安全问题比较突出的地方，安全管理也更为复杂、困难。校园网络作为高校重要的基础设施，担当着学校教学、科研、管理和对外交流等许多角色。

网络加快了信息传递速度，为教师和科研人员提供了一个宽广的信息环境，从根本上改变并促进了他们之间的信息交流、资源共享、科学研究和对外合作。但校园网络同时处于互联网的洪流之中，加上广大师生的信息安全防护意识不足，使计算机中存储的保密信息资料存在着一定的安全隐患，如果因为保护不足造成保密信息的丢失或者被篡改、破坏与窃用，都将带来难以弥补的损失，所以更应重视校园网络中的信息安全问题。

二、校园网络的特点

与政府或企业网相比，校园网络速度快、规模大，目前普遍使用了百兆到桌面，千兆甚至万兆实现园区主干互联，用户群体少则数千人，多则数万人，网络安全问题一般蔓延快，对网络的影响比较严重。由于教学和科研的特点决定了校园网络环境应该是开放的，因而管理也较为宽松。

1. 开放导致漏洞隐患多

学校网络需要给教师和学生提供全方位的校园网应用服务，如 Web，E-mail，DataServer 与 ftp 等。同时各种应用程序都在校园网络，上广泛使用，如 P2P 应用（Bt 与迅雷）和即时通信（如 MSN 和 QQ），一般来说，学校不做严格的限制和要求。各种应用种类复杂，内容繁多，不同的应用可能存在着不同的安全隐患。应用服务越多，安全隐患也就越多，也就越容易被攻击者利用。

2. 分散导致防护性弱

校园网络中的各种科研成果、论文、教材、成绩和资料，都引起了外界入侵者的极大兴趣，并且这些信息分散在校园网络的各个服务器甚至教职工或研究生的计算机上，但普通教师与学生的防范意识较差，对信息的保护意识不足，平时又经常访问其他网站，中木马病毒的概率非常高，容易导致宝贵资料和数据信息的失窃。

3. 信息量导致负荷过载

因学校的某些工作需要，在某一时刻或者时段，网络数据的交换量频繁、超大。例如研究生入学的网上信息录入或毕业时论文的上传，这些工作往往要集中在几天之内完成，大量的学生将信息集中传送，致使网络要承受非常大的负荷，这对网络设备性能是个严峻的考验。

4. 内网隐患导致防不胜防

有时候，来自校园网内部的安全隐患比来自校园网外部的各种不安全因素威胁更大。美国教育界 80％的数据破坏是由防火墙内的人造成的，入侵检测系统或防火墙软件对此却无能为力。高校部分学生对网络知识很感兴趣，而且具有相当高的专业知识水平，有的研究生甚至研究方向就是网络安全，对网络新技术充满好奇，勇于尝试。如果没有意识到后果的严重性，有些学生会尝试使用网上学到的甚至自己研究的各种攻击技术，这可能对网络造成一定的影响和破坏。

5. 用户流动频繁导致信息保护难

校园网络的使用者流动性非常大，学生升学、毕业和访问交流学者，都经常引起使用者群体的流动和改变。学生的保密意识有时不够，毕业后容易将自己参与的科研项目的相关资料带走，保存不当使之流失在社会中。

三、校园网络泄密主要途径分析

在一个开放的校园网络环境中有大量的涉密信息,如试卷、科研成果和论文等,这为不轨分子提供了攻击目标。他们利用不同的攻击手段,获得、访问或修改在网络中流动的敏感信息,闯入用户的计算机系统,进行窥视、窃取和篡改数据。

1. 涉密电脑上网泄密

互联网是个开放的空间,黑客技术的发展日新月异,如果使用含有涉密信息的电脑上网,就等于将其中的涉密资料直接放在网上,任一互联网终端通过简单的黑客软件都可以浏览,即使把电脑里的涉密资料删掉再上网,也不能确保不泄密。在许多计算机操作系统中,用 DEL 命令删除一个文件,仅仅是删除该文件的文件指针,并没有真正将该文件删除或覆盖。在该文件的存储空间未被其他文件覆盖之前,该文件仍然原封不动地保留在磁盘上。计算机删除磁盘文件的这种方式,可提高文件处理的速度和效率,但却给窃密者留下了可乘之机,只要通过简单的技术操作,就可以轻而易举地找到和恢复对其有价值的信息。在任何情况下,“涉密不上网,上网不涉密”是最基本的保密原则。

2. 涉密存储介质上网泄密

知道涉密电脑不能上网,有些人就用一台不上网的办公电脑专门处理涉密信息,与网络进行物理隔离,使其变成信息孤岛,数据的更新通过移动存储介质(例如 U 盘和移动硬盘)来实现。在传统理念下,一般认为这种离线交换方式可以保证涉密信息的安全。其实并不是这样。2005 年,某杀毒软件厂商在网络上捕获了一种专门针对移动存储介质的信息“摆渡”木马,该“摆渡”木马病毒存在于 U 盘等移动存储介质中,当感染病毒的 U 盘接入其他办公计算机后,就向被接入的计算机植入木马,木马对计算机内的信息进行收集并存入 U 盘,当下次 U 盘接入到外网时,木马将收集到的信息通过互联网向外界发送。整个过程是自动隐蔽完成的,根本不会被察觉。鉴于具有“摆渡”功能的木马病毒存在的严重泄密隐患,窃密功能强大,因此必须严格执行保密规定,采取措施加强管理。

3. 电磁辐射泄密

计算机主机及其附属电子设备,如视频显示终端与打印机等在工作时不可避免地会产生电磁波辐射,这些辐射中携带有计算机正在进行处理的数据信息。尤其是显示器,由于显示的信息是给人阅读的,是不加任何保密措施的,所以其产生的辐射是最容易造成泄密的。使用专门的接收设备将这些电磁辐射接收下来,经过处理,就可恢复还原出原信息。1985 年,荷兰学者艾克在第三届计算机通信安全防护大会上，公开发表了他的有关计算机视频显示单元电磁辐射的研究报告，同时在现场做了用一台黑白电视机接收计算机辐射泄漏信号的演示。据有关报道，国外已研制出能在一公里之外接收还原计算机电磁辐射信息的设备，这种信息泄露的途径使敌对者能及时、准确、广泛、连续而且隐蔽地获取情报。要防止这些信息在空中传播，必须采取防护和抑制电磁辐射泄密的专门技术措施。

4. 网上电子邮件泄密

电子邮件与普通纸质邮件的传送机制类似，虽然电子邮件的传送速度快，但却不是直接送达到目的邮箱，而是可能经过多个服务器（类似中继邮局）的中转后抵达。纸质邮件会选择一条中转最少、最近的路线走，但电子邮件接近以光速运行，所以距离的远近可以忽略，但是每条线路的繁忙程度不一样，电子邮件宁肯走远路，也不愿等待，它只会挑选空闲的线路，这就增加了它经过中转服务器的次数。一种电子邮件监视系统可以快至每秒监视处理数以百万计的电子邮件，并从中分析筛选出有价值的信息。你也许会对邮件进行加密后再发，但对一般网民而言，所用的加密工具永远不够强。

5. 网站论坛交流泄密

高校师生之中有很多军事爱好者，经常出入各大军事论坛，除了浏览信息之外有时因为虚荣心或虚拟奖励而主动参与到其中的话题讨论，有时会中了国外情报人员的圈套。某国一名退役的谍报人员曾说："如果我要收集空军的情报，通常会先发一个'某某空军如何不堪一击'的帖子，经常会有人跟帖反驳，讲解该国空军的实际战斗力。如果以这些信息为参考，再对照已有准确情报加以研究，就可以得到更多信息。"

四、加强校园网络安全的方法

1. 防火墙技术

若校园网不加防范地连入互联网，很容易受到入侵者的攻击，严重时会导致网络的瘫痪或信息失窃。防火墙是一种安全有效的防范技术，是访问控制机制、安全策略和防入侵措施。它是位于两个网络之间执行控制策略的系统（可能是软件或硬件或者是两者并用），用来限制外部非法（未经许可）用户访问内部网络资源，而内部网络成员仍能方便地访问外部网络，从而保护内部网络资源免受外部的非法入侵和干扰。防火墙分离可信任的校园内部网和不可信的公共网，是不同网络之间信息的唯一出入口，能根据学校的安全政策控制（允许、拒绝与监测）出入网络的信息流，具有较强的抗攻击能力。

2.及时安装补丁程序和杀毒软件

常用的微软操作系统、浏览器软件及一些桌面程序等都被发现存在安全隐患,互联网上很多病毒和木马都是针对系统漏洞进行的,应尽量少地使用盗版软件。同时,微软等软件供应商也在加强对自身“漏洞”的检查,定期发布所发现漏洞的补丁程序。作为一个 Windows 系统的使用者,要经常留意这方面的信息,一有补丁程序,要马上进行安装。同时应该使用网络版的杀毒软件,可以实现软件的安装、升级和配置的统一管理,能及时更新、远程查杀。通过杀毒软件的控制台进行定时杀毒的设置和自动升级的设置,确保杀毒和升级的时效性,使自己的计算机具有较强的防病毒能力。

3.物理安全策略

确保计算机系统有一个良好的电磁兼容工作环境,目前主要的防护措施有两类:一类是对传导发射的防护,主要采取对电源线和信号线加装性能良好的滤波器,减小传输阻抗和导线间的交叉耦合。另一类是对辐射的防护,这类防护措施分为两种:一是采用各种电磁屏蔽措施,如对设备的金属屏蔽和各种接插件的屏蔽,同时对机房的下水管、暖气管和金属门窗进行屏蔽和隔离;二是干扰的防护措施,即在计算机系统工作的同时,使用相关干扰器发出能自动跟踪计算机电磁辐射信号的相关干扰信号,使电磁辐射信号被扰乱,起到乱数加密的效果。

4.定期备份

学校资料虽然不像商业网站的资料那样都带有明确的价值,但是关系到整个学校正常运转,极其重要,应该定期对服务器资料、系统日志使用备份或镜像技术。备份技术是最常用的提高数据完整性的措施,它是指对需要保护的数据在另一个地方制作一个备份,一旦失去原件还能使用数据备份。镜像技术是指两个设备执行完全相同的工作,若其中一个出现故障,另一个仍可以继续工作。使用此方法可以使数据被损坏的危害程度减到最小。

5.加强校园网安全管理政策建设

安全政策(security policy)描述校园网安全的目标和需求,是一个组织安全管理的需求说明,它是执行各项管理制度和技术措施的依据,一般规定“做什么”而不是“怎么做”,告诉用户哪些行为是允许的,哪些行为是不允许的,违反了这些约定将会受到怎样的处罚。一个可行的安全政策应该根据国家的相关法律、法规以及学校的管理制度和具体情况制定。同时加强保密宣传教育,使全校师生充分认识到,自觉保守信息安全是每个人应尽的义务。可以结合现实中的案例,编写一些有针对性的信息安全宣传教育材料,缩小宣传教育内容同师生的距离。

安全政策应该让所有的校园网用户知道，对校园网用户，无论是院系单位还是学生个人，都可以签署入网协议的形式让用户知道学校的安全管理政策，一方面起到提高安全意识的作用，另一方面明确责任和义务，便于对安全事故的处理。

6.加强安全组织建设

目前普遍认为校园网安全管理工作应该由网络、信息及计算中心承担，但事实上，安全管理工作非常复杂，可能涉及各院系、部、处的人员和业务，因此必须由学校具有决策权的机构和领导组织与协调各部门的管理工作，比如，成立信息安全管理委员会和专门的办公室。另外，安全管理各项措施的实施，单纯依靠网络中心的力量也是不充分的，院、系、处、宿舍安全管理分级负责的组织体系建设仍然是必要的。加强用户安全意识和管理员安全技术的培训工作非常重要。

五、结语

互联网的各种安全威胁在校园网络的运行和管理中表现得尤为突出，加强校园网络的安全管理是当前非常迫切、充满挑战的任务。校园网络信息安全是整体的动态的，加强校园网络安全的方法还有很多，例如入侵检测技术与信息加密技术等，但信息安全“三分靠技术，七分靠管理”，不仅需要这些安全技术为手段，同时要加强安全政策、安全管理组织和技术培训，提高广大师生网络安全与保密意识，共同做好校园网的安全工作，建设安全可信的教育和科研网络环境，这样才能实现高校的信息安全，促进校园稳定健康地发展。

参考文献

[1] 李欣.高校校园网络安全探索[J].中国现代教育装备，2007(1)：45－47.
[2] 赵文革.校园网络安全的改进[D].重庆：重庆大学通信工程学院，2006.
[3] 于凡.千米外还原图像，计算机电磁泄密不容忽视[J].中国会计电算化，2003(2)：53.
[4] 王晓宏.触目惊心的网络泄密[J].党政论坛，2008(9)：50－51.
[5] 唐震.校园网络安全管理技术研究[J].硅谷，2008(9)：33.
[6] 侯亚辉.网络安全技术及其在校园网中的应用与研究[D].成都：电子科技大学，2007.

基于精细管理的高校科研保密预警管理机制研究

潘　炜

一、课题的研究背景

科学技术的发展和进步直接影响一个国家的综合实力及国际地位，科技竞争必然是国际竞争的核心之一。由此而产生了如何把握高新科技的控制权、更好地服务于本国，而不泄漏的问题，亦即科研保密。科研保密是为了维护国家或某方面权益，在一定时空条件下，按照规范程序对含有国家秘密内容的科学研究活动及其成果有针对性地采取的保护性措施和活动。随着世界进入多极化格局，国际环境变得日益复杂，各国为了在竞争中取得优势，在不断加强自身保密工作的同时，还千方百计地窃取其他国家的情报。我国是政治、经济大国，针对我国的各种窃密活动从未停止。高校作为我国高新科技研究的重要基地，在国家下达的科技攻关计划、各类型的基金项目资助等高新技术、国防项目中占了很大的比例，对推动我国科技与经济的发展发挥着举足轻重的作用。高校，尤其是承担众多国防科研项目的国防高校已经成为各种敌对势力刺探情报的焦点。科研保密与科技发展、技术创新同样都是维护国家安全和利益的需要。因此做好高校科研保密工作尤为重要，科研保密工作已成为高校科研管理工作的重要组成部分。

近几年来，高校安全保密工作取得了明显成效。高校领导把安全保密工作放到十分重要的位置来抓；广大教学、科研管理人员包括学生安全保密意识大大提高；安全保密防范措施得到进一步加强，特别是通过保密审查认证资格的单位，安全保密工作正在向制度化、规范化方向迈进。但是学校面临的保密形势依然复杂严峻，失、泄密隐患都不同程度存在，泄密事件仍不断发生，具体表现在以下几方面。

(1)观念性失控。少数部门单位和涉密人员对当前保密工作面临的严峻形势没有清醒的认识，敌情观念不强，因缺乏忧患意识和责任意识，又不主动了解和掌握应知应会的保密知识和防范技能，致使泄密隐患不断出现。

(2)渠道性失控。泄密事件发生必有前兆及隐患，但由于未建立举报渠道，或举报渠道不畅，或未建立技术设备型的终端监控手段等，发现前兆及隐患的相关人员未及时将情况上报有关管理部门，隐患遂发展为事件，并可能由于同一原因而致泄密损害进一步扩大。

(3)管理性失控。由于保密管理缺位，经常错定、漏定国家秘密，以及国家秘密在诸多环节中被扩大知悉范围、存留（转移或隐匿），导致泄密隐患、漏洞大量存在。

(4)机制性失控。由于保密宣传、教育培训、监督管理和检查整改措施得不到有关部门单位的配合执行而产生的隐患，以及隐患产生后的应急响应迟钝等。

(5)政策性失控。主要是少数单位从眼前利益出发，为所谓的“方便工作、减少麻烦”，擅自取消或变更一些保密管理规定造成的泄密隐患，以及少数单位不能与时俱进地根据保密工作面临的形势和任务变化修订、完善相关防范制度造成的泄密隐患。

泄密事件往往难在事前发现，而一旦发生，则损害已成事实。中央保密委员会领导同志明确要求，提高主动管理、超前管理、预警管理的能力，探索建立泄密预警、应急反应、危害评估等机制，形成严密的防范体系，增强防泄密反窃密的预见性。因此，探索将风险管控关口前移，建立有效的科研保密预警机制，及早发现和消除隐患，降低泄密事件的发生率，提高保密管理的有效性，是当前和今后一个时期保密系统应当认真研究解决的重要课题。

二、课题的研究意义

保密预警机制是指在泄密事件发生之前，能灵敏、准确地发现风险前兆及隐患，预先发出警报，从而制止泄密事件发生的制度。它由机构、法规、网络、执行等构成，具有及时在更大的范围内示警的功能，以加强系统防范。保密预警机制着眼点是“发现—反馈”，即“早发现”“早反馈”“早处理”。通过对情报信息的运用，为消除隐患提供更加及时、准确的预警信息，警示有关方面加强防范，及时化解风险于未然，打保密管理的主动仗。

本项目引入精细管理理念，建立高校科研保密预警管理机制，积极主动应对科研保密风险，从而大幅度降低泄密事件的发生率。高校科研保密预警管理可根据预警指标体系对泄密风险进行识别、确认和评估，实施监测、预测、预警和预控管理，将泄密事件控制在萌芽状态或者尽量使损失减少到最小。高校科研保密预警管理，必须遵循预防为主、常备不懈、精细管理的方针，这是减少和有效应对泄密事件的前提。建立和完善高校科研保密预警机制，提高及时获取、准确分析、按需监控和适时发布信息的能力，是高校科研保密预警管理的核心内容。这对于正确判断、全面掌控科研保密局势,特别是处理高校科研泄密事件,加强安全保密主动管理,积极应对复杂安全局面,进而维护国家安全和社会稳定具有十分重要的意义。

三、保密管理的国内外研究现状分析

1. 国内外研究现状

安全保密是一个综合、交叉学科领域,它要综合利用数学、通信、系统工程、信息管理和计算机等诸多学科的长期知识积累和最新发展成果,进行自主创新研究,加强顶层设计,提出系统的、完整的,协同的解决方案。与其他学科相比,安全保密的研究更强调自主性和创新性。目前,国内外的安全保密研究主要集中在保密管理、保密立法以及保密技术 3 个方面。在现有公开发表的文献资料中,保密立法和保密技术的研究文献较多,而关于保密管理的研究,由于其特殊性,大部分研究内容并未详细公开。但是对大量文献资料的分析表明,国内外安全保密的研究正在从强调保密立法、保密技术转向强调保密管理的效力上来,各国无不高度重视安全保密管理工作。

在国外,美国在保密管理工作方面向来以严厉著称。自 1940 年富兰克林·罗斯福颁布第 8381 号总统行政命令《部分军事关键设施或设备的确定》以来,美国已先后颁布了 8381,10104,10290,10501,11652,12065,12356,12958,13292 号总统行政命令,详细、系统地规定了美国的定密、保密制度。其中,前总统布什在“9·11”事件后颁布的第 13292 号总统行政命令,保密管理措施较之前更加严厉。奥巴马政府执政以来,在延续布什政府政策的基础上颁布了第 13526 号行政命令,更加强调定密政策审查、定密教育培训和有效的解密工作,采取了更严格的信息安全和保密管理措施。美国的保密管理研究,主要从以下 4 个方面入手,即物理设施保密管理、涉密人员管理、接触秘密信息管理和网络安全保密管理。从其中一些基础管理措施可以看出,经过半个多世纪的发展,美国已经形成了一套严格、严密的管理制度,对我国的保密管理制度建设具有一定的借鉴意义。

在国内,政府非常重视保密管理工作,通过深入调查研究,借鉴国外先进管理经验,先后制定和实施了《中华人民共和国保守国家秘密法》(1988 年)及实施办法、《中华人民共和国计算机信息系统安全保护条例》(1994 年)、《计算机信息系统保密管理暂行规定》(1999 年)、《涉及国家秘密的通信、办公自动化和计算机信息系统审批暂行办法》(1999 年)、《计算机信息系统国际联网保密管理规定》(2000 年)、《关于国家秘密载体保密管理的规定》(2000 年)等一系列保密管理政策。国内学者对保密管理的研究焦点在保密宣传教育、保密组织管理、信息安全管理、涉密人员管理、定密管理、保密学科建设等方面。这些研究成果均应用于科研保密管理中。其中,有代表性的研究包括国家保密局副局长丛兵提出了电子文件与纸质文件管理相结合、防外与防内相结合、保密管理与业务工作相结合、技术措施与管理制度相结合的综合保密管理办法;王桂芝等人提出了高校基层部门科技保密管理工作应采取的具体措施;李源等人提出了通过开展科研保密宣传、科研成果保密管理、保密人才队伍建设等具体工作实现国防高校的科研保密管理;蒋美仕等人提出了市场化、网络化条件下科研保密管理体系的运作机制;姜建国等人提出了通过构建中国特色保密学科理论体系,促进安全保密管理的理论框架;陈立骅提出了安全保密层级监督机制;王宇提出了面向涉密人员的信用评级、岗位认证、监管分离、奖惩激励四项管理机制;李秀群给出了定密授权机制、定密责任机制、定密监督机制的具体建议;罗江淮提出了信息公开保密审查的重要原则及其法律依据;李培新等人论述了科技保密及其对象,科技保密内容与性质,提出了科技成果在各个阶段的保密工作思路;李娟重点论述了对信息时代高校保密工作的思考以及创新;肖润谋等人分析了国内高校科技保密工作所存在的问题并提出了相应的解决方案;李伟国分析了高等院校泄密案件并给出了相应的对策;蔡文洁对我国科技保密制度建设和运行状况进行了实证调查与分析研究。

2.研究中存在的主要问题

结合国内外实际情况,尤其是高校科研保密研究现状,可以看出目前研究中存在的主要有下述几方面的问题。

(1)现有的保密管理方法大多属于被动的防御和管理,缺乏主动性,无法对泄密的隐患进行及时的侦查与处置。这些隐患经过不断的积累,必然会产生“蝴蝶效应”,极有可能演变成一个个重大的泄密事件。一旦泄密事件成为事实,已然对国家安全构成威胁、国家资产造成损失,事后管理的能力有限。

(2)基层单位科研保密管理工作与上级主管单位的保密管理工作联动协调机制不强,易造成管理工作的时空延迟。高校作为科研保密工作的基层单位,在开展保密管理工作中需要与上级主管单位进行沟通。现有的办法是基层单位向上级单位的科研保密举报制度,和上级单位向基层单位的保密提醒制度和保密审查制度。这些制度是刚性的,对突发的泄密事件上下级之间该如何协商处置的灵活性不够,在突发情况下无法保证上下级单位保密工作执行的连续性、节奏性,一旦无法做到协调,必定会产生管理工作的真空期,对安全保密构成威胁。

(3)缺乏保密管理办法在实践工作中的执行能力强化机制,易造成保密管理工作效率不高。目前的保密管理理论研究已经形成并出台了许多管理制度和政策,但是由于未对实际的应用对象和应用环境进行细致考虑,造成管理制度和政策在一定程度上可操作性不强、不细,进而影响到保密工作的效率。比如,高校现有的应急处理制度大多是直接引用或参照上级单位的安全保密应急处理制度,由于不具备执行能力强化机制,造成应急预案的演练不到位,无法将应急响应方式调整到位以适应突发事件的应急处理需求,导致无法发挥应急处理制度应有的效力。

3.研究发展趋势

今后的科研保密管理研究工作将更加注重以下几点。

(1)引入精细管理理念,指导高校科研保密管理工作。精细管理是一种先进的管理理念和管理技术,它有利于解决管理工作中要求过于宽泛、执行过于散漫、考核难以量化的实际问题。保密工作的目标是“零事故”,而目前高校的科研保密管理大多还处于粗放式管理阶段,存在着不少管理漏洞和泄密隐患。将精细化管理的理念引入到保密工作中,对有效消除泄密隐患,杜绝泄密事件的发生将起到有力的推动作用。

(2)建立适用于高校科研保密工作的预警管理系统。保密工作重在防范,“事后补救”在绝大多数情况下为时已晚。基于预防、保障理念出发的保密预警机制,通过系统工程、信息化手段,在降低成本的同时,能极大地提高保密行政执法效率,在事前预警、事发处置和事后总结各环节充分发挥积极主动作用,真正变“亡羊补牢”为“未雨绸缪”,从而有效增强保密工作部门和机构的保密保障能力。

(3)加强高校科研保密工作的长效管理。科研保密工作是一项长期工作,只有做到保密管理办法连续、稳定地发挥作用,才能够切实保护好国家安全。因此高校科研保密管理必须重视长效管理。可以从保密法规制度的建设、保密防范能力的建设、保密组织队伍的建设以及保密管理工作执行力强化机制入手,引导科研保密管理工作的良性、持续发展。

四、研究内容

(一)总体思路

本项目在理论方面以系统科学、决策科学、经济学、社会学、行政管理理论、预警管理理论等为基础,开展多学科的交叉研究。研究过程中遵循理论与实践相结合、定性与定量相结合、统计分析和案例分析相结合的原则,采用调查、案例分析、实证分析、资料分析等研究方法。

该研究对高校科研保密工作可能存在的泄密隐患及泄密事件进行系统思考,在实证基础上研究高校科研泄密事件的客观发生规律,揭示高校科研保密工作中消除泄密隐患或避防泄密事件的预警管理机理。该项目所确立的主线，是对泄密隐患及泄密事件的“成因机理—发展过程—预警控制”的机理性分析、过程性分析，所要达到的目标是构建一种能及早识别、预防或避免泄密事件，并将泄密事件所造成危害限制在最低限度的高校科研保密预警管理机制。

研究内容分为以下 3 个层次。

1. 分析科研泄密事件的成因机理，建立科研保密预警分析模型

主要分析科研泄密事件的起源、发生过程、发展方式、影响因素、扩散特征与各种可能后果等，研究泄密事件的阶段活动规律、事件信息传播的蔓延机理、事件引发高校科研管理连锁反应的灾变机理，从而形成科研保密预警分析模型，为高校科研保密工作的预警预控提供依据。

2. 研究科研保密的预警与预控原理

主要研究科研保密预警管理的活动内容(监测、识别、诊断和评价)、组织运作原理、预警模式、预控模式、应急模式以及事后处理模式。采用调查与案例分析方法剖析典型泄密事件的应急响应方式、阶段决策形式、信息处置的特点，开展国内已有的保密应急处理与决策体制及其效用的比较分析，形成能够切实有效地适应于高校科研保密的应急处理办法。

3. 构建面向高校科研保密的预警管理系统理论模型

主要从技术环境层面研究科研保密预警指标体系的构建、综合评价和预警信号输出方法；从管理环境层面研究高校内部科研保密预警管理系统的组织方式、决策方法、工作流程与管理规范，以及高校科研保密预警管理系统及上级预警管理系统的联动机制；从资源环境层面研究科研保密预警管理系统的支持保障体系。通过实证分析方式，验证本项目所构建的预警管理模式的可行性和有效性。

(二)高校科研保密的风险分析

科研泄密事件成因的分析及成因机理的分析，是建立科研保密预警管理体系的基础。科研泄密事件的成因是多样化的，每个成因都表现出特定的特点和规律，同时各个成因之间存在着耦合关系。通过分析单成因、双成因和多成因耦合，可建立泄密事件的成因直接耦合结构模型和成因间接耦合模型。在此基础上，运用系统工程理论，可以揭示研究泄密事件的阶段活动规律、事件信息传播的蔓延机理、事件引发高校科研管理连锁反应的灾变机理。

1. 高校科研保密的风险因素分析

依据系统工程理论进行分析，在高校科研保密项目的管理体系中影响科研保密项目的正常研发和实施的风险因素可归纳为 4 类因素：人、物、环境和

管理,如图1所示。这4类因素中的一种或多种因素出现异常状况以及它们之间的相互作用都有可能成为科研泄密的致灾因素。

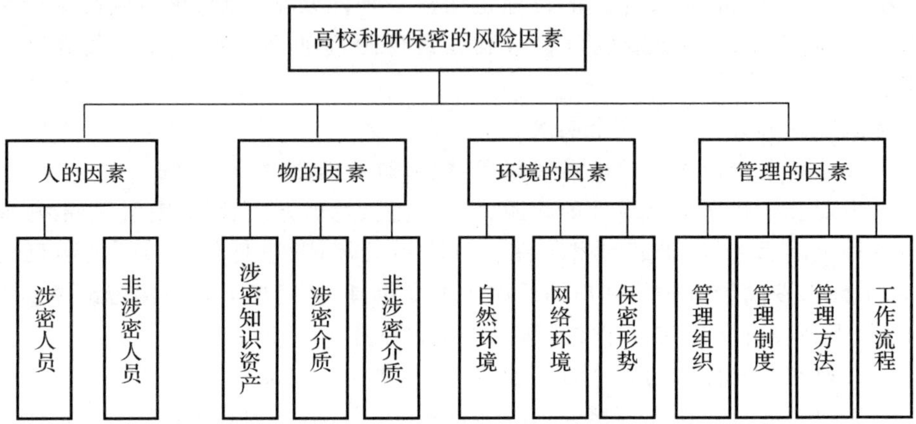

图1　高校科研保密的风险因素

人的因素主要有两个方面:涉密人员的因素和非涉密人员的因素。涉密人员是高校科研保密项目的主体人员,其自身的保密意识、保密知识水平、政治立场、道德品行、工作责任强度都会对科研保密工作产生直接影响。非涉密人员是高校教学、科研活动中的一般人员(教职工和学生),在开放式的校园环境中大量存在,其自身的政治立场、道德品行、知识水平也会对科研保密工作产生间接影响。

物的因素主要有3个方面:涉密项目知识资产、涉密介质和非涉密介质。涉密科研项目都有其生命周期,在项目的申请、立项、研发、成果产生、知识产权保护、成果转化、成果鉴定和宣传等过程中都会形成一系列的知识资产和成果,其中任何一个环节一旦泄密,都会对整个项目产生致命的影响。涉密介质主要包括涉密计算机、涉密办公自动化设备、涉密存储介质等,这些是涉密科研项目研究工作正常开展所必需的基础性设施,若保护管理不当,极易造成泄密事件。非涉密介质主要包括在科研工作中日常性使用的非涉密计算机、非涉密办公自动化设备、非涉密存储介质等,在受其他保密风险因素的作用下,也会对科研保密工作产生间接影响。

环境的因素主要有3个方面:工作环境、网络环境和保密形势。工作环境是指涉密科研项目研究工作开展所需的工作场所、条件和建筑设施,当受到自然环境和人的因素的影响时,会对科研保密造成风险和隐患。网络环境是指高校教学、科研活动中所使用的局域网、校园网和公众网。由于网络中存在大量的网络病毒，木马和恶意攻击、刺探行为，在其他保密风险因素的作用下，极易对科研保密工作形成压力和威胁。保密形势是指一定时期内国家层面、省市层面、院校机构层面的安全保密状况、敌我博弈态势、未来发展趋势，会对高校科研保密的工作部署和实施产生影响，若未理清保密形势，易使保密工作处于被动局面。

管理的因素主要有 4 个方面：管理组织、管理制度、管理机制、工作流程。这 4 个方面是科研保密管理工作常态化进行所必不可少的。管理组织是指保密管理的组织结构设计、岗位划分和职权分配等，管理制度是指保密管理中具有约束性的规章、制度和标准等。静态的组织结构和管理制度在应对动态、复杂多变的保密形势时，存在失灵的风险。管理机制是联系保密工作各个环节的纽带和驱动力，比如奖惩机制、激励机制、分配机制等，管理机制的有效性和适用性会影响保密管理工作的成效。工作流程是指保密管理工作中具体的业务流程和运作模式，若工作流程存在缺陷，容易威胁到涉密科研的研究工作。

科研保密过程中，由于各种风险因素之间存在着相互影响、相互作用，最终会改变各种风险因素演化的进程和性质，形成风险演化过程中的风险耦合。风险耦合主要存在 3 种形式：单因素耦合、双因素耦合和多因素耦合。单因素耦合是影响科研保密的单个风险因素内部风险因子的相互作用和影响。每一种风险因素都包含多种风险因子，它们之间的相互耦合作用就可能增加科研保密的整体风险。常见的单风险因素耦合包括人-人耦合、物-物耦合、环-环耦合和管-管耦合。双因素耦合是影响科研保密的某两种风险因素之间的相互作用和影响，比如人-物耦合、物-环耦合、环-管耦合、人-管耦合等。多因素耦合则是影响科研保密的两种以上风险因素之间的相互作用和影响，比如人-物-环耦合、人-物-环-管耦合等。

通过对实际的高校科研保密管理工作进行调查分析、案例分析可以发现，造成科研项目泄密事件的成因是多方面的，风险耦合会加大泄密事件发生的可能性。因此，这就迫切要求保密管理研究应从系统学的角度出发对科研保密风险进行分析，特别是加强对各个风险因素之间关联度、耦合度的深入研究，从而改善保密管理工作的科学性和可靠性，消除风险隐患或最小化泄密事件发生的次数以及灾害损失。

2. 高校科研泄密事件的致灾机理分析

机理是事物遵循的内在逻辑规律。对于高校科研泄密事件而言，分析清楚事件的机理，就可以发现事件形成和发展的规律，便于迅速找出相应的管理方法和应对策略，达到遏制泄密事件、最小化泄密事件损失的目的。

高校科研泄密事件具有发生、发展和演化 3 个过程特性，如图 2 所示。高校科研泄密事件的发生是因为人、物、环境和管理因素的不断积累、相互作用,逐渐达到质变临界点,在其他诱因的催化下,最终爆发成为泄密事件。比如,科研人员因保密意识薄弱,使用非涉密介质存储涉密文档,一旦非涉密介质被窃取、丢失、攻击,极易发生泄密事件。

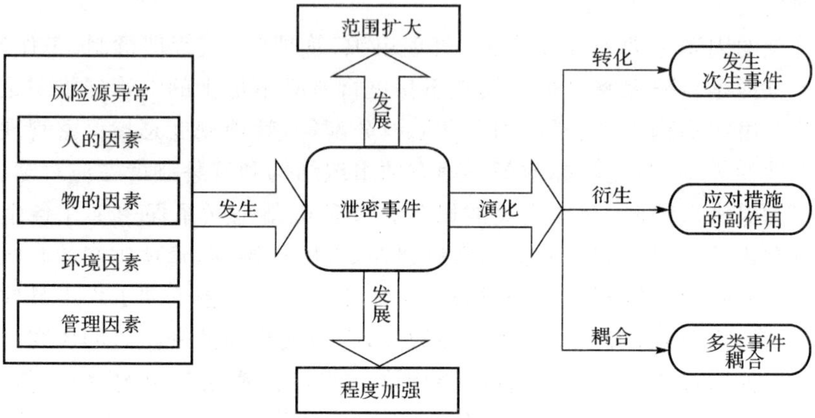

图 2　高校科研泄密事件的机理

在事件发生之后,泄密事件在一定的时间维度上,会出现空间上的扩展和烈度上的增强。比如,科研项目在立项阶段就出现了泄密,而管理人员未能察觉,随着项目的进展,泄密的内容会越来越多,危害程度愈演愈烈。

随着泄密事件的进一步发展,可能会造成更多的事件,即出现泄密事件的演化。演化过程主要有转化、衍生和耦合 3 种形式。转化是由于不同性质的事件之间存在一定的因果逻辑关系,当一种事件的发展到一定程度时会引发另一种事件的发生。比如,科研泄密事件会带来经济损失。衍生是为了处置泄密事件,会采取一些积极的管理措施,但这些措施可能会引发一些副作用。比如,应对泄密事件采取的严厉惩罚措施有助于强化科研人员的保密意识和工作责任心,但也会在一段时间内对高校承担保密科研项目的资质和能力产生负面影响。耦合是两个或两个以上事件共同作用导致事件进一步加剧的变化,最终形成影响极其恶劣的,造成严重损失和后果的重大事件。比如,多项科研子项目的泄密事件发生易造成项目所属的总体项目集体泄密,严重危害国家安全。

(三)高校科研保密的预警与预控机理研究

1. 高校科研保密管理的机理分析

高校科研保密管理的机理分析是在高校科研泄密事件机理分析的基础

上，对管理工作本身的内在规律进行分析，有助于找到管理工作的切入点和应对措施，弥补已有管理工作中存在的不足，扩展和强化高校科研保密管理工作的实质性内容，提升管理工作的有效性。

高校科研保密管理的机理如图3所示。科研泄密事件一般属于突发性事件，因此，事件发生后应迅速启动应急预案，消除风险源异常、快速响应。比如，涉密移动载体丢失，应迅速追回。事件发生后，随着时间的推移，影响范围趋于扩大化，影响程度也会趋于严重化。因此，突发性的科研泄密事件在发展阶段应该着手泄密源头控制隔离、泄密事件严重程度遏制缩减，两项措施要同时进行，才能有效迅速地控制事态的发展。比如，由于电磁泄漏或病毒攻击导致的信息泄密，应及时评估泄密的严重程度，对临近区域内尚处于安全的涉密知识资产进行转移。突发性的科研泄密事件若不及时处置，极易引发事态恶化，造成次生事件甚至重大事件。因此在保密管理方面应该通过控制阻断、策略优化、解除耦合等手段，防止科研泄密事件的进一步演化，避免事态升级。

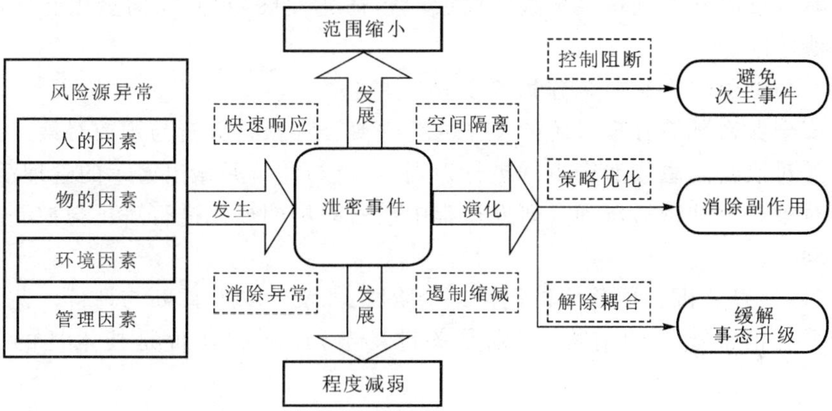

图3　高校科研保密管理的机理

2. 预警管理系统的功能机理分析

安全保密预警系统应在原有安全保密管理功能基础上形成具有警报功能、矫正功能和免疫功能的新体系，它以警报为导向，以矫正为手段，以免疫为目的。

(1)警报功能。警报功能是对泄密事件早期征兆和诱因进行监测、识别、诊断与警报的一种功能。它通过设立各类行为可能产生失误后果的界限区域，对某些可能的错误行为或可能的波动失衡状态进行识别与警告，以此规范涉密科研项目研发的秩序。其核心是识别系统的建立与完善。

(2)矫正功能。矫正功能是对泄密事件早期征兆和诱因进行预控和纠错的一种功能。它依照预警管理信息,对泄密事件早期征兆和诱因进行主动预防控制并纠正其错误,保证涉密科研项目研发处于安全状态。矫正功能的核心是预控行为的敏感度,即预控行为在某种过程状态下,对泄密事件早期征兆和诱因矫正作用的有效程度。

(3)免疫功能。免疫功能是指对同性质的灾害或诱因进行预测或迅速识别并有效对策的一种功能。当管理过程中出现了过去曾经发生过的泄密事件征兆或相同的致错环境时,它能准确地预测并迅速运用规范手段予以有效制止或回避。免疫功能的核心是安全保密管理组织能否科学总结逆境教训并将其转化为安全管理的知识、能力与水平。

因此,构建适用于高校科研管理的安全保密预警系统时应该力图解决:行为人的内在局限性或失误的可能性;保密环境和物理故障异常变化的成因和过程,以及它们与人为失误之间的联系,即人、物、环境的致错过程;涉密科研项目管理出现管理失误的可能性条件;如何识别和诊断事故征候或泄密征兆;如何有效预测和控制这些事故征候或泄密征兆发展趋势;如何运用有效的预控方法等问题。

3.预警管理系统的工作机理分析

安全保密预警管理系统的工作内容主要分为预警分析与预控对策。预警分析是对泄密隐患或泄密事件进行识别、分析与评价并做出警示的管理活动;预控对策是对涉密科研项目研发过程中泄密的早期征兆进行矫正与控制的管理活动。

(1)预警分析。预警分析包括4个阶段:监测、识别、诊断与评价。监测是预警系统正常运转的前提,识别是关键环节,诊断和评价是技术性的分析过程。

监测的对象是行为人、物、环境及保密管理的过程,其目标是对监测信息整理、分类、存储、传播,并建立共享信息库。识别是运用安全保密预警指标体系对监测信息进行分析,以识别涉密科研项目研发过程中各类泄密征兆和事故诱因。根据制定的警级标准,判断系统处于正常、警戒或危机状态,在必要时准确报警。诊断是对处于警戒和危机状态的评价指标进行诊断,分析已被识别的各种致灾因素的成因、过程及发展趋势,指明危险性和危害性最大的致灾因素。评价是对泄密事件征兆的危害性进行评价,一是分析对高校内部的危害,二是分析评价社会危害,其评价结论是预控对策的基础。

(2)预控对策。预控对策包括组织准备、日常监控和应急管理3个阶段。组织准备是预控对策工作的前奏,它与日常监控都是预控对策的主体,而应急管理是特殊情境下监控活动的拓展。

组织准备为预警管理活动制定并实施制度、标准、规章，提供有保障的组织环境。其任务一是确定安全保密预警系统的组织构成、职能分配及运行方式，二是为安全保密的应急管理提供组织训练和对策准备。日常监控是对安全保密风险源进行实时监控，其任务一是日常对策，二是危机模拟。日常对策是预控泄密事件征兆的不良趋势，使之向良性趋势扩展。危机模拟是当日常对策活动中发现难以控制的某些不良管理波动时，模拟可能发生的泄密状态，提出对策方案，防患于未然。应急管理指当日常监控已无法扭转泄密事件征兆向劣性趋势发展而陷入泄密危机时，采取一种“例外”性质的管理。它以泄密应对计划、应急领导小组、应急响应体系、保密管理联动等介入管理者的常态化管理过程，一旦态势恢复正常，应急管理就完成了使命。

总之，预警分析的活动内容主要是识错防错，预控对策的活动内容则是纠错治错。预警分析是基础，预控对策是目标，两者相辅相成，缺一不可。

4. 预警管理系统的运行机理分析

安全保密预警管理系统的运行要以其组织管理结构为基础。为了使安全保密组织管理体系具有预警功能，按照提高组织运作效率的原则，可将传统的保密组织职能重构为战略管理系统、执行管理系统和预警管理系统 3 个部分，三者之间的关系如图 4 所示。

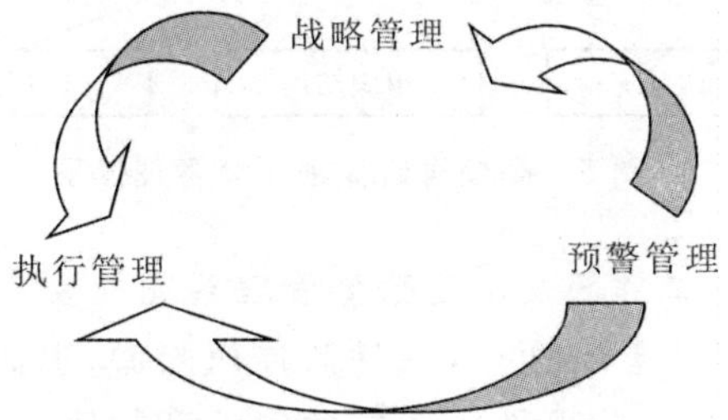

图 4　预警管理系统的运行机理

安全保密预警管理系统对战略管理和执行管理进行监督、控制和纠错，其职能包括常规监控、综合监控和应急监控。常规监控在现有保密组织系统中已被确定。综合监控是旨在监控组织内外不利因素对安全状态交互作用的预控，是对常规监控的职能进行整体化与综合化的系统监控。应急监控是监控安全状态恶化趋势、控制泄密事件发生的特殊监控，它同时涉及战略管理层和执行层。因此，安全保密预警管理活动应是一种专门职能，与其他管理活动形成功能互补的耦合关系，成为安全保密管理活动中常规的组织工作程序。

(四)高校科研保密的预警管理体系构建

对高校科研保密工作可能存在的泄密隐患及泄密事件进行系统思考,在实证基础上研究高校科研泄密事件的客观发生规律,可揭示高校科研保密工作中消除泄密隐患或避防泄密事件的保密管理机理。保密工作重在防范,"事后补救"在绝大多数情况下为时已晚。探索将风险管控关口前移,建立一个有效的科研保密预警管理系统,可及早发现和消除隐患,降低泄密事件的发生率,提高保密管理的有效性。

在对高校科研保密管理现状进行调研及泄密事件成因机理进行分析的基础上,可以建立高校科研保密预警管理系统。其构建基于现有安全保密组织管理系统,但重构之后加强了预警、预控的管理功能,对同质性泄密事故的免疫功能,并具有对各种泄密隐患进行预防和矫正的"自组织"机制。预警管理的主要对象是人,而预警活动中的预测、监控、矫正等环节的活动对象则是物和环境。

因此,高校科研保密预警管理体系应包括以下内容,如图 5 所示。

图 5　高校科研保密预警管理体系

1. 高校科研保密工作的层次化预警管理系统

预警管理的目的主要有两点:一是监控风险源,遏制泄密事件的发生;二是一旦事件发生,应最小化事件所造成的影响和损害。高校科研保密的预警管理系统可采用层次式、平台化设计进行构建,如图 6 所示。层次化的预警管理系统可以扩大泄密隐患的预警渠道,加快应急反应速度,充分运用技术辅助手段,从而为泄密预警提供流程式服务,最大限度地遏制泄密事件的发生。

系统可分为 3 个层次:预警分析层、预警监管层和预警决策层。

(1)预警分析层包括保密风险源的划分、风险源识别、监测与诊断、预警信息预处理。该层按照传统手段与信息手段、人工方式与自动化方式、公众举报与专业检查相结合的原则,整合各种信息来源,提前发现和举报泄密风险前兆和隐患,扩大泄密预警信息的渠道来源。

(2)预警监管层包括组织准备、规章制度、指标体系、日常监管、案例推理。该层应专门设计满足保密预警要求的组织结构、规章制度和管理流程,建立定

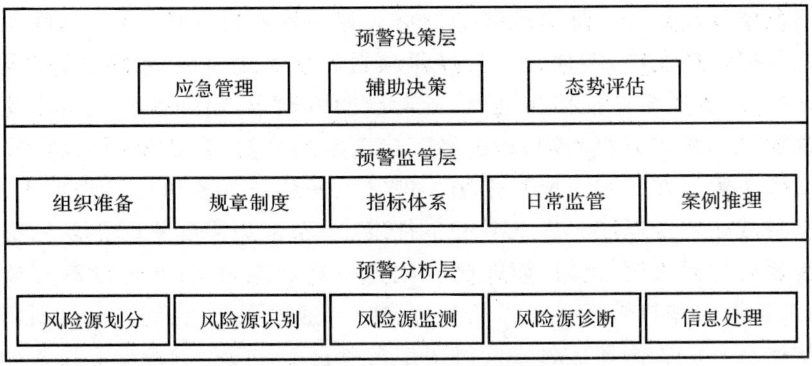

图 6　高校科研保密的预警管理系统

性分析和定量分析相结合的预警指标体系，做好泄密事件的案例分析、推理和危机推演。同时应对校内密源的物理安全、信息安全、技术安全按照保密管理条例进行监控和定期检查，并对校园网络安全进行实时监控，尤其是监控网络中的"灰色地带"(涉密信息非正常性出现的网络区域或存在违规行为的网络区域)，以保障科研保密环境的正常和安全。

(3)预警决策层包括应急处理、辅助决策和态势评估。该层应对泄密预警信息和违规信息进行筛选、鉴别，上报科研保密预警管理中心，由管理中心根据科研保密预警评价指标体系做出决策，确定应急响应方式，组织相关人员快速、准确地执行应急预案。同时，分析一定时期内高校科研保密的敌我博弈态势，对未来保密工作的发展趋势进行预测，借助技术辅助手段，形成预警管理的决策方案。

2. 高校科研保密预警系统的组织结构设计

国内高校基本上是职能部门化组织结构，如图 7 所示，这样有利于利用专业化分工的优势，使各业务部门和后勤保障部门各司其职。

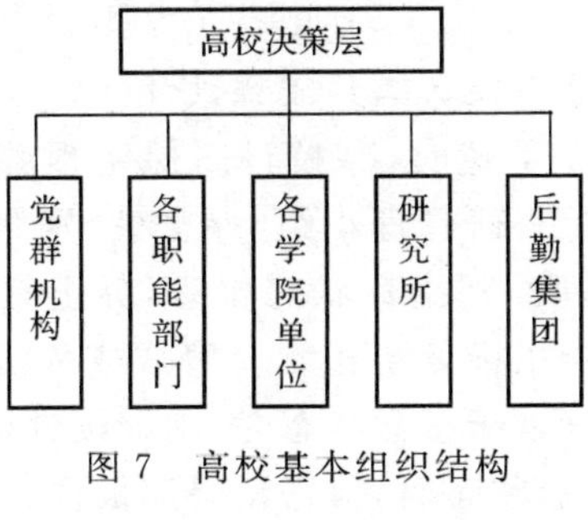

图 7　高校基本组织结构

根据预警管理系统的运行原理，可将预警管理置入组织体系，并对现有高校组织职能重新划分。保密预警部门可在原先保密处基础上建立,除了行使原有的保密管理职能,增加对涉密科研项目研发实施监测、诊断、矫正及对策职能;同时设置预警监控档案,总结分析经验或教训;培训涉密人员接受泄密风险源辨识与预防方面的知识,提高其应变能力;进行危机模拟,设计应急管理方案供决策层在特别情境下采纳。保密预警部不具备执行管理职能,平时也不具备战略管理职能。一旦泄密事件发生,保密预警部平时预备的应急管理方案便可发挥效用,此时,职能已转化为战略职能为主,并继续履行监控职能,帮助特别管理机构行使全面的战略、执行、监控职能,直到涉密科研活动恢复正常运行。应急管理部和咨询机构是在泄密事件发生的情况下设置的临时指挥机构,它是安全预警部门、党政办等部门的职能在紧急状态下的扩展。在泄密发生后,在科研内部秩序扰乱,外部保密形势严峻的情况下,应借助于上级保密管理机构和专业咨询机构的力量,设置咨询机构,由特别管理机构统筹负责。按照高校科研管理系统的新型职能,安全保密的预警管理系统、战略管理系统和执行管理系统构成了三位一体的组织功能体系,新型的组织构成如图 8 所示。

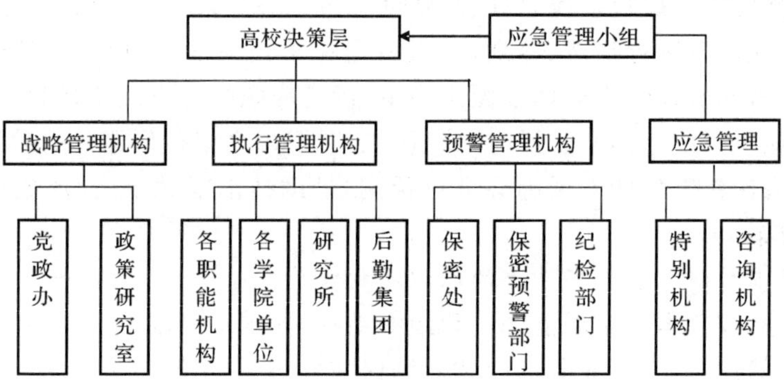

图 8　新的组织结构图

3. 高校科研保密预警系统的工作流程设计

当决策层的管理指令下达时,高校科研保密预警管理系统便开始运转。科技处、政策研究室、学院科研管理小组、保密处、网络中心等,定期向保密预警部提交本部门安全管理诊断指标状态报表,并上报采取了哪些预控措施。保密预警部根据确认监测指标处于正常。警戒或危机状态,进一步提出预控对策并实施。当诊断指标处于正常状态时,则继续进行监测,不介入预控管理阶段;当诊断指标处于警戒状态时,保密预警部根据具体情况提出预控对策方案,并将此方案提供给决策层,再由决策层下达各职能部门执行,直至泄密事件处置完毕,科研工作恢复正常,则将对策方案输入对策库。当诊断指标进入危机状态时实行应急管理，成立应急领导小组，由保密预警部提出应急对策方案，并组织人员具体实施。此时的应急领导小组取代企业日常管理中的决策层，全面负责危机状态下的组织管理，直至危机化解，管理恢复正常运转。保密预警部门还要检查各部门预警工作状况，负责整个保密预警工作的组织、协调和指挥。整个工作的流程如图 9 所示。

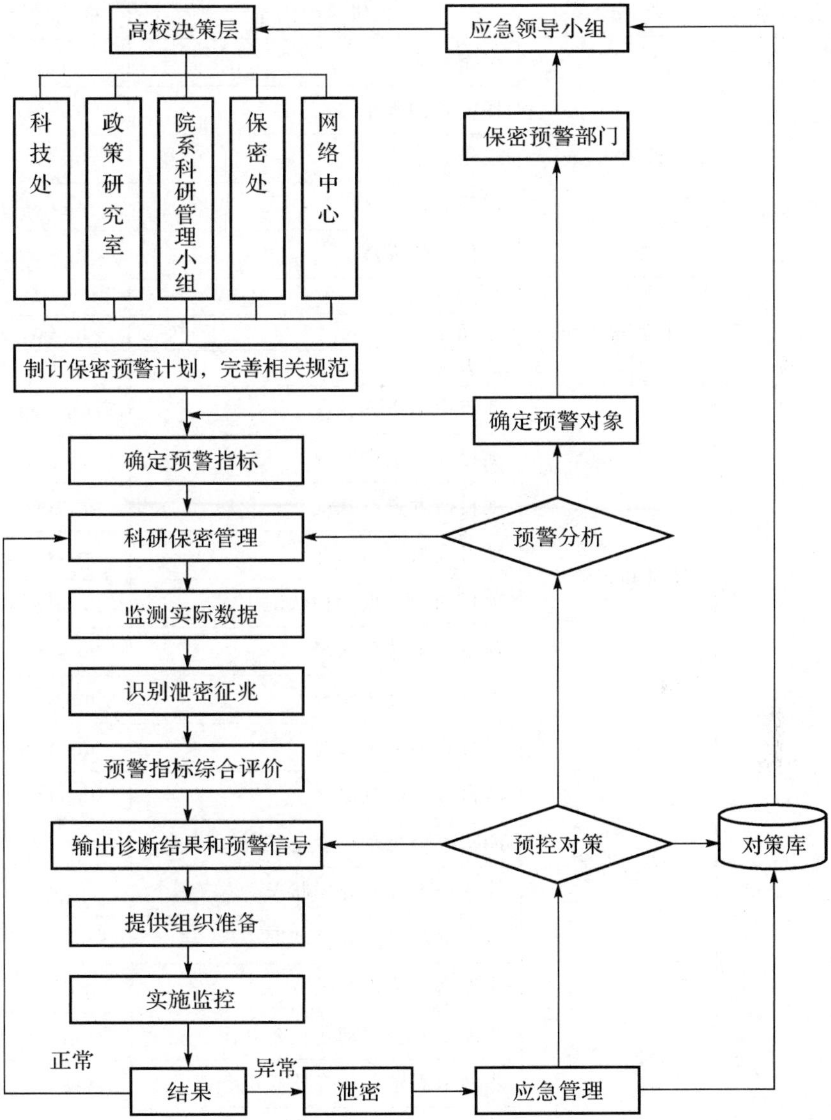

图 9　高校科研保密预警管理工作流程

4. 高校科研保密预警系统的预警指标体系建立

(1)预警指标体系量化。在高校科研保密风险分析的基础上,可建立相应的预警指标体系。指标体系见表1,其中列出了每一类风险因素的一级风险因子和二级风险因子,并且给出了量化表示和权重表示。

表1　高校科研保密预警指标体系

风险因素	一级风险因子	二级风险因子	量化与权重
人的因素	涉密人员	保密意识	$h_{11}(w_{11})$
		保密知识水平	$h_{12}(w_{12})$
		政治立场	$h_{13}(w_{13})$
		道德品行	$h_{14}(w_{14})$
		工作责任强度	$h_{15}(w_{15})$
	非涉密人员	政治立场	$h_{21}(w_{21})$
		道德品行	$h_{22}(w_{22})$
		知识水平	$h_{23}(w_{23})$
物的因素	涉密知识资产	项目申请资产状况	$m_{11}(w_{31})$
		项目立项资产状况	$m_{12}(w_{32})$
		项目研发资产状况	$m_{13}(w_{33})$
		项目成果资产状况	$m_{14}(w_{34})$
		项目知识产权保护状况	$m_{15}(w_{35})$
		项目成果转化状况	$m_{16}(w_{36})$
		项目成果鉴定状况	$m_{17}(w_{37})$
		项目媒体宣传状况	$m_{18}(w_{38})$
	涉密介质	涉密计算机状况	$m_{21}(w_{41})$
		涉密办公自动化设备状况	$m_{22}(w_{42})$
		涉密固定存储介质状况	$m_{23}(w_{43})$
		涉密移动存储介质状况	$m_{24}(w_{44})$
	非涉密介质	非涉密计算机状况	$m_{31}(w_{51})$
		非涉密办公自动化设备状况	$m_{32}(w_{52})$
		非涉密固定存储介质状况	$m_{33}(w_{53})$
		非涉密移动存储介质状况	$m_{34}(w_{54})$

续表

风险因素	一级风险因子	二级风险因子	量化与权重
环境的因素	工作环境	工作场所状况	$e_{11}(w_{61})$
		工作条件状况	$e_{12}(w_{62})$
		建筑设施状况	$e_{13}(w_{63})$
	网络环境	院系网络运行状况	$e_{21}(w_{71})$
		校园网络运行状况	$e_{22}(w_{72})$
		公众网接入状况	$e_{23}(w_{73})$
		校园网病毒传播状况	$e_{24}(w_{74})$
		校园网木马攻击状况	$e_{25}(w_{75})$
		校园网安全防护状况	$e_{26}(w_{76})$
	保密形势	院校层面安全保密状况	$e_{31}(w_{81})$
		省市层面安全保密状况	$e_{32}(w_{82})$
		国家层面安全保密状况	$e_{33}(w_{83})$
管理的因素	管理组织	组织结构完整性	$g_{11}(w_{91})$
		岗位划分合理性	$g_{12}(w_{92})$
	管理制度	规章制度完整性	$g_{21}(w_{101})$
		规章制度有效性	$g_{22}(w_{102})$
		规章制度完备性	$g_{23}(w_{103})$
	管理方法	奖惩机制状况	$g_{31}(w_{111})$
		激励机制状况	$g_{32}(w_{112})$
		分配机制状况	$g_{32}(w_{112})$
	工作流程	工作流程合理性	$g_{41}(w_{121})$
		工作流程完整性	$g_{42}(w_{122})$

(2)基于模糊层次分析法的预警评价。为了能对高校科研保密状况进行预警，可对预警指标体系进行量化评估。采用模糊层次分析法进行量化评估，其输出结果能够反映一定时间内校内涉密科研项目的安全保密状况。

1)模糊层次分析法原理。模糊层次分析法是在传统的层次分析方法基础上，考虑到人们对复杂事物判断的模糊性，引入模糊一致矩阵的决策方法。

定义1　设矩阵 $\boldsymbol{R}=(r_{ij})_{n\times n}$，若满足 $0\leqslant r_{ij}\leqslant 1,(i=1,2,\cdots,n;j=1,2,\cdots,n)$，则称 $\boldsymbol{R}$ 是模糊矩阵。

定义2　若模糊矩阵 $\boldsymbol{R}=(r_{ij})_{n\times n}$ 满足 $r_{ij}+r_{ji}=1,(i=1,2,\cdots,n;j=1,2,\cdots,n)$，则称模糊矩阵 $\boldsymbol{R}$ 是模糊互补矩阵。

定义3　若模糊矩阵 $\boldsymbol{R}=(r_{ij})_{n\times n}$ 满足 $\forall i,j,k$ 有 $r_{ij}=r_{ik}-r_{jk}+0.5$，则称模糊矩阵 $\boldsymbol{R}$ 是模糊一致矩阵。其中 $r_{ij}=0.5$，表示元素 i 和元素 j 同样重要；$0\leqslant r_{ij}<0.5$ 表示元素 j 比元素 i 重要，且 r_{ij} 越小，元素 j 比元素 i 越重要；$0.5<r_{ij}\leqslant 1$ 表示元素 i 比元素 j 重要，且 r_{ij} 越大，元素 i 比元素 j 越重要。

定理1　模糊互补矩阵调整为模糊一致矩阵的方法：对模糊互补矩阵 $\boldsymbol{R}=(r_{ij})_{n\times n}$ 按行求和，记为 $r_i=\sum_{k=1}^{n}r_{ik}, i=1,2,\cdots,n$，进行如下数学变换 $r_{ij}=(r_i-r_j)/2n+0.5$，则变换以后的矩阵是模糊一致矩阵。

定理2　模糊一致矩阵 $\boldsymbol{R}=(r_{ij})_{n\times n}$ 有如下性质：

a. $\forall i(i=1,2,\cdots,n)$，有 $r_{ii}=0.5$. 表示自身比较同等重要。

b. $\forall i,j(i,j=1,2,\cdots,n)$，有 $r_{ij}+r_{ji}=1$. 说明元素 i 和元素 j 相比较的重要性与元素 j 和元素 i 相比较的重要性正好互补。

c. R 的第 i 行和第 i 列的元素之和为 n，说明模糊一致矩阵有很强的鲁棒性。

d. 从 $\boldsymbol{R}$ 中划去任意行及其对应列所得的子矩阵仍是模糊一致矩阵。该性质的意义在于设计好模糊一致矩阵后，如果又要删除某一因素，则不必重新设计模糊一致矩阵，只要从原矩阵中删除该因素对应行与列即可。

e. $\boldsymbol{R}$ 满足中分传递性，即当 $\lambda\geqslant 0.5$ 时，若 $r_{ij}\geqslant\lambda, r_{jk}\geqslant\lambda$，则 $r_{ik}\geqslant\lambda$；当 $\lambda\leqslant 0.5$ 时，若 $r_{ij}\leqslant\lambda, r_{jk}\leqslant\lambda$，则 $r_{ik}\leqslant\lambda$。该性质反映了人们思维判断的一致性，当元素 i 比元素 j 重要，元素 j 比元素 k 重要时，则元素 i 一定比元素 k 重要；当元素 i 没有元素 j 重要，元素 j 没有元素 k 重要时，则元素 i 一定没有元素 k 重要。

2) 模糊层次分析算法设计。由于模糊一致矩阵与人类决策思维相一致的特性，因此，基于模糊一致矩阵的模糊层次分析方法在评价指标较多、评价带有模糊性的方案优选中应用较多，并且能够得到比较满意的结果。模糊层次分析法的一般步骤如下。

a. 建立优先关系矩阵。每一层次中的因素针对上层因素的相对重要性建立矩阵。这种矩阵是模糊互补矩阵。矩阵中的值用 0.1 ～ 0.9 标度表示。构造优先关系矩阵时，元素值也可以由 0,0.5,1 标度法确定，这种标度计算简单，但相比较的两个元素之间的重要程度表现很模糊。为了能够准确地描述任意两个因素关于某准则的相对重要程度,这里采用表 2 中的 0.1－0.9 标度给予数量标度。

表 2 0.1－0.9 数量标度

标 度	定 义	说 明
0.5	同等重要	两元素相比较,同等重要
0.6	稍微重要	两元素相比较,一元素比另一元素稍微重要
0.7	明显重要	两元素相比较,一元素比另一元素明显重要
0.8	重要得多	两元素相比较,一元素比另一元素重要得多
0.9	极端重要	两元素相比较,一元素比另一元素极端重要
0.1,0.2 0.3,0.4	反比较	若元素 a_i 与元素 a_j 相比较得到判断 r_{ij},则元素 a_j 与元素 a_i 相比较得到的判断为 $r_{ji}=1-r_{ij}$

b. 将优先关系矩阵改造成模糊一致矩阵。应用定理 1 中的方法,把各优先关系矩阵改造成模糊一致矩阵。

c. 层次单排序。根据模糊一致矩阵计算在上一层某目标下层次各因素的重要次序。由相关研究证明,根据模糊一致判断矩阵的元素与权重的关系式给出的排序法有很高的分辨率,有利于提高决策的科学性,故采用此方法求因素权重。即因素 A_i 在目标 O_k 下的权重 s_i^k 的计算公式为

$$s_i^k=1/n-1/(2\alpha)+\sum_{j=1}^{n}r_{ij}\Big/(n\alpha),\quad (i=1,2,\cdots,n) \tag{1}$$

式(1) 中参数 α 满足 $\alpha\geqslant(n-1)/2$。将 $s_i^k(i=1,2,\cdots,n)$ 从大到小排列就显示了相对于目标 O_k 各个因素 A_i 的重要次序。

d. 层次综合。当中间层为准则层、子准则层时,需要综合层次关系,将局部的层次间的重要性权值转化为相对于总目标的综合权重。

e. 层次总排序。在层次单排序和层次综合的基础上,计算各个方案相对于总目标的总体优度 T_i, $T_i=\sum\limits_{k=1}^{n}\omega_k s_i^k$, $(i=1,2,\cdots,n)$。按 T_i 的大小对各方案进行排序,就可得到方案从优到劣的次序。

该算法分两种情况,当中间层的评价准则为两层或者两层以上且上下层之间存在支配与被支配关系时,那么上层指标的权重通过层次分布到了下层子指标中,所以在层次总排序之前,需要把各子指标相对总目标的权重计算出来,即步骤 d 中的层次综合。如果中间层只有一层或者层次之间不存在支配关系,则不需要综合权值,直接由层次单排序计算层次总排序。

(3)预警信号的生成。在对高校科研保密预警指标进行模糊层次评价之后可以得出涉密科研项目当时的保密状态值,将评估结果以预警信号图的方式输出,使决策者能够直观地了解涉密科研项目的保密管理状况及未来的走势,及时采取相应的措施,做到防微杜渐。

预警信号如图 10 所示,纵坐标表示保密状态。通过数值及颜色进行区分,可对涉密科研项目的保密状态设定 4 个档次:S1,S2,S3 和 S4,其中 S1 为正常状态[0,0.25]蓝色,S2 为基本正常状态(0.25,0.5]绿色,S3 为低度危机状态(0.5,0.75]黄色,S4 为危机状态(0.75,1]红色。根据 4 个状态的值域依次设定 3 条警戒线,警戒值为 0.25,0.5,0.75。横坐标表示时间,时间设定可以是日、周、旬、月、季、年等。

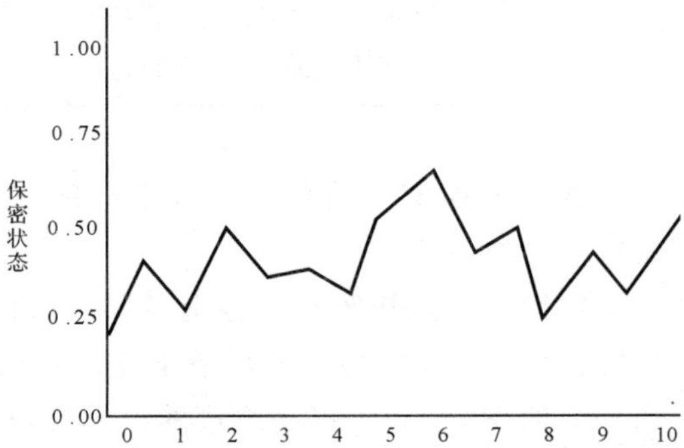

图 10　预警信号图

(五)完善高校科研保密预警管理体系的实施对策

1. 以精细管理理念促高校科研保密预警管理水平提升

精细管理是一种先进的管理理念和管理技术,注重综合运用细化、量化、流程化、标准化等手段,强化组织管理各单元之间的协作,以达到提高管理质量、精益求精的目的。目前高校的科研保密管理大多还处于粗放式管理阶段,将精细管理理念引入高校科研保密预警管理中,有助于管理工作水平的提升。

在科研保密预警管理工作中,应做到以下几方面。

(1)细化科研保密预警管理工作要做到把工作细分到每个部门、每个岗位、每项任务,不能遗漏涉密点。细化保密工作要做到按照时间顺序,按照每项工作的发展阶段,分解到每个过程。通过对过程的控制,有利于建立和优化保密工作流程。

(2)在技术层面上量化科研保密预警指标体系和评价指标体系,帮助保密工作人员做出更加准确的预警决策,形成操作性更强的应急响应方式。在管理层面上量化预警管理组织工作，通过定量而不是定性的方式对参与保密预警管理工作的人员进行绩效考核，监督预警管理的执行能力。

(3)在工作细化的基础上，按照预警管理工作实施过程划分为若干个前后相连的环节，将保密管理过程细化为工序流程，并不断优化改进。科研保密预警管理包括事前管理阶段、实时管理阶段、事后管理阶段 3 个阶段，每个阶段又可细分成具体的工序流程(泄密事件信息的获取和预警、泄密事件的准备与预防、泄密事件的控制与回应、泄密事件后的恢复与重建、持续不断的学习与创新)。

(4)标准化要求在制定保密工作制度时，既要制定详细的管理标准、执行标准，还要制定相应的检查标准和考核标准。如果只有要求，没有考核，没有违规制约机制，保密工作制度就成了“纸上谈兵”。在认真调研高校科研保密工作基础上，从实际出发，建立科研保密预警管理制度，确保保密工作有章程，岗位有要求，事事有标准。

2. 综合运用信息安全技术加强校园网络安全管理

网络加快了信息传递速度，为教师和科研人员提供了一个宽广的信息环境，从根本上改变并促进了他们之间的信息交流、资源共享、科学研究和对外合作。但校园网络同时处于互联网的洪流之中，加上广大师生的信息安全防护意识不足，使计算机中存储的保密信息资料存在着一定的安全隐患，如果因为保护不足造成保密信息的丢失或者被篡改、破坏与窃用，都将带来难以弥补的损失，所以更应重视校园网络中的信息安全问题。

加强校园网络安全有下述主要方法。

(1)防火墙技术。若校园网不加防范地连入互联网，很容易受到入侵者的攻击，严重时会导致网络的瘫痪或信息失窃。防火墙是一种安全有效的防范技术，是访问控制机制、安全策略和防入侵措施。它是位于两个网络之间执行控制策略的系统(可能是软件或硬件或者是两者并用)，用来限制外部非法(未经许可)用户访问内部网络资源，而内部网络成员仍能方便地访问外部网络，从而保护内部网络资源免受外部的非法入侵和干扰。防火墙分离可信任的校园内部网和不可信的公共网，是不同网络之间信息的唯一出入口。能根据学校的安全政策控制(允许、拒绝与监测)出入网络的信息流，具有较强的抗攻击能力。

(2)物理安全策略。确保计算机系统有一个良好的电磁兼容工作环境，目前主要的防护措施有两类：一类是对传导发射的防护，主要采取对电源线和信号线加装性能良好的滤波器，减小传输阻抗和导线间的交叉耦合。另一类是对辐射的防护，这类防护措施分为两种：一是采用各种电磁屏蔽措施，如对设备的金属屏蔽和各种接插件的屏蔽,同时对机房的下水管、暖气管和金属门窗进行屏蔽和隔离;二是干扰的防护措施,即在计算机系统工作的同时,使用相关干扰器发出能自动跟踪计算机电磁辐射信号的相关干扰信号,使电磁辐射信号被扰乱,起到乱数加密的效果。

(3)定期备份。学校资料虽然不像商业网站的资料那样都带有明确的价值,但是关系到整个学校正常运转,极其重要,应该定期对服务器资料、系统日志使用备份或镜像技术。备份技术是最常用的提高数据完整性的措施,它是指对需要保护的数据在另一个地方制作一个备份,一旦失去原件还能使用数据备份。镜像技术是指两个设备执行完全相同的工作,若其中一个出现故障,另一个仍可以继续工作。使用此方法可以使数据被损坏的危害程度减到最小。

(4)及时安装补丁程序和杀毒软件。常用的微软操作系统、浏览器软件及一些桌面程序等都被发现存在安全隐患,互联网上很多病毒和木马都是针对系统漏洞进行的,应尽量少地使用盗版软件。同时,微软等软件供应商也在加强对自身"漏洞"的检查,定期发布所发现漏洞的补丁程序。作为一个Windows系统的使用者,要经常留意这方面的信息,一有补丁程序,要马上进行安装。同时应该使用网络版的杀毒软件,可以实现软件的安装、升级和配置的统一管理,能及时更新,远程查杀。通过杀毒软件的控制台进行定时杀毒的设置和自动升级的设置,确保杀毒和升级的时效性,使自己的计算机具有较强的防病毒能力。

(5)加强校园网安全管理政策建设。安全政策描述校园网安全的目标和需求,是一个组织安全管理的需求说明,它是执行各项管理制度和技术措施的依据,一般规定"做什么"而不是"怎么做",告诉用户哪些行为是允许的,哪些行为是不允许的,违反了这些约定将会受到怎样的处罚。一个可行的安全政策应该根据国家的相关法律、法规以及学校的管理制度和具体情况制定。同时加强保密宣传教育,使全校师生充分认识到,自觉保守信息安全是每个人应尽的义务。可以结合现实中的案例,编写一些有针对性的信息安全宣传教育材料,缩小宣传教育内容同师生的距离。安全政策应该让所有的校园网用户知道,对校园网用户,无论是院系单位还是学生个人,都可以签署入网协议的形式让用户知道学校的安全管理政策,一方面起到提高安全意识的作用,另一方面明确责任和义务,便于对安全事故的处理。

(6)加强安全组织建设。目前普遍认为校园网安全管理工作应该由网络、信息及计算中心承担,但事实上,安全管理工作非常复杂,可能涉及各院系、部、处的人员和业务,因此必须由学校具有决策权的机构和领导组织与协调各部门的管理工作,比如,成立信息安全管理委员会和专门的办公室。另外,安全管理各项措施的实施,单纯依靠网络中心的力量也是不充分的,院、系、处、宿舍安全管理分级负责的组织体系建设仍然是必要的。加强用户安全意识和管理员安全技术的培训工作非常重要。

3. 完善高校科研保密预警管理系统的支撑保障体系

在保密管理过程中,应加强保密教育培训,采取案例分析和实证分析的方式让涉密人员学习和掌握一定的情报与反情报技术和方法,提升涉密人员的预警意识和预警责任;把握国家建设保密学科的契机,依托国防高校保密学院建设,培养保密专业人才;整合并优化科研保密预警管理所需的各项资源(人力、技术、设备、组织等);建立责任管理、监督考核机制,通过合理分权、规范工作流程,形成一个相互制约、相互监督的保密工作氛围。

五、创新点与特色之处

1. 分析科研泄密事件的成因耦合结构,建立科研保密预警分析模型

科研泄密事件成因的分析及成因机理的分析,是建立科研保密预警管理体系的基础。科研保密预警管理体系的建立,应针对各个成因在泄密事件中所起的作用,进行有针对性的预防与控制。科研泄密事件的成因主要包括观念性失控、渠道性失控、管理性失控、机制性失控和政策性失控,每个成因都表现出特定的特点和规律,同时各个成因之间存在着耦合关系。通过分析单成因、双成因和多成因耦合,可建立泄密事件的成因直接耦合结构模型和成因间接耦合模型。在此基础上,运用系统突变理论,可以揭示研究泄密事件的阶段活动规律、事件信息传播的蔓延机理、事件引发高校科研管理连锁反应的灾变机理。

2. 利用机理分析方法对科研保密预警管理模式的高效性运作进行探讨

重点对泄密事件与预警管理运作的机理进行分析,寻求导致目前预警运作低效的主要环节和原因,发现形成这种低效的内在规律性,以便在预警管理中找到相应的应对策略,使得预警管理高效,即实现预警、预控和应急响应行动的快速性,快速有效地防范和控制泄密事件的发生和蔓延,达到“行动迅速、响应及时、应急规范、减少损失”的高效性目标。预警管理模式的机理分析是针对泄密事件发生、发展与传导过程的一般性规律,提出预警管理相应的预警对策,包含了 4 个层次的类型:原理机理、功能机理、工作机理和运行机理。其中,原理机理可概括泄密事件与预警管理的特征;功能机理则对泄密事件的过程和预警处理过程的规律性进行刻画,总结其一般规律;工作机理可说明泄密事件和预警处理过程的前后逻辑,更深入地探寻泄密事件与预警管理过程每

个环节的前后联系;而运行机理则在工作机理的基础上,考虑到各种实际存在的约束,给出的是一套泄密事件和预警管理的规律性表达。

3.构建层次化的高校科研保密预警管理系统理论模型

高校科研保密预警管理系统呈现层次化的特点。从系统所需环境的角度,高校科研保密预警管理系统理论模型可划分为技术环境、管理环境和资源环境3个层面。从平台设计与实现的角度,高校科研保密预警管理系统理论模型又可划分预警信息来源层、科研保密监管平台层、应急决策处理层。层次化的预警管理模型可以扩大泄密隐患的预警渠道,加快应急反应速度,充分运用技术辅助手段,从而为泄密预警提供流程式服务,最大限度地遏制泄密事件的发生。

4.通过精细管理促进高校科研保密预警管理水平的提升

精细管理的核心思想是"精、准、细、严",它强调的是以科学管理为基础,以精细化操作为特征,通过强化协作,充分利用各种资源,使组织管理各单元精确、高效、协同和持续运行,提高管理质量,从而提高单位的整体利益。高校科研保密预警管理工作可实施精细管理,按照"精、准、细、严"的原则,综合运用细化、量化、流程化、标准化、协同化、实证化等手段,着力解决当前保密管理粗放问题,把精细管理层层落实到保密工作各个岗位,从制度、职责、管理、实施、督查等方面进行细化,增强执行力,提高管控力,进而达到提升高校科研保密预警管理水平的目的。

六、研究成果

通过对本项目的研究,可以丰富和完善高校科研保密管理理论体系,提供基于精细管理的高校科研保密预警管理方法,开拓安全保密管理研究的新思路、新方向,有利于加强高校保密管理工作。

已完成的研究成果:在国内学术期刊上发表论文2篇,并形成研究报告1篇:

(1)《高校科研保密风险分析与管理对策》,发表于《信息安全与通信保密》,2011年10月。

(2)《校园网络中信息安全及保密问题浅析》,发表于《信息安全与通信保密》,2011年3月。

(3)《基于精细管理的高校科研保密预警机制研究报告》。

七、总结

科研秘密是国家秘密的重要组成部分。在当今日益复杂的国际环境中,科研保密与科技发展、技术创新相辅相成，都是维护国家的安全、利益和发展的需要。高校作为我国高新科技研究的重要基地，对推动我国科技与经济的发展发挥举足轻重的作用，做好高校科研保密工作意义重大。本项目研究引入精细管理理念，建立一套高校科研保密预警机制，实现保密风险管控关口前移，及早发现和消除隐患，降低泄密事件的发生率，提高保密管理的主动性、超前性和有效性。研究内容主要包括：分析科研泄密事件的成因机理，建立科研保密预警分析模型；研究科研保密的预警与预控原理；构建面向高校科研保密的预警管理系统理论模型。

本项目的特色之处：分析科研泄密事件的成因耦合结构，建立科研保密预警分析模型；通过精细管理促进高校科研保密预警管理水平的提升；利用机理分析方法对科研保密预警管理模式的高效性运作进行探讨；构建层次化的高校科研保密预警管理系统理论模型。

本项目直接面对高校科研保密管理工作的实践层面，对提高高校安全保密决策水平、降低安全保密风险具有重要的应用前景。

基于 OPM3 的高校后勤集团管理层绩效考核模型构建

张义庭

摘　要　高校后勤集团是一个集服务、管理、经营为一体的特殊组织，随着高校后勤改革的逐步深入，在高校后勤建立健全科学的绩效管理，是其后勤工作的重要工作之一。本文针对当前部分高校后勤集团对管理层员工考核中存在的问题，依据组织项目管理成熟度模型的思想，从持续发展和改进的角度构建了高校后勤集团管理层绩效考核模型。

关键字　OPM3　高校后勤集团　绩效考核

一、引言

知识经济时代的人力资源是一个国家和社会发展最重要的战略资源，人力资源的竞争成为公司竞争的核心，如何打赢人才竞争战是摆在包括高校后勤集团在内的企业面前的一个大课题，特别是集团的管理层，这部分员工对于执行企业的战略，完成企业的各个目标都起到重要作用，因此，对这类员工的考核和培养对后勤集团有着重要的意义。

近几年，随着后勤社会化改革的不断深入，高校后勤集团也由以前的人事管理旧体制逐渐开始重视人力资源的管理，但由于高校后勤集团人员构成复杂，加之人力资源管理的专业人才匮乏，高校后勤集团的员工绩效考核存在种种问题，而绩效考核作为人力资源管理的手段具有重大意义，人员招聘、晋升、培训、确定报酬等均须以考核、评估为基础，因此，构建一个适合后勤集团管理层的绩效考核模型有着重要意义。

组织项目管理成熟度模型，即 OPM3，是美国项目管理学会(project management institute，PMI)发布的一种评价和学习标准，它为组织项目管理提供了组织评价、改进项目管理的框架，使组织找到当前组织项目管理所处的位置，找到组织项目管理改进的方向和途径，为绩效考核模型的构建提供新思路。本文拟运用组织项目管理成熟度模型的思想和方法，即 OPM3(organizational project management maturity model)，结合高校后勤集团管理层工作特点，构建一个后勤集团员工绩效考核模型。

二、高校后勤集团管理层员工结构现状及工作特点分析

在高校后勤社会化改革初期，学校将一批教学教辅单位、职能部门的富余人员安置到了后勤实体，因此，我国高校后勤服务人员队伍大体由3部分人员构成，即原后勤职工、学校其他部门划入或分流的职工、后勤自行招聘录用的临时员工。而高校原后勤职工主要来自以下几个方面：一是20世纪70年代初从农村招收来高校后勤从事后勤工作的，他们是目前不少岗位上的骨干，但年龄普遍偏大；二是部分落实政策和照顾性招工顶编制来后勤工作的；他们文化程度比较低；三是学校历次改革从部门精简到后勤工作的；四是学校引进骨干教师、专业技术人才随调的配偶和子女；五是学校扩大规模征用土地而安置的农村人员。

从以上的分析可以将后勤集团的员工简单地划分为两类：一是管理人员，二是行政员工以及一线的服务人员，本文研究的对象是指第一类。且这些管理人员的工作具有以下特点：一是管理的对象比较复杂，从以上员工结构现状的分析可以看到，一方面他们进入集团途径各有不同，另一方面，其知识水平高低不同，且普遍偏低，这就要求管理人员在管理时要有更灵活创新的工作方式，对管理人员工作能力的要求也更高；二是集团所提供的产品是高校中的各项后勤服务，这就决定了当对管理人员评价时要考虑服务对象的满意度；三是其服务对象是高校师生，他们拥有高的知识水平，对后勤集团提供的服务的要求也就更高。

三、后勤集团管理层员工绩效考核存在的问题分析

通过对西安8所高校后勤集团的绩效考核现状的问卷调查与统计分析，高校后勤集团管理层员工绩效考核主要存在下述问题。

(1)绩效考核形式化。高校后勤集团的管理层员工绩效考核，存在定量考评的缺失和不到位现象，主要表现在以下几方面：一个考评侧重部门内部的自我考评，缺少外界评价；二是侧重考核工作的结果，忽视工作行为的考核；三是忽视工作能力和工作素质的考评。

(2)绩效指标设置不科学。由于没有从战略的角度去理解、设计考核指标体系，再加上缺乏科学的绩效指标的分解工具，绩效考核指标体系没有形成统一关联的、方向一致的绩效目标与指标链，因此指标的设立过于简单，评估标准无法量化。

(3)考核方法选择不当。考核时不能结合部门自身的实际情况选择具有

适应性的考核方法,往往走入两个极端:一是盲目地采用一些先进的考核方法,如360绩效反馈法等,但只是注重形式,没有切实地运用这些先进的方法;二是采用原始的、粗犷的考核方法,凭感觉、凭感情,使得考核失去了真正的意义。

(4)绩效考核人员的专业水平比较低。高校后勤集团绩效考核时比较注重部门主管对该部门员工的考核,但由于这些中层管理人员都是从员工中提拔起来的,这些人虽然业绩突出,但缺乏系统的专业管理素质,绩效考核无法很好地落实。

(5)考核的结果并没有合理的利用。绩效考核应是人力资源管理的风向标,通过绩效考核,人力资源管理部门可以看到员工培训的方向、晋升的方向,而员工本人也应该可以明确自身存在的不足以及未来发展和努力的方向。但是,现在后勤集团员工绩效考核往往只是作为一种年终的形式以及薪酬衡量的标准之一,没有建立切实的职业发展规划等。

四、基于OPM3的后勤集团管理层绩效考核模型的构建

1. 基于OPM3的高校后勤集团管理层绩效考核模型描述

针对后勤集团在管理层绩效考核过程中存在的不足,需要从持续发展和改进的角度构建一个绩效考核模型,以便于更好地实现定量化考核,合理的设置绩效考核等级,并使绩效考核作为晋升、奖金等的重要依据,明确每一个管理层的工作绩效现况和未来发展的方向。OPM3把一个组织的项目管理能力作为考核对象,从不同的角度进行较为全面的评价,为此,本文以OPM3为基础,针对高校后勤集团的管理层工作特点,设计的后勤集团管理层绩效考核模型如图1所示,简称绩效考核模型。

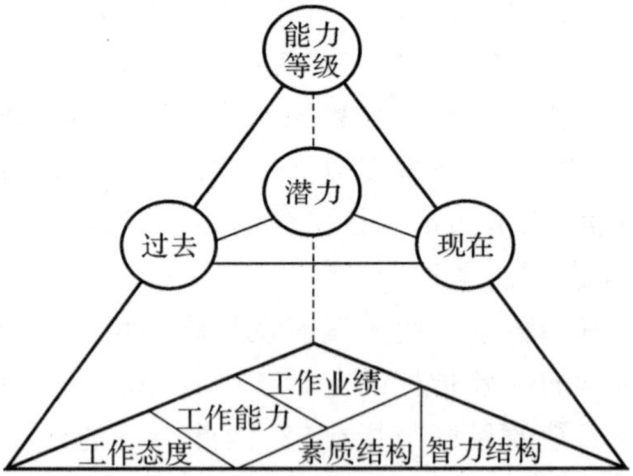

图1　高校后勤集团管理层绩效考核模型的框架

该模型是一个三棱锥形状，由两层一个点组成，图形的最底层由5大块组成：工作态度、工作能力、工作业绩、素质结构、智力结构，模型第二层由过去(past)、现在(present)、潜力(potential)3个时点组成，即3P，最后聚焦为一个点，即能力等级：低效级、有潜力级、已发展级、持续提高级。

2.绩效考核模型能力等级的定义

绩效考核"能力等级"也称为"考核等级"，是指一个管理员工各项能力和素质走向成熟的过程中几个具有明确意义的表征，它是根据需要人为定义出来的，一方面用于描述管理层员工绩效不断进步的过程，另一方面，对于员工自身而言，也是设置自我能力和素质提升的阶段性目标，通过构建的绩效考核模型对管理层员工当前的能力水平进行评价，找到与邻近级别的差距，寻找改进的方法。因此，绩效考核模型的能力等级也可以定义为为一个管理层员工自我提升和发展提供一张路径图。基于对高校后勤集团管理层工作特点的分析，从其共性特征出发，考虑便于评价的需要，本文的模型定义了低效级、有潜力级、已发展级、持续提高级这4个能力等级，各能力等级的典型特征见表1。

表1　高校后勤集团管理层绩效考核模型能力等级及特征一览表

等级名称	描　述	典型特征
低效级	过去的工作绩效很差 工作态度、能力、业绩都不尽如人意 个人素质和智力都有待提高	工作中经常迟到早退、工作松散 部门不团结、缺乏合作 部门业绩完成效率低
有潜力级	过去的工作绩效一般 工作态度认真、能力一般 部门基本能完成工作任务 个人素质和智力水平比较高	在个别事件的处理上表现出较强的工作能力 部门员工比较松散，缺少合作
已发展级	过去的工作绩效一般 工作态度认真、能力较强 部门管理较好 个人素质和智力水平较高	有职业认证的相关证书 达到了一定的管理水平 部门内部员工团结、工作效率和质量较好
可持续改进级	过去的工作绩效较好 工作态度认真、是员工中的模范 工作能力很强、部门整体绩效出色 个人素质和智力水平很高	工作上起带头作用 主动参加技能培训和能力提升的学习 部门团结、效率高

3. 绩效考核模型关键领域的定义

绩效在 OPM3 的模型中,其成熟度特指"过程"成熟度,因而其关键领域也就称为"关键过程域",为了更有效、更全面地反映员工绩效考核的特点,引入"关键领域"的概念,用以定义能力等级度量需要关注的主要方面。结合高校后勤集团管理层员工的工作特点,本文定义了 30 个关键领域,见表 2。

表 2　高校后勤集团管理层绩效考核模型关键领域一览表

<table>
<tr><th>模　块</th><th>关键领域</th><th>模　块</th><th>关键领域</th></tr>
<tr><td rowspan="6">工作态度</td><td>责任感</td><td rowspan="3">工作业绩</td><td>任务业绩</td></tr>
<tr><td>积极性</td><td>管理业绩</td></tr>
<tr><td>工作联络</td><td>周边业绩</td></tr>
<tr><td>接待</td><td rowspan="7">素质结构</td><td>思想素质</td></tr>
<tr><td>协作性</td><td>精诚敬业</td></tr>
<tr><td>纪律性</td><td>正直诚实</td></tr>
<tr><td rowspan="9">工作能力</td><td>判断力</td><td>忠于职守</td></tr>
<tr><td>计划能力</td><td>踏实稳重</td></tr>
<tr><td>谈判能力</td><td>心思细致</td></tr>
<tr><td>领导统帅能力</td><td>自信</td></tr>
<tr><td>成就导向能力</td><td rowspan="5">智力结构</td><td>学识水平</td></tr>
<tr><td>开拓创新力</td><td>观察想象力</td></tr>
<tr><td>影响力</td><td>体质状况</td></tr>
<tr><td>培养人才的能力</td><td>专业能力</td></tr>
<tr><td>团队合作的能力</td><td>知识学习能力</td></tr>
</table>

4. 绩效考核模型的特点和应用

借鉴 OPM3 的思想,通过研究高校后勤集团管理层员工的工作特点,构建了一个三棱锥绩效考核模型,该模型有以下特点。

(1)最底层由通常考核的德、勤、能发展为 5 大块内容,既有管理层工作上的业绩表现,也有对其个人素养的考核,这样的考核就更全面。

(2)模型的第二层由过去、现在、潜力 3 个点组成,这样就可以引导员工注重自身能力的培养,有长期的良好的绩效表现,同时,还注重员工潜力的发挥。

(3)考核等级定义的不同,传统的优、良、一般、差的等级只能看到一个员工的绩效表现，通过该模型的考核等级，员工可以清晰地看到自己存在的不足和努力改进的方向。

三棱锥绩效考核模型量化的考核指标可以根据实际情况和每个管理层岗位的不同来设置，以工作业绩这一模块为例，可以通过任务完成量、工作出错率、工作创新情况、任务完成效率、客户满意度等指标来考核其任务业绩，通过预算控制及执行情况、关键员工流失率等来衡量其管理业绩，通过部门合作满意度来考核其周边业绩。因此，当应用时也需要根据实际情况找到模型的量化指标、最佳实践及路径。

五、总结

目前，高校后勤集团对管理层员工的考核大部分仅限于笼统的定性评价，缺少科学的量化指标。本文根据管理层员工的工作特点，运动组织项目管理成熟度模型的思想和方法，建立了其绩效考核模型，并定义了能力等级和关键领域。该模型可以作为后勤集团管理层员工绩效考核的依据，对明确每一个管理层的工作绩效现况和未来发展的方向也有一定借鉴意义。

参考文献

[1] 陈宪伟.高校后勤社会化改革中的高校后勤绩效评估研究[D].长春：吉林大学，2007：18.

[2] 唐立国.高等学校后勤服务人员绩效考评体系研究[D].哈尔滨：哈尔滨工程大学，2007：29.

[3] 徐咏梅，李建忠.高校后勤集团绩效管理模式的探讨[J].消费导刊·管理视野，2009(10)：110.

[4] 赵树林.高校后勤集团绩效管理探析[J].高校后勤研究，2007(6)：13.

[5] 袁家军，王卫东，欧立雄.神州项目管理成熟度模型的建立与应用[J].航天器工程，2007，16(1)：5.

基于 Fuzzy AHP 的高校后勤绩效评价研究

张义庭

摘　要　高校后勤管理绩效评价涉及定量指标与定性指标，为了实现对各种指标的客观评价，构建了基于模糊理论的 Fuzzy AHP 评价模型，并实现了用于高校后勤绩效评价的智能评价系统。在该系统中，首先根据高校后勤服务的特征，分析和提炼了可用于绩效评判的评价指标，运用层次分析理论(AHP)构建了分级指标体系，采用 9 级标度法建立判断矩阵，获得各指标的权重，最后通过降半梯形分布隶属度函数进行绩效计算，实现了定性指标的定量计算。最后运用该模型编制评价系统，验证了此方法的可行性及高效性。

关键词　Fuzzy AHP 法　高校　后勤管理　绩效评价

一、引言

高校后勤服务作为高校的保障服务体系，对正常的科研教学意义重大。特别是在国家提出高校后勤服务社会化改革以后，高校后勤服务质量的管理就变得更加重要。如何有效地对高校后勤集团中的各服务企业进行有效评价，并对其服务质量提出相应的改进意见，已成为高校后勤质量管理中的重要课题之一。

高校后勤服务质量评价应具有判断功能、预测功能、选择功能和导向功能，其评价体系的构成大致可分为以下 3 个环节：一是服务指标的建立，作为信息搜集与整理的关键步骤，服务指标体系的建立对评价的客观性与准确性影响重大；二是评价指标权重的确定，各指标在具体服务项目中的影响度不同，决定了其在评价体系中的权重也不同；三是评价方法的选择，也是影响评价公正性的决定因素，传统的评价方法，多采用德尔菲法(专家意见法)结合相关的指标权重赋值进行评价，在科学性、公正性等方面不可避免地存在着种种缺陷。

在服务指标研究方面，Prasuraman，Zeithaml 及 Berry 根据他们提出的 PZB 模型建立了评价服务质量(即顾客满意度)的 SERVQUAL 量表；国内蔡继梅等提出了评价指标选取的代表性、易得性、经济性和可比性四原则。

在评价方法研究方面，Fuzzy AHP 方法被越来越多的专家提出和研究，并在仿真科学、地质科学预测等不同领域加以运用，在系统仿真方面，冉承新等运用 Fuzzy AHP 方法进行了仿真系统可信度的综合评价；Zeki Ayag R. G. Özdemir 运用 Fuzzy AHP 方法在工具交互性的选择方面进行了多标准决策制定(multiple criteria decision making，MCDM)的研究。在服务质量评价方面，关志民等利用模糊多指标的方法进行了连锁门店服务质量的研究。

在高校后勤绩效评价中，以服务质量的评价为主，对各构成单位的业绩进行评价，多数指标具有模糊性和不确定性。通过层次分析方法，并结合模糊数学的方法来处理和量化指标，可以实现对高校后勤所属企业业绩的科学评价。

二、Fuzzy AHP 综合评价法原理

美国运筹学家 Thomas L. Saaty 在 20 世纪 70 年代提出了 AHP(analytic hierarchy process)理论，AHP 层次分析法的评价思路：①分析评价决策所涉及的范围，收集评价信息；②把收集的信息进行归纳整理，建立分层递阶结构，按目标的不同、实现功能的差异，将系统分为若干个等级层次；③对每一层次的各要素进行两两比较，建立判断矩阵，通过矩阵计算，对于上一层次的某个元素而言，确定在本层次中与其相关元素的重要性排序——相对权值；④计算各层元素对系统目标的合成权重，进行总排序，以确定递阶结构中最底层各个元素的总目标中的重要程度；⑤根据分析计算结果，对多个评价对象进行排序，评出优略。

在高校后勤绩效评价中，并不是所有的质量特征都可以用定量指标进行描述，所以不可避免地要采用一定的定性指标。采用 AHP 与 Fuzzy 相结合的关键是解决定性指标到定量指标的转化过程。

Fuzzy 理论即模糊理论，其核心是以模糊集合(fuzzy set)为基础，接受模糊性现象存在的事实，以处理概念模糊不确定的事物为其研究目标，将模糊因素严密地量化成计算机可以处理的信息。

在高校后勤绩效评价中运用 Fuzzy AHP 综合评价法，其基本实现思路如下：在 AHP 部分，选定评价指标，建立由评价因素集构成的判断矩阵，定量地确定各评价指标的权重因子(权系数)，采用 9 级标度法，对每一层次的各要素进行两两比较，计算出判断矩阵的最大特征值及其相应的特征向量，得到权重向量；与 Fuzzy 理论结合，建立评价指标集到评价集的模糊映射，计算评价指标针对评价方案的隶属度矩阵，并最终得到评价结果。

三、高校后勤绩效评价指标的选择

高校后勤绩效评价的准确与科学,首先取决于评价指标的选取。高校后勤所属各企业不同于一般竞争性企业,高校后勤各企业的服务对象是师生员工,高校后勤企业必须姓“教”,是其基本特征,为教学和师生员工提供优质服务,保障学校和社会稳定是其“第一要务”,因此在评价指标的确定中要注意在经济效益与社会效益之间,要重视社会效益,并且后者要赋予更高的权重。

在评价指标的制定中,既包含可量化的指标,又包含无法量化的定性指标。在各评价指标中,比如附加分指标,按照后勤集团的规定获得相应奖励或处分可按规定增减相应的分值,其可操作性强,因此附加指标属于量化指标。然而,多数评价指标属于定性指标,不能准确量化,比如在高校后勤集团中经营范围广泛,所属企业涉及餐饮、住宿、运输、物业管理等不同行业,既包含少量经营盈利性活动,又包含了更多的纯服务性活动,其服务指标无法按统一标准科学量化,属于定性指标。

在评价指标的选择阶段就是要根据后勤服务企业的性质及特征,充分考虑后勤的“高校”本质,合理进行指标选择,并按定性与定量进行分类,采用层次结构归纳分类的方法构建出绩效评价指标体系,如图 1 所示。图中给出了定性指标和定量指标,并与后勤集团所属各企业建立一一对应关系。

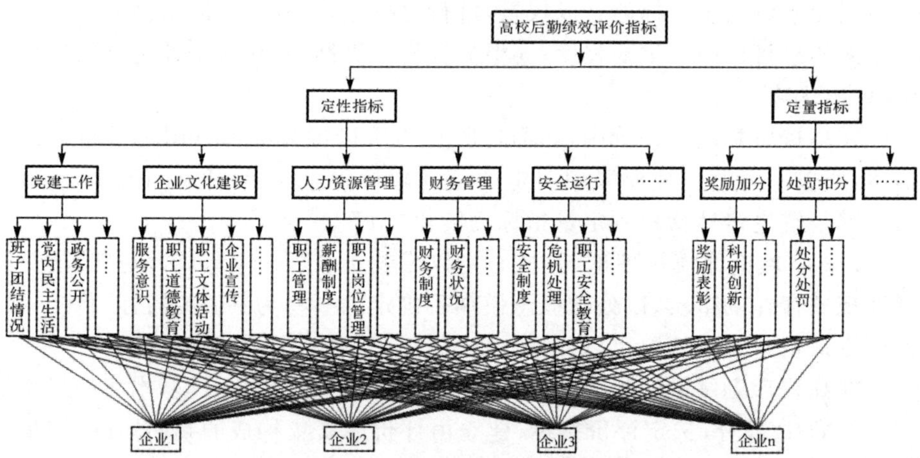

图 1　高校后勤绩效评价指标体系

1. 党建工作

高校后勤是为党的教育事业服务的,党建工作是保证后勤服务质量,保证校园和社会稳定的重要因素。其二级指标包括班子团结情况、党内民主生活、政务公开等。

2. 企业文化建设

企业文化建设是企业向上和活力的源泉，通过举办职业道德教育、名人专场报告，以及各类文化活动可以塑造企业文化，提高企业凝聚力，更好地为师生员工服务。企业文化建设的二级指标由职工道德教育、职工文体活动、企业宣传和服务意识等指标构成。

3. 人力资源管理

后勤服务集团涉及多种服务行业，其人员构成相对复杂，文化教育程度差异较大，其服务对象是具有较高知识层次的师生群体，而后勤服务职工又被称为“不上讲台的老师”，他们的服务意识、一言一行又对学生素质的培养起着重要影响。加强后勤员工的意识和素质，做好人力资源管理，从各方面调动职工的积极性自然成为绩效评价的重要指标。

人力资源管理的二级指标由职工岗位管理、薪酬制度、职工管理等指标构成。

4. 财务管理

财务管理的指标包括财务制度和财务状况。企业的财务状况反映了企业的运行情况，虽然在高校后勤中对社会效益的要求大于经济效益，但是经济效益是企业良性运行的基础，可以为学校的发展减轻负担。

5. 安全运行

对于后勤服务而言，安全和稳定是压倒一切的头等大事，在高校后勤中要建立健全安全制度，为学校的稳定服务，为教学提供良好的环境与氛围。在后勤服务管理中，要加强对职工的安全教育，建立健全安全制度，完善预警机制及突发事件处理机制，制定安全预案，强化危机处理能力。因此选择安全制度、职工安全教育、危机处理等作为安全运行的二级指标。

四、Fuzzy AHP 评价模型的建立

在建立了后勤绩效的评价指标之后，要对各评价指标进行权重赋值，对于定量指标而言，其权重值是确定的，而对于定性指标可以通过 AHP 法确定各指标的权重值。

1. 利用 AHP 法计算各评价因素的权重值

在利用 AHP 法构建的评价体系图中，准则层有定性评价因素 5 个，子准则层有评价因素 15 个。对单个准则层而言，其评价因素进行两两比较，由 a_{ij} ($i=1,2,\cdots,n;j=1,2,\cdots,n$) 构成判断矩阵 $\mathbf{A}$，有

$$\boldsymbol{A}=\begin{bmatrix} a_{11} & a_{12} & \cdots & a_{1n} \\ a_{21} & a_{22} & \cdots & a_{2n} \\ \vdots & \vdots & & \vdots \\ a_{n1} & a_{n2} & \cdots & a_{nn} \end{bmatrix}$$

式中，a_{ij} 为因素 i 相对于因素 j 的重要性，两两元素的相对重要性按 9 级标度法在 1 到 9 之间取值，取值规则见表 1，且具有如下特征：当 $i=j$ 时，$a_{ij}=1$；当 $i\neq j$ 时，$a_{ji}=1/a_{ij}$。

表 1　1－9 级标度的含义

标　度	含　义
1	i 因素与 j 因素同等重要
3	i 因素比 j 因素稍重要
5	i 因素比 j 因素重要
7	i 因素比 j 因素重要得多
9	i 因素比 j 因素及其重要
2,4,6,8	i 因素与 j 因素重要性介于上述两个相邻判断尺度之间

接下来进行权重计算，将矩阵 $\boldsymbol{A}=(a_{ij})_{n\times n}$ 的每一列进行归一化，得

$$\widetilde{\boldsymbol{w}}_{ij}=\frac{a_{ij}}{\sum_{i=1}^{n}a_{ij}} \tag{1}$$

对 $\widetilde{\boldsymbol{w}}_{ij}$ 按行求和，得

$$\widetilde{\boldsymbol{w}}_{i}=\sum_{j=1}^{n}\boldsymbol{w}_{ij} \tag{2}$$

对 $\widetilde{\boldsymbol{w}}_{i}$ 归一化，有

$$\boldsymbol{w}_{i}=\frac{\widetilde{\boldsymbol{w}}_{i}}{\sum_{i=1}^{n}\widetilde{\boldsymbol{w}}_{i}} \tag{3}$$

得到特征向量为

$$\widetilde{\boldsymbol{W}}=(\boldsymbol{w}_1,\boldsymbol{w}_2,\boldsymbol{w}_3,\cdots,\boldsymbol{w}_n)^{\mathrm{T}}$$

计算与特征向量对应的最大特征根 $\lambda_{\max}$，有

$$\lambda_{\max}=\frac{1}{n}\sum_{i=1}^{n}\frac{(\boldsymbol{AW})i}{\boldsymbol{w}_i}=\frac{1}{n}\sum_{i=1}^{n}\frac{\sum_{j=1}^{n}a_{ij}\boldsymbol{w}_j}{\boldsymbol{w}_i} \tag{4}$$

2. 判断矩阵的一致性检验

为了避免误差太大进行一致性检验，一致性指标 CI、相对一致性指标 CR

和平均随机一致性指标 RI，其中 RI 可以通过表 2 查到。

表 2　平均随机一致性指标 RI

n(矩阵推数)	1	2	3	4	5	6	7	8	9	10	11
R 值	0	0	0.58	0.90	1.12	1.24	1.32	1.41	1.45	1.49	1.51

计算一致性指标，则

$$CI=(\lambda_{\max}-n)/(n-1) \tag{5}$$

计算平均一致性指标，则

$$CR=CI/RI \tag{6}$$

当 $CR=CI/RI\leqslant 0.1$ 时，认为判断矩阵的不一致性是可以接受的，若不满足此条件，则需对判断矩阵进行修正。

3. 建立模糊评价隶属度函数

由前面所述高校后勤绩效的评价因素构成集合 $U=\{n_1,n_2,\cdots,n_n\}$，设定评语集 $V=\{v_1,v_2,\cdots,v_m\}$，评语集中指定 $m=5$，评语及其取值见表 3。

表 3　评价集取值对照

	V_1	V_2	V_3	V_4	V_5
评语	差	一般	比较好	好	很好
取值	50	60	70	80	90

根据表 3 建立隶属度函数公式：

差：
$$u_{(x)}=\begin{cases}1, & 0\leqslant x<50\\ (60-x)/10, & 50\leqslant x<60\\ 0, & 60\leqslant x\leqslant 100\end{cases}$$

一般：
$$u_{(x)}=\begin{cases}0, & 0\leqslant x<50\\ (x-50)/10, & 50\leqslant x<60\\ 1, & x=60\\ (70-x)/10, & 60<x<70\\ 0, & 70\leqslant x\leqslant 100\end{cases}$$

比较好：
$$u_{(x)}=\begin{cases}0, & 0\leqslant x<60\\ (x-60)/10, & 60\leqslant x<70\\ 1, & x=70\\ (80-x)/10, & 70<x<80\\ 0, & 80\leqslant x\leqslant 100\end{cases}$$

好：
$$u_{(x)}=\begin{cases}0, & 0\leqslant x<70\\(x-70)/10, & 70\leqslant x<80\\1, & x=80\\(90-x)/10, & 80<x<90\\0, & 90\leqslant x\leqslant 100\end{cases}$$

很好：
$$u_{(x)}=\begin{cases}0, & 0\leqslant x<80\\(80-x)/10, & 80\leqslant x<90\\1, & 90\leqslant x<100\end{cases}$$

在上述的公式中 x 为专家针对高校后勤的某一评价指标给定的分数，在评判专家对指标打分后，利用隶属度函数公式可求出各级别的隶属度矩阵，记为 $\boldsymbol{R}_{ij}=(r_{i1},r_{i2},r_{i3},r_{i4},r_{i5})$；$\boldsymbol{R}_i=(\boldsymbol{R}_{i1},\boldsymbol{R}_{i2},\cdots,\boldsymbol{R}_{ik})^T$，$k$ 为每个 $\boldsymbol{U}_i$ 含有下一层指标的个数。

4. Fuzzy AHP 综合评价

结合前述 AHP 法得出的影响因素权重矩阵和隶属度评价矩阵进行综合评价，具体方法：

首先求子准则层指标的综合评价向量 $\boldsymbol{B}_i$，有

$$\boldsymbol{B}_i=\boldsymbol{w}_1\times\boldsymbol{R}_i$$

式中：$\boldsymbol{w}_1$ 为子准则层影响因素权重矩阵，高校后勤绩效评价系统中准则层因素数为 5，因此 $i=1,2,3,4,5$。

形成准则层评价矩阵：　$\boldsymbol{B}=(\boldsymbol{B}_1,\boldsymbol{B}_2,\cdots,\boldsymbol{B}_n)^{\mathrm{T}}$

求决策层评价向量：　$\boldsymbol{C}=\boldsymbol{w}_2\times\boldsymbol{B}$，此处 $\boldsymbol{w}_2$ 为准则层影响因素权重矩阵。

利用 $f=\boldsymbol{C}\times\boldsymbol{S}^{\mathrm{T}}$(其中 $\boldsymbol{S}=(50,60,70,80,90)$)，得到评价的最终得分，比较评价集，最终给出对高校后勤的绩效评价。

五、应用验证

根据上述的算法，利用 VC 编制了高校后勤绩效评价系统软件，软件主要包含评价数据库与 Fuzzy AHP 计算模块，评价数据库由高校后勤绩效评价因素集构成，系统管理员按层次法原理根据需要构建和调整评价的层次及评价指标；Fuzzy AHP 模块依据数学模型进行指标运算处理。

软件系统界面如图 2 所示，在用户界面中输入权重评价数据，系统按 AHP 自动计算出评价指标的权重值，当不修改评价因素集时，权重值可重复利用。当对高校后勤绩效进行评价时，通过指定参与评价的专家数，若干个专家按百分制对评价指标进行打分，系统根据模糊映射程序自动计算，结合指标权重值得出对参评后勤企业的综合评分。

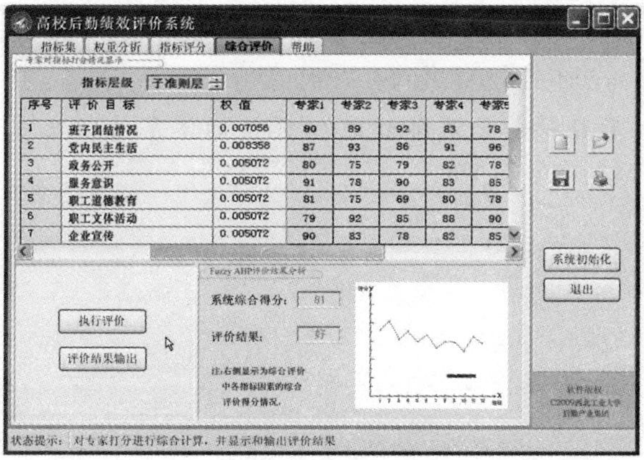

图 2　高校后勤绩效评价系统界面

六、结论

高校后勤具有企业性质，但不同于普通竞争型企业，通过利用 AHP 法，对影响高校后勤绩效的指标进行分析，建立合理的评价指标体系，确定指标权重，结合 Fuzzy 理论，采用降半梯形分布隶属度函数把各等级评语的边界模糊化，建立了定性指标的科学量化转换模型，实现了定性问题的定量处理。通过编制评价软件实现了对高校后勤绩效多层次递阶结构的多级模糊评价，具有自动化处理、科学性和可信度较高的特征。

参考文献

[1]　赵翠. 企业绩效评价体系研究[D]. 石家庄：河北大学，2007.

[2]　Prasuraman A, Zeithaml V A, Berry L L. Servqual: A Multiple-Item Scale for Measuring Consumer Perceptions of Service Quality[J]. Journal of Retailing, 1998, 64(1): 12 - 40.

[3]　蔡继梅，顾平. 构建第三方物流企业服务质量评价体系的研究[J]. 铁道经济研究，2009(3)：42 - 45.

[4]　冉承新，凌云翔. AHP—Fuzzy 在仿真系统可信度综合评价中的应用[J]. 计算机仿真，2005，22(8)：59 - 61.

[5]　Zeki Ayag R G Özdemir. A Fuzzy AHP Approach to Evaluating Machine Tool Alternatives[J]. Intell Manuf ,2006(17): 179 - 190.

[6]　关志民，陈兆春，潘德惠. 基于模糊多指标和 TOPSIS 方法的连锁门店

服务质量评价[J]. 东北大学学报:自然科学版,2006,27(2):225－229.

[7] Saaty. Decision Making, Scaling, and Number Crunching[J]. Decision Science, 1989(20):404－409.

[8] 陈军.高校后勤社会化改革绩效评价指标体系的研究[J]. 科技进步与对策,2001(12):13－15.

理工科院校文科科研评价机制探析

崔华华　任敏敏

摘　要　确立科学合理的文科科研评价机制是文科自身健康发展的需要，而在理工科院校，由于对文科在认识上的不足，科研评价机制存在严重缺陷，在很多方面延用自然科学的指标和评价方法，这就违背了文科科研发展的规律。因此，对理工科院校的文科科研评价产生弊端的原因进行分析，建立科学合理的文科科研评价机制，改进理工科院校现有的文科评价体系，将有利于促进理工科高校科研管理整体水平的提高。

关键词　理工科院校　文科科研　弹性评价　评价机制

随着我国理工科院校不断地发展，在追求全面建设综合性大学的大环境下，文科科研也取得了显著的成绩。然而，在大多数理工科院校，学校在政策和评价机制上有着明显倾斜，将各自的特色专业作为学校科研发展的重点，但是忽视了文科科研的发展，对文科科研的特征和规律没有全面的认识，在评价机制上存在很多弊端，这直接影响了文科科研工作者的积极性和创新性。因此，正确地认识文科科研的特点，在理工科院校构建合理的文科科研评价体系，对理工科院校文科科研成果的转化和应用，实现社会效益和经济效益方面具有现实意义。

一、文科科研的特点

科学发展观强调的是人与自然、社会的协调发展，因此高校科研建设中必须注重自然科学研究和人文社会科学研究的协调发展。不论是从时代的发展还是从理工科院校生存的角度来看，当前加强理工科院校的文科科研发展都是十分必要的。而要使理工科院校文科科研健康发展，建立科学的文科科研评价机制是必要条件，而要实现这个目标，必须把握文科科研发展的特点。

首先，文科科研价值具有潜在性和间接性。理工科的科研主要针对的是实物研究，致力于器物层面上的研究，其研究成果一旦投入实际使用，直接作用于社会生产活动，转化为直接生产力，就会产生直接的社会经济价值。而作为主要研究人的社会行为和社会现象的文科科学与之相比，其主要任务是揭示各种人类社会现象的本质及其发展规律，研究也主要侧重于人的思想、意识和精神世界以及社会组织、结构等社会现象及其发展、运作的客观规律。从社会角度来讲也并不能直接体现出文科科研成果的经济价值和社会效益，其社会价值潜在性和间接性，一般很难直接转化为经济效益，为社会创造利润。文科科研成果的主要转化途径是通过各种传播媒介，潜移默化地将新观点、新思想传播给人们，从而逐渐影响人们的价值观念、思维方式和生活理念。

其次，科研过程具有多样性和歧义性。由于文科科研的主要内容是复杂的社会生活，社会在不断地发生变化，研究对象具有较大的或然性，内在的发展规律也是难以捉摸的，加之研究者个体对事物认识上的差异性，研究角度的多样性，其研究成果也是千差万别，各持己见。而理工科科学研究的自然科学的理论却是以具有可控性和可操作性的实验为基础，被证实或者被证伪。这就是检验理论基础相对薄弱的文科科研所不具备的条件，因而就大大限制了对文科科研成果的检验，并很难对其进行科学的评价，使得研究环境相对复杂的文科科研的评价标准也变得复杂起来，所以其评价也就不能像自然科学研究成果那样进行精确和缜密的数据测定，而是要随着时间和实际情况的变化而采取不同的视角去研究。

再次，文科科研成果具有预见性和滞后性。人类认识真理的过程是波浪式前进、螺旋式上升的，是一个循序渐进的过程，在一定的历史条件下，人的认识是受到历史条件制约的，因而对文科科研成果的社会效益的评价也具有相对性和滞后性。文科科研活动的展开是依据特定的历史条件，分析当前社会现状，对未来某种事物的发展做出的具有预见性和创新性的研究。因此，文科科研成果的社会效益，更是需要在实践中检验，经过反复的实践才能被认可，很多时候其研究成果需要一代人甚至几代人才能看到。例如，我国首届“中华人口奖”获得者，我国经济学家、著名人口学家、北大校长马寅初先生，在1957年7月发表在人民日报上的《新人口论》，提出控制人口的建议，在当时那个敏感的时代，这一论断却受到了严厉的批判，被认为是无稽之谈，荒谬至极。但是那些责难马寅初的人却没有料到，《新人口论》遭批判的深远影响，直到二十多年后“计划生育”成为基本国策时才显现出来。因此，文科科研在解决社会现实问题的能力上要弱于理工科科研，但并不意味着文科科研成果不能产生社会效益，其对经济社会发展的推动作用需要在更长的历史时期中才能显现。

二、理工科院校文科科研评价机制存在问题的原因

高校科研评价是对其各项科研活动的实施进行有效的管理、评价和考核的重要手段，具有很强的目的性和导向性。构建理工科院校文科科研评价体

系，首先得针对文科科研的发展状况和自身的特点，建立科学研究的长效考核和激励机制，在其运行和运用的过程中，有效地促进文科科研成果实现本身的价值。但是学界在长期研究理工科院校文科科研评价机制的过程中，总结出大多是理工科院校文科科研存在着诸如“同行评议”“单纯量化”“标准单一”“一刀切”等问题；著名学者刘明在其《学术评价制度批判》一书中也清楚地列举了学术评价定量化取向的八大弊端，并提出“量化评价的尺度量裁之下，势必难辨真伪，误识良莠，这恰是其根本性、致命性缺陷所在。”而这些问题的出现严重影响了理工科院校文科科研工作者的积极性，助长了文科领域一些不良风气，使文科研究成果的质量与数量严重脱节。因此，本文对出现这些问题的原因可以归纳如下。

（一）文科科研定位上的弱势

由于人们长时期存在“重理轻文”的观念，再加上社会生产发展的需要，大多数高校集中主要力量来发展理工科，对文科学科建设的重视不够，造成了高校在文、理科方面发展的不均衡，这在理工科院校表现尤为突出。一方面是对理工科院校文科科研重要性的定位上。多年来，理工科院校的文科教育主要集中在政治理论课的教学上，对于相关科研工作并不重视。文科科研在理工科院校成为专业科研发展的一种陪衬，甚至是可有可无的。另一方面是对理工科院校文科科研作用的定位上，相当多的理工科院校认为发展文科及其科研工作对于学校自身的发展作用不大，这种看法在一定程度上阻碍了文科科研的发展。由于理工科院校对文科科研不够重视，从事文科科研者的积极性也大大挫伤，科研价值得不到认可，自身价值得不到实现，久而久之形成了自卑心理，这种尴尬处境容易造成他们在科研工作上的厌倦、松懈心理。有些科研人员长年不做科研工作，对于申报项目、发表论文无动于衷，久而久之，又形成恶性循环，强化了倦怠心理，更加不利于科研工作的进展。

（二）文科科研经费的投入上存在严重不足

高校科研活动是一项人、物、财等多投入，论文、发明、获奖成果等多产出的复杂活动，对其投入和产出效率的评价是一个复杂的系统工程。尤其是具有特色专业和发展方向的各理工科院校则以其特色专业为学校发展的重点，因此相应的在资金的投入政策上也有一定的倾斜。由于文科专业的弱势，所以也未被纳入重点发展的行列，在资金投入上与理工科专业相差甚远，造成科研经费的紧张，科研成果产出的效率自然处于弱势。因此，当进行科研评价时，仅从科研经费的多少来衡量教师的科研能力的高低和学术水平的高低，这样的价值取向很可能蕴含着很大的谬误，那么在理工科院校，如果将文科教师和理工科教师的科研成果按科研经费的多少来评价，就显得更不合理。这样也人为地造成了同类学校同类专业学科之间的差距，使得文科在理工科学校的发展更为艰难，很不利于学校学术水平的整体提高。

(三)理工科院校科研评价机制主体职责不完善

许多理工科院校设置科技处，其主要责任是负责和管理全校的科研工作，但是在大多数的理工科院校科技处内部对科研成果的评价机构的设置还很不完善。以西北工业大学为例，其科技处设有成果奖励办公室，其职责之一就是负责科研成果考核与奖励，由于该校属于国防类院校，其主要的科研成果评价体系是针对国防科技成果而言的，这就将本来处于弱势的文科科研排除在外，对其发展也没有有效的促进作用；而对于一般的横向科研项目评价，学校科技处也没有建立一个健全、合理的弹性评价机制和指标体系，评价主要由各个学院自主决定，但是他们的评价也是仅仅停留在科研项目经费、科研项目数量以及科研项目来源渠道上，而运用定量化评价的标准，必然导致大量无效劳动、重复劳动，催生大量无意义、低质量的学术次品，筛选出来大量智力快感型和追逐功利型的学术人。

三、建立科学的理工科院校文科科研成果评价机制的对策

高校科研成果评价是高校科研成果管理工作的重要内容，也是高校促进自身发展，提高高校科技成果质量和水平的重要手段。对于理工科院校来讲，建立一个合理的文理科科研成果评价机制是尤为重要的。在以理工科为主的院校，文科处于弱势群体，是经济学中的木桶效应的短板，而理工科院校的科研成果评价标准是针对理工科制定的，文科本身也没有建立完善的评价体系。因此，我们应该从文科的学科特点出发，建立合理的、科学的科研成果评价机制。

(一)提升文科学科定位，文理协调发展

坚持文理科科研协调发展的原则，不仅能促进理工科院校向综合性办学方向迈进，而且有利于人文社会科学与理工科各学科之间交叉渗透，结构优化，择优扶强，培育特色，从而提高理工科院校的办学层次。在以理工科院校作为整体背景来对文科进行学科定位，要理顺理工科院校中文科科研和理工科科研之间的关系，正确认识文科科研在理工科院校的地位和作用。实施相应的智库计划，以充分发挥理工科高校人文社会科学“思想库”和“智囊团”作用为目标，通过整体化、集约化模式，致力于推进人文社会科学研究面向经济社会发展主战场，积极回应国家经济社会发展提出的重要理论和实践问题。

事实上，理工科是经验学科，是研究客观事实或人为事物的学科，而文科在某种意义上是一种价值学科，研究事物对于人和社会的价值或人自身的存在价值。此外，文科科研在理工科高校属于基础研究，基础研究也是纯理论研究，它是人类社会文明和进步的源泉，是经济、社会发展的动力。公共科研投入应优先考虑长期科研，从而为创新营造初期的有利条件，结合本校的特色，在发展优势学科的同时，进一步完善和协调文理科的协调发展，提升整个学校科学研究的方向性、开拓性和可持续发展性。

(二)增加文科科研投入，改善科研条件

科研投入不仅是在资金的投入还有政策上的支持。理工科院校应在加大对文科科研经费投入的基础上，更应该在政策上做出适当的调整，以鼓励和支持文科科研活动的进行；此外应该设立相应的文科科研管理机构，以积极促成文科专项资金和专项课题的统筹协调，对文科进行单独管理，配备专门人员，建立学科带头人负责制，以学科为中心，项目为基础，积极打造科研团队。同时学校应加大对文科科研的经费投入，设立各种类型的校内科研项目，对纵向课题在经费上予以一定配套，鼓励科研人员申报项目。如西北工业大学于2002年设立基础研究办公室，后来增设基础文科办，并把文科科研发展作为学校发展规划的主要内容，在资金和项目来源上也给予文科科研发展相应的政策建议和方针建设，协调和鼓励文科科研的发展，取得了积极的成效。

(三)完善科研评价机构职责，采用弹性评价机制

作为以理工科为主的高校，要建立科学的科研成果评价机制，首先得对科研评价机构的职责做进一步的完善，对于重大项目和一般项目建立不同的评价标准，并根据文科和理工科的学科差异，分别对其进行多层次分类评价，在学科内根据不同类型科研情况进行评价指标、评价区间的设定，对每一层次从不同的部门以不同的指标进行综合评估。同时，在理工科院校的文科科研评价体系中，要注意将定性、定量和延时评价相结合，注重定性评价；将经济效益评价和社会效益评价相结合，注重社会效益评价；内部评价与外部评价相结合；公开评价和盲评相结合；数量与质量相结合等科学弹性评价机制。这些都是由文科成果的特点所决定的所建立的长效的约束机制和激励机制。质量是学术研究的生命，创新是繁荣人文社会科学的灵魂。因此，应在理工科院校建立科学的文科科研评价机制，调动从事文科科研工作者研究社会问题的积极性，在提升科研质量的基础上取得更多的创新型成果，为创新型国家的建设做出应有的贡献。

四、结语

理工科院校文科科研评价机制问题为学术界所广泛关注。研究理工科院校的文科科研发展,是推动其研究事业持续健康发展,激励科研人员提高科研水平、努力创新的重要方面,是提高高校科研管理水平的重要手段。理工科院校作为国家创新的重要基地,其在人文学科研究方面的发展还存在着不足,主要是因为文科科研的非定量化、非公式化,社会经济效益的时滞性,产生价值的潜在性,这都给文科科研评价指标的科学确定带来了很大的难度,随着越来越多的研究者加入到理工科院校文科科研评价方法和评价标准的探索中来,其评价体系将会逐步完善,这将有助于我国文科科研的创新,我国高校的文科科学研究将会越来越繁荣。

参考文献

[1] 邹华,刘雷.科技评价论[M].沈阳:东北大学出版社,2008.

[2] 刘明.学术评价制度批判[M].武汉:长江文艺出版社,2006.

[3] 陆根书,刘蕾.教育部直属高校科研效率评价研究[J].西安交通大学学报:社会科学版,2005(2):75-79.

[4] 李洁,徐放.大力发展理工科院校文科教育[J].交通高教研究.2004(5):21-23.

[5] 王凯.新经济下OECD国家的科技和创新[J].全球科技经济瞭望,2001(8):45-47.

以科学发展观为指导，探索一流学院建设的政策和管理体系研究成果

李华星

近年来，国家航空事业大发展，为航空学院的发展提供了契机。航空学院作为西北工业大学的主干学院，根据学校深入学习实践科学发展观活动的指导思想、总体要求和主要目标，以科学发展观为指导思想，"突出'三航'特色，建设一流学科、一流学院、一流大学"，对促进学校相关学科发展和一流大学建设起着承上启下的重要作用。

一、一流航空学院的衡量指标、内涵与特征

(一)衡量指标

课题组通过对比国内外一流学院，总结出一流航空学院应该包含下述衡量指标。

(1)学科水平：学院所属学科群的整体水平、主干学科的水平和新兴学科的生命力等；

(2)师资队伍：学术大师(院士级)，学科带头人队伍的质量与数量，骨干教师队伍(教授与副教授)，青年教师队伍等；

(3)高质量人才培养的能力：优秀毕业生的质量与数量，教学体系与手段的完备程度，目前的就业率，教学成果与教学基地等；

(4)科学研究能力：基础研究与创造知识的能力，参与国家重大科技工程的能力，重大科研成果，科研经费的总量，纵向科研经费的比例等；

(5)国际合作程度：国际学术交流，国际合作项目，留学生质量与数量等；

(6)学院的管理水平：决策水平，执行力，凝聚力，文化氛围等。

(二)内涵与特征

根据以上衡量因素，一流航空学院的内涵与特征如下：

(1)拥有 2～3 个紧密相关的国家级重点学科构成的学科群，同时拥有1～2 个王牌学科，拥有与国家经济建设和国防建设密切相关的新兴学科；

(2)拥有一支以学术大师(院士)为引领，以长江学者特聘教授为带头人群

体,以一批博士生导师和教授为骨干,以一大批具有博士学位的青年教师为后继队伍的高水平的师资队伍;

(3)所培养的学生(含博士、硕士、学士)在国内外航空及相关领域具有突出贡献和重大影响力,能培养出全国百篇优秀博士论文获得者,拥有国内一流的教学基地与教学手段,有国家级的教学成果和教学名师,毕业生在所属行业中认同度高、就业率高;

(4)持续获得国家级科研成果的能力强,能够作为重要力量参与国家重大科技工程,科研经费的总量高,纵向科研经费比例高;

(5)在国际学术界有话语权,能承担同领域国际合作项目,能培养留学生且水平高;

(6)学院的整体决策水平高,整体执行力强,学院整体凝聚力(特别是对学科带头人、博导和教授的凝聚力)强,文化与民主氛围好。

经与一流航空学院的内涵相比,我院的优势与差距主要有以下几方面。

(1)学科群水平及存在问题。我院目前拥有飞行器设计和固体力学两个国家重点学科,流体力学为国家重点学科的培育学科,载运工具与运用工程学科为国防主干学科,飞行技术、适航技术与管理为国防特色学科。

对照一流学院关于学科方面的内涵,可以看出,由飞行器设计、固体力学和流体力学国家重点学科或者国家重点学科(培育)构成的紧密相关的学科群在飞行器机体设计方面整体力量强。王牌学科为飞行器设计,在国内处于准领先地位,在国际上也有一定影响。载运工具与运用工程学科、飞行技术、适航技术与管理基本上是由以上3个国家重点学科衍生而成,属新兴学科,生命力较强。

该方面存在的问题:①如何尽快将流体力学国家重点学科(培育)建成真正的国家重点学科。②如何将飞行器设计学科建成国内的强一流学科,使其成为国内外公认的王牌学科。③目前新兴学科的覆盖面不够,如何针对国家经济和国防建设,扩展新的生命力旺盛的学科,使学院能够长盛不衰。

(2)师资队伍水平与存在问题。关于我院在师资队伍建设方面的详细分析笔者已在“航空学院师资队伍现状分析与对策”调研报告中详细叙述与分析,这里只进行简要分析。

我院目前没有自身培养的院士,现有长江学者4名,长江学者讲座教授1名,教授38人,博导33人(不含校外兼职博导),副高55人。

该队伍的优势:以长江学者特聘教授为带头人的群体力量较强(少于北航,多于南航);有一批博士生导师和教授,有一大批具有博士学位的青年教师。

该队伍存在的问题:①博士生导师和教授的数量不足(与北航相当,少于南航);②35～45 岁在国内有影响力的青年学者相当缺乏;③35 岁以下青年教师水平有所恢复,但数量尚不足;④如何建立一支高水平的实验技术队伍还没有切实可行的办法。

(3)人才培养水平与存在问题。我院在人才培养方面成绩非常突出，目前在航空领域发挥主导作用的领导与技术骨干所占比例远高于同类的北航和南航。“飞行器设计与工程”本科专业目前是教育部重点专业,国防重点专业和陕西省名牌专业。“航空科技复合型人才培养创新试验区”目前是教育部唯一的航空领域创新人才培养试验区。“飞机设计课程”教学团队是国家级教学团队。

优势:我院在人才培养方面应该说是国内最好的,这一点也得到国内同行和高校的基本认同。

存在问题:①实验教学条件急需改善,特别是老 503 区搬迁后有特色的实验教学条件没有得以恢复,已经成为制约我院教学水平的主要因素之一。②培养方案、课程设置、课程内容的更新与科学化急需加强,相当一部分课程的内容还沿用 20 世纪 50 年代苏联的教材内容,严重老化。教学手段也需要创新。③在新形势下,考虑学院可持续发展的专业设置与招生规模需要审慎论证。④研究生教育中各学科课程设置的合理性和科学性需要重新审视。⑤研究生教育中如何发挥好教师的主导作用,切实搞好面对面教育是需要解决的突出问题。⑥部分教师和导师的敬业精神需要提高等。

(4)科研能力与存在问题。近几年来,我院的科学研究水平出现了持续提高的趋势,主要表现:①科研经费由 2003 年的 1 700 多万增长到 2007 年 6 400 万和 2008 年的 5 000 万。随着国家航空领域几个重大项目的立项研制,估计我院的科研经费总量在若干年内仍将会在较高水平上。②参与了“大型飞机科技工程”国家重大专项,并且作用突出。参与了“高分辨率对地精确观测系统”国家重大专项,为重点项目的牵头单位。在国家“863”和预先研究项目中的一些项目形成了特色,例如“临近空间飞行器螺旋桨电推进系统”“旋转机翼概念与关键技术”“抗鸟撞与冲击动力学”“扑翼微型飞行器技术”等。③以国家自然科学基金为先导的基础研究与关键技术研究水平大大提高。近几年我院国家自然科学基金的获批项目年均 5～7 项,2008 年达到 9 项。自 2005 年来我院纵向科研项目的比例都在 60%以上。

存在问题:①自 1997 年来,我院一直没有国家级科研成果(仅有省部级一等奖 3 项(含 2 项合作项目)),目前这个问题已经是影响我们学院科研上水平的最大问题。②高水平论文还很少。近年来我院的学术论文数量和质量均有较大提高,特别是开始在 AIAA Journal, Aircraft Journal,国际计算流体力学期刊上连续发表文章,特别是已开始成规模地在世界航空科学大会等高水平学术会议上宣读论文,但是这与我们制定的一流航空学院的目标还相差很远。特别是流体力学和固体力学学科这两个基础性学科在国际高水平期刊上发表论文的数量已是突出问题。③研究方向过于集中,科研整体状况与国家航空形势的相关性太强,没有形成明显的拓展方向与领域。④部分教师还仍然热衷于以解决经济问题为主的“打工型”科研方式。

(5)国际化程度与存在问题。在国际化程度方面,我院目前的状况是有较大进展,但离一流航空学院的要求差距不小。形成这种局面的原因一方面是因为我院的国防特色的制约,同时也存在很严重的认识上的问题。

好的方面:①近几年我院在国际学术界的影响力有所提高,例如我们连续2届组团参加世界航空科学大会,有近30篇论文在会议上宣读。②我院目前承担国际合作科研项目3项,表现良好。③培养出我校2位第一批获博士学位的留学生。④有一个“111”基地,在引智和国际学术交流方面表现突出。

存在的问题:①学院上下对国际合作对建设一流航空学院的作用的认识不够,没有形成全院上下重视国际合作的氛围。②利用国际合作拓展培养青年教师的力度不够。③没有举办过有影响的国际学术会议,同时在国际学术交流组织中专家也很少。

(6)学院级管理水平与存在问题。与以前相比,我院的整体决策水平和执行力较以前有很大提高,这一点可以从学院最近在大型客机项目中的整体表现和较圆满完成老三研区、老503和老504区拆迁任务和学院策划组织的较大规模活动(70年校庆活动、保密资格审查认证、本科教学评估等)中看出。学院级的文化建设活动也有声有色,取得很好成绩。

存在问题:①如何发挥教授们在学院发展中的主体作用,增强决策水平和凝聚力方面有待加强。②如何解决系的职能定位,进一步提高执行力。③如何在继续加强院级文化建设的基础上,搞好系级文化建设,院网站建设任务很重。④如何提高学院行政管理人员的水平尚没有很好的办法。

二、建设一流学院的针对性政策体系

根据以上分析,以下3个突出问题急需解决,除此之外,对于其他需要在一段时间内解决的问题的方法和措施也进行了初步的思考。

1.师资队伍建设中的突出问题解决对策

针对以上查找出的问题,初步提出以下解决思路:①院士目前以双聘引进为主;②以培养重大科研成果为目标建设创新团队(4位长江学者的创新团队已有倾斜政策)，并实施团队负责人自主招聘优秀人才计划；③35～45岁的学术带头人要以引进为主，同时加强培养目前在职人员中的优秀者，希望与国际合作处和人事处共同制定相关的学术带头人引进计划；④35岁以下人才以培养与引进并重的方式；⑤建议学校专门研究工程技术人员的质量提高及系列化配套问题；⑥希望学校开辟一些培养渠道提高管理队伍的质量；⑦经过多轮反复讨论，已形成面向海内外的高水平人才招聘第四稿并已在网上公布。

2. 建立教授委员会发挥教授群体在学院决策中的作用

教授是学科和学院的主体，在新的形势下要搞好一流学科和学院建设，充分发挥教授们的作用显得至关重要。但是，长期以来一直没有一个好的机制能做到这一点。

为发挥教授在教学科研的主体性作用，决定成立航空学院教授委员会。教授委员会的主要职责：讨论与学科和学院发展密切相关的政策、规划与举措，并提出相关建议；成立：学科建设领导小组、研究生教学与培养指导分委员会、本科生教学与培养指导委员会和学术交流分委员会。设教授委员会办公室及专职秘书，按年度或学期计划开展相关工作，将教授委员会的活动经费列入学院专门预算。

目前已基本完成教授委员会简章的制定与讨论，各分委员会的主任和副主任的人选也已基本确定，待时机成熟时将召开教授委员会成立大会，正式开展工作。

3. 确定了系的服务性质的职能和新一届系级领导班子的换届原则

2003年学校院系调整后，学院原单位的飞机系和民航学院在定位、管理方式上等都有相当大的差异，因此学院下面所设的作为学校明确的一级组织与管理机构的5个系的作用很难充分发挥，主要原因是系的职能和职责一直很难明确。

结合以上问题，学院经过讨论和征求部分教授们的意见，提出以下解决措施：①关于系的定位问题。教学由学院统管，系的主要职能是，协助学院进行教学科研活动中的日常管理，在教学科研方面为教授和教师服务，协助学科带头人搞好学科建设工作，系下面可以设以科研为主的实体研究所(需经系、院批准)。②新一届系领导换届的原则。能协助学院完成教学科研活动中的日常管理工作，为所在系的教授和教师服务，能配合学科带头人完成学科建设工作，年轻化(系主任年龄一般不超过40岁，系副主任年龄一般不超过35岁)。

目前该项工作已经正在抓紧进行，预计六月底全面完成。

需要指出的是第2和第3项措施是围绕同一个关键问题，即通过制度和体制的改革创新提高学院的决策水平和增强学院的执行力，从而提升学院的管理水平。如果这两项措施能切实实行,学院的管理水平可以期望上一个台阶,为未来发展打下坚实基础。

4. 关于其他一些重要问题的解决思路

(1)重大科研成果的培育问题。梳理出一批可能的国家奖后备对象,进行学院层面的组织和跟踪,明确各时间段的工作方向和重点,并且给予特殊的扶持政策。该方面已安排科研口制定相应的行动方案。

(2)关于增强学院的国际化问题。为加强学院的国际学术交流、扩大国际科研合作的渠道、通过国际交流方式培养青年教师队伍、举办有影响的国际会议,计划在学院成立国际合作部。具体实施方案正在论证。

(3)关于学院发展环境的进一步改善问题。重点发展和中国商飞、一飞院、成都飞机设计研究所和沈阳飞机设计研究所的关系。今后的工作重点是在与611所的合作关系上下大力气,以配合我院在未来战斗机领域重点发展的需要。

(4)教学实验条件的改善问题。积极向学校反映,解决拆迁实验室的恢复场地和经费问题,同时利用国防重点学科专业的投资,建设一流的教学实验条件,在"航空科技复合型人才创新实验区"的基础上,力争建设国内最先进的国家级教学实验基地。

三、建设一流学院的科学管理机制和组织保障措施

(一)学科建设的保障措施

1. 落实学科带头人负责制

全面贯彻落实学校的学科带头人负责制。在学科方向的把握、学科建设经费的投入和使用、学科建设梯队的搭建等方面给予充分的政策倾斜。积极探索学科带头人和优秀创新团队紧密结合的学科建设和人才组织模式,努力消除学科壁垒,从政策和制度上加以引导,改变"散兵游勇"式科研工作模式。在给予学科带头人相关配套政策的同时,明确学科带头人在学科建设和发展中的责任和义务,化压力和责任为动力,实现我院"十二五"期间承担的学校"4+4+6"学科建设中的相关任务,为我校航空宇航科学与技术学科、力学学科进入国家一级重点学科做出贡献。

2. 设置学科助理岗

我院从2008年起实施了学院的学科助理岗制度,从相关学科中选拔出1名青年教师协助学科带头人完成学科建设中的各项建设任务。"十二五"期间将进一步落实该举措。这一举措使得学科带头人可以从一些烦琐的事务中解脱出来,能够在学科建设方向把握、学科建设投资的安排上投入更多的精力,

而且为青年教师的发展提供了一个很好的平台，促进了接班人的培养。

3. 学科建设指标与建设经费挂钩

为了提高学科建设经费的适用效率，提高全院教师参与学科建设的积极性，学院出台了学科建设指标与建设经费挂钩的实施办法。

4. 在津贴分配办法中重视学科建设工作

为了促进学科建设工作的推进，体现相关教职员工在学科建设实施中的工作付出，学院在津贴分配办法中为学科建设工作量制定了详细的核算办法。

(二)师资队伍建设的保障措施

1. 实施学院高水平人才引进计划

根据国家航空及相关领域的发展需要，以及学院发展需要，2007 年开始面向海内外公开招聘教授等高水平学者和教师，取得了良好的效果。

该计划分学科招聘和长江学者团队招聘两部分，面向海内外招聘学科带头人/正副教授/博士后/具有博士学位人才。学科招聘包括飞行器设计学科、流体力学学科、固体力学学科、载运工具运用工程学科、综合技术与控制工程系以及本科教学实验中心，基本涵盖了学院所有学科方向。长江学者团队招聘计划主要围绕一流创新团队建设目标，根据团队研究方向所制定。

2. 定向公派留学生选留计划

学院将实施定向公派留学生选留计划，与现有的“学科推荐、学院评审推荐”和学校的“选留公派研究生补充师资队伍”的两种师资选留方式互为补充。

根据学院未来发展的需求，与学校教育实验学院合作，在教育实验学院二年级和三年级学生中，每年选拔 5～8 名品学兼优、愿意将来在我院从事教学科研工作的学生，赴国外著名大学攻读硕士与博士学位。

拟派学生研究方向的确定主要考虑学院学科未来及急缺的发展方向，学院各学科可以根据未来发展需求，提出所选拔学生的研究方向建议，经学院选拔与管理小组讨论后确定每位拟派出学生的研究方向。

所选派学生出国国家、学校、专业和指导教师由学院统一安排。每位派出学生都安排一位学术水平高的教授为业务联系教授，业务联系教授负责学生的业务咨询与指导。

派出学生完成学业并拿到博士学位后，学院师资队伍建设与学科建设领导小组按正常的留人程序进行考察，合格后报学校推荐留校。

3. 实施学院“新人新事新方向”培育计划

为加强青年教师培养，为今后发展培养学术带头人和学科带头人，学院于 2011 年开始实施“新人新事新方向”培育计划，每年支持 8～10 名青年教师开展新方向研究，由教授委员会作为此计划的咨询指导机构。

(三)科研的保障措施

1. 形成学院重大成果培育计划

由学院组织领导,对长江学者科研团队与知名教授科研团队重大成果进行选择培育,从教师队伍、条件保障等各方面提供各种保障措施,同时在学科建设中给予一定的经费倾斜。凡以学院为第一成果单位,获国家级科技成果奖或省部级科技成果一等奖的完成人,学院在学科建设和津贴方面给予大力倾斜。

2. 形成本领域高水平论文的指导目录

建立学院各学科高水平论文的指导目录,提高基础学科和交叉学科论文发表质量。对于在学院认定的高水平论文指导目录上发表论文的第一作者在年度考核时给予奖励。

3. 重大科研成果与学科建设投资挂钩

对取得重大科研成果和列入重大成果培育计划的相关学科,在学科建设过程中进行投资倾斜,以保证重大成果的顺利完成。接受学科建设投资的项目负责人保证在3～5年内,在学院认定的高水平论文指导目录上发表一定数量论文。同时,根据各个学科方向给予的学科建设投资强度,保证在3～5年内获得省部级以上的科研奖励,达到学科建设投资力度的核算金额。否则该学科今后再申请学科建设经费时应给予从严把关。

4. 建立交叉研究中心与实体性研究所

在学院统一领导下,以长江学者和知名教授科研团队为主体,与相关研究机构合作,建立交叉研究中心与实体性研究所,学院从政策和学科建设方面给予倾斜。

5. 在津贴分配办法中重视科研工作

建立津贴分配与科研挂钩政策,实行多劳多得,鼓励重大成果申报、各类基金申报和发表高水平论文。学院制定专门的政策,对于重大成果的获得者、各类基金承担者及高水平论文作者在津贴分配中予以奖励。

(四)人才培养的保障措施

1. 实施主干课程教学团队方式

改“单独授课”为团队模式,由经验丰富的教师与青年教师组成团队,协同讲授代表我院专业特色的主干课程。团队统一安排教学任务,教师之间互相听课、取长补短。2010年已开设29个教学团队,近百人次教师参加。各方面反馈信息说明团队模式的教学质量有显著提高。今后学院将继续总结经验、积极探索,进一步完善教学团队模式。

2.教授值周

目前我校处于"新老校区并存"状态，我院一半的本科学生在新校区学习与生活，而我院的教学工作的主体仍在老校区。新校区的学生由于远离学院主体，对专业设置、课程安排、考研升学、工作就业等问题，不能很好地与学院沟通，学院也难以及时掌握他们的学习与生活状况，这种情况如果长期持续将对教学工作造成很不利的影响。因此学院计划在"十二五"期间推行教授值周制度，每周安排两名教授常驻新校区值班，及时掌握新校区学生的动态，帮助他们解决学习、生活等方面的疑问，实现两个校区的良好沟通。同时在新校区授课的教师特别是青年教师也可以向值周教授寻求教学工作方面的咨询和帮助。

3.加强课堂教学，加强基础教学实验室建设

通过以下措施加强课堂教学工作：

(1)推行教师听课制度。要求教师定期旁听其他教师的授课，实现我院教师在授课方法、教学经验方面的交流，从而使课堂教学效果获得整体提高。

(2)继续推行教学督导工作。由有经验的老教师观摩青年教师授课并给予指导，从而发挥对课堂教学的监督与促进作用。

(3)经常性开展教育教学方法研讨会。由教授委员会委员、各系教学主任、教师和学生代表参加，就专业课教学内容、教材选取、教师授课特点、学生的学习感受等方面开展研讨，为课堂教学的改进提供指导。

(4)完善本科生教学质量评定及满意教师评选办法，以便鼓励教师进行教学方法改进创新、提高教学质量。通过"国家航空实验教学示范中心创新能力拓展提高"项目，全面提升飞行器设计与工程及其他专业的教学条件，特别是基础实验室条件、综合能力及创新能力培养条件。

4.发挥复合型人才培养实验区作用，培养复合型人才

吸引学生参加实验区的学习和研究，力争每年完成2～3架新概念飞行器样机，引导学生独立完成从设计、加工、装配、调试到试飞的全过程，使学生全面掌握多学科知识，提高多种专业技能的综合运用能力，并鼓励学生用所设计的飞行器参加国内外飞行器创新比赛，将学生培养为既会设计研究又能动手实践的复合人才。

5.发挥创新基地作用，培养创新能力

培养学生的创新能力，鼓励学生开展自由探索。扩大本科生毕业设计创新团队规模，由目前的每年20名学生逐步扩展为每年50人左右，吸引更多教师加入，固定10～20名教师担任创新基地长期指导教师。完成创新基地过去几年成果的总结，探索培养学生创新能力的新模式。

(五)实验室建设的保障措施

1. 实验技术队伍建设

针对实验室队伍学历结构偏低、专业知识结构不合理的现状,尽快设立实验室人才的准入制度。坚持固定编制和流动编制结合的原则,提高用人效率。强化现有实验室队伍的专业知识培养,提升实验水平,建立长效的育才机制。明确实验室人员的岗位职责,建立多种形式的激励机制,充分发挥主观能动性和积极性,建立合理的用才机制。

2. 实验室管理机制改革

加快建设公共资源与大型仪器设备的共享平台,建立新的经费投入机制和效益共享机制。设立大型设备开放共享基金,制定合理的分配办法,建立大型仪器设备绩效考核评价体系和效益共享机制,完善开放、共享、高效的实验室管理运行机制。

3. 加强与其他单位合作,共建实验室

在国家级实验室和工程中心的申报和建设过程中,积极探索与相关国家大型企业和研究所的合作之路。我院将积极与中国商用飞机有限责任公司合作,努力促成"民用航空器安全与保障工程"实验室的联合建设;积极与中国试飞院合作,努力促成"试验飞行器验证平台"的联合建设。

(六)国际合作的保障措施

进一步发挥学院国际合作部作用,协调全英文教材建设、全英文授课、国际化教师培养等方面的工作,顺利完成我院承担的国际化培养模式改革任务。

加大国际化教学投入,每年选派优秀青年教师出国进行国际化教学师资培训。搞好国际化班(含研究生班)的试点工作,在成熟时机推广,逐步增加学院留学生数量和生源质量。对参与国际化培养模式改革的教师在工作量的核算、职称的晋升等方面给予一定政策倾斜。

加强与 TU Delft 等大学的交流合作,增进互派交换生,互认学位等国际合作。加强优秀国外教材引进工作,继续推进 AIAA 系列丛书的翻译、双语教材等工作。

(七)发挥党组织的引领保障作用,提升学院文化建设水平

1. 加强党建和思想政治工作

认真贯彻落实《中国共产党普通高等学校基层组织工作条例》以及落实全国高校党建工作会议精神,以科学发展观为指导,坚持用中国特色社会主义理论体系武装头脑,建立学习型院系组织。

坚持党政联席会议讨论决定重要事项制度,认真执行民主集中制度,充分

发挥院教授委员会和院工会作用，保证学校和学院决定的重大事项得到贯彻和落实。

充分发挥院系党组织的保证监督作用、战斗堡垒作用以及党员的模范带头作用，继续开展好“争先创优”活动、“建功立业”活动以及学生党员“三个一”工程，保证学院各项事业使命发展。

2.加强学院文化建设

按照胡锦涛总书记提出的“高校必须大力推进文化传承创新”要求，积极发挥“文化育人”作用，进一步搞好学院网站建设，营造浓厚的“服务航空、献身航空”的人文环境和文化氛围，从精神和文化上激励全院师生员工为振兴航空做出更大贡献。

3.进一步发挥教授委员会的作用，推进学院民主决策与管理

2009年，学院成立了教授委员会。教授委员会下设学科建设与师资队伍建设领导小组、本科生教学与培养指导分会、研究生教育与培养指导分会和学术交流分会。教授委员会通过研讨形成建议与方案，组织开展相关活动，极大地促进了学院的学科建设，提高了学院教学和科研工作的水平，推动了学院国际和国内学术交流，已经在国家级实验教学中心申报与建设、教育教学改革、学院“十二五”规划起草中起了举足轻重的作用。

学院将结合一流学院建设中需要的体制和机制改革，吸收优秀青年教师参加教授委员会，进一步发挥教授在发展规划、学科建设、专业建设、师资队伍建设、科学研究、教育教学、实验室建设等重大事务中的作用，推进学院的民主决策与管理。

委托代理关系下高校医院服务质量提升的绩效评估

薛　华　程晓鹏　陈雪彬　巨安丽　高培国

摘　要　本文给出了影响医院服务质量的原因和内外部制约因素，探讨委托代理关系下提升医院服务质量的绩效评估体系。利用绩效评估理论和相关方法，分析了医院绩效评估的现状并给出了优化流程。实施过程中以某高校校医院为研究对象，在获取一定调查统计样本的基础上，通过混合评价模型和360度考核办法，提高医院质量管理水平。混合评价模型和360度绩效评估考核办法对提升医院管理水平有一定帮助。

关键词　委托代理　服务质量　绩效评估　360度考核

面对转型期的中国经济发展，各行各业的“硬件”和“软件”都在快速提升，体现在医院管理方面就面临着“软件”的滞后，而医院的服务质量跟不上就导致了一系列的问题出现。深究其原因，更多的在于管理水平落后和评价系统的不完善。本文以此问题为导向，力图从“委托代理”的视角重新看待久而未决的现象，试图通过问题产生的致因要素和系统机理给出医院服务质量的绩效评估体系和实践的验证，全面地提高医院的服务质量水平。

一、委托代理理论及其关系下的服务质量

委托代理关系广泛存在于经济活动领域中，它描述了一种信息不对称条件的契约关系。在这种契约下，它是一个人或一些人(principal)委托另一个人或一些人(agent)，根据委托人利益从事某些活动，并相应地授予代理人某些决策权的契约关系。委托代理关系在现实生活中处处存在。在医疗活动中，医院作为委托人，把完成工作任务，实现医院的职责委托给员工，而员工在一定程度上肩负着医院的委托，是实现医院职责的代理人，因而医院与员工也就成了实际的委托代理关系。委托代理关系下普遍存在信息不对称和激励不相容问题，由此可能导致逆向选择和道德风险两种后果。道德风险(moral hazard)是指当事人签约后，代理人一方拥有私有信息，在这种情形下，代理人就可以通过隐藏自己的行动和信息而获利。逆向选择(adverse selection)是

当事人签约前存在信息不对称，代理人知道自己的状况而委托人不知道，在信息传递中代理人选择某种信号显示信息状况，委托人感测到信号后与代理人签约。而两种后果都会导致不利于委托人（医院）目标的实现。

米切尔·科洛吉尔把机会主义描述为人们在任何情况下都利用所有可能的手段获取它自己的特殊利益的倾向。员工作为一个利益主体，有着自己的利益偏好和目标函数，在现实生活中会从自身的利益出发，表现出“经纪人”的机会主义行为倾向，因此会影响服务质量。世界银行经济学家曾指出，公立医院出现的效率低下、患者不满、资源浪费、人才流失等问题往往由公立医院的特性所引发，其特点是不能根据医院的绩效进行赏罚，缺乏改变医院行为的有效措施，结果造成了医院缺乏改善运行绩效的动力和手段的制度环境。因此，可以说绩效评估标准是设计激励机制的一个基础环节。只要存在委托代理关系就要求有激励约束机制，激励机制要求有绩效评估标准，而绩效评估标准不仅影响到激励机制的构建，而且影响到激励机制所带来的后果，影响服务质量。

高校医院隶属于各个学校，是政府实行一定福利政策的社会公益性行业职工医院，是我国医疗卫生事业的重要组成部分。高校医院的特性，表现为其运行过程中没有竞争的压力，由于委托代理关系的客观存在，内部员工的创新能力、潜力发挥受到制约，因此高校医院急需建立一套有效的绩效评估方法来提高服务质量。

二、绩效评估理论

绩效评估是对员工的工作成果、工作中的行为及工作态度，依据事先制定的标准予以评估，有效的绩效评估一方面能促使员工完成规定的任务，另一方面它能激发员工个人潜能的发挥，提升员工素质，使员工达到更高的绩效水平。

随着社会经济的不断发展，现代管理理论的不断完善，绩效评估的主要方法有评级量表法、等级择一法、述职鉴定法、平衡记分卡、关键绩效指标法、360度绩效管理等，绩效评估方法比较如下：

(1)评级量表法：对员工在每一考核因素上的情况做出评判和记分，最终得出结果。优点：简单明了、操作性强。缺点：员工之间缺乏可对比性，评级档次没有明确的规定，使评判主观性强。适用对象：事务性工作。

(2)等级择一法：根据规定的“等级内涵”做出单项选择。优点：各评价档次规定明确，使操作性加强，效度提高。缺点：考核工作量大，考核结果没有量化，无法统计分析。适用对象：操作性工人的绩效评估。

(3)述职鉴定法:岗位人员做述职报告,在上级、下级、平级间评议。优点:内容详细,可以为相关主管部门提供重要的信息和依据。缺点:自我鉴定描述,主观性强,难以独立地作为考核结果。适用对象:企业中高级管理岗位。

(4)平衡记分卡:从客户角度、内部流程角度、学习与发展4个方面来反映单位的整体绩效。优点:消除了仅以财务指标作为考核指标的单一性,使考核系统与控制系统完美结合。缺点:难以把战略业务单位实体考核与个体考核衔接起来,难以确定平衡记分卡中所含的各个指标的权重,很难适用于个人。适用对象:经营实体。

(5)关键绩效指标法:从定量和定性两大类指标考核。优点:单位绩效指标的设置与单位战略挂钩,确定出单位级关键绩效指标。缺点:对某些职位关键绩效指标的设计比较困难,没能提供一套完整的对操作具有指导意义的指标框架体系。适用对象:非知识性员工。

(6)360度绩效管理:从不同层面的人员中收集评价信息,从多个视角对员工进行综合反馈评价的方法。优点:考核全面,促进组织成员彼此之间的沟通与互动。缺点:导致部门主义,信息处理困难。适用对象:适用于契约型社会。

(7)目标管理:由员工和管理人员共同制定目标。优点:有助于改进工作效率,而且还能够使单位的管理者根据迅速变化的竞争环境对员工进行及时的引导。缺点:反向式控制管理,容易导致对质量的忽视;单纯追求利润目标,靠账面数字管理单位;总目标可能与员工个人目标产生冲突。适用对象:既适用于对个人业绩的评估,也适用于对部门业绩的评估。

三、高校医院服务质量现状及绩效评估的流程调查

1.对某校医院收集的一些医疗数据和学生进行问卷调查见表1。

表1 校医院近五年的工作量统计

年 份	门诊/人次	急诊/人次	入院/人次	手术/人次	治愈率/(%)
2006	101 435	15 583	1 234	55	71.98
2007	120 606	24 339	1 505	79	70.15
2008	146 077	32 359	1 332	120	58.44
2009	162 569	31 284	1 110	110	57.16
2010	159 599	27 167	986	81	59.96

以校医院的服务范围覆盖约8万人次计算，年人均就医次数就不足2次，住院的治愈率偏低。结合问卷调查的数据看，医院服务质量好评率仅为81%。学生就医的次数较少，仅有40%对医护人员工作效率基本认可，50%认为医护人员的服务态度还可以接受，仅有23%的调查人员认为校医院的医疗条件能满足自身医疗需求，53%认为新校区医疗设备落后，急救能力不足，90%的学生认为校医院收费合理。

目前高校校医院在绩效评估服务质量管理上，通常采用的是聘期内月考核与年度考核相结合的方式，以求提高校医院的服务质量。

月考核的实施方法为，当月由各科室主任和护士长，依据医院综合考核标准中本部门的具体标准，针对每位员工具体工作表现情况，在月末召开的考核分析会上，进行汇报分析，经过讨论形成考核决议。

年度考核内容包括了思想表现、职业道德、工作态度、履行岗位职责情况，重点考核聘期工作目标完成情况和工作业绩。考核结果分为优秀、称职、基本称职、不称职，考核结果计入人事档案，作为岗位聘任、职称晋升、津贴发放等的依据。

这种绩效考核评估存在的缺点：目标过于单一，注重的只是管理方面的目的，忽略了绩效评估对于员工个人发展方面的作用；评估者的选择不恰当，病人、被评估者本人及其同事被排除在外，评估的结果不够全面、公正、客观；评估绩效的反馈不够；主观性强，难以对指标进行统计。易导致医护人员工作积极性不高，吃大锅饭、混日子、出勤不出力、服务意识差、要待遇不讲奉献、缺乏与医院共同发展的思想难以扭转。

2.改善绩效评估提升服务质量

结合高校医院目前的服务现状，在制定绩效评估政策的过程中应注意员工的自我参与，病人意见的影响度，绩效考核结果的反馈及工作改进。

(1)绩效评价指标的确定。通常绩效评价指标分为两类，评价结果指标和过程导向的评价指标。其中作为结果的评价指标通常只有4类：质量、数量、成本和时间，见表2。

绩效评估中要重视与医务人员的沟通，让他们参与其中。具体说就是与医务人员共同制定考核标准，在服从医院目标和医疗规范的前提下，使医护人员更清楚其含义并努力去达到，然后在月底或年终绩效评估结果出来时，对照他们的表现与制定的标准是否一致，若有差距，则一起分析其原因，一起商讨达到目标的方法，其改进的流程如图1所示。

表 2　绩效评价指标分类及解释

绩效评价指标	解　释
评价结果指标	质量:病历、处方等达到的比率和患者满意度、治愈率 数量:用医护人员的劳务量来衡量 成本:医疗成本 时间:治愈时间
过程导向评价指标	履行工作岗位职责的胜任力

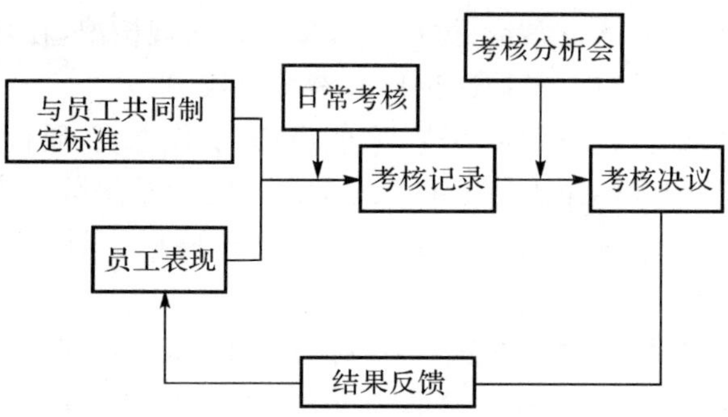

图 1　改进后的评估流程

(2)绩效考核方法的选择。校医院目前的服务质量问题主要是员工参与度不够,评价主体不全面和不具备反馈机制,采用 360 度绩效评估方法可以有效地解决这些问题,这种方法能够使受评者全方位认识到自身期望与实际情况的差距,并以此制订个人发展计划。根据校医院的实际,选择科室主任、同事、患者和行政及护理人员 4 个维度考核即可,这种考核半年或一年评估一次,每个指标可分为 5 个等级,按照李克特五级量表打分最后算出一个得分,相互比较,将此作为奖励薪酬的一个依据。同时结果的反馈对员工在以后的工作中如何提高个人绩效水平具有很重要的启示。表 3 为校医院进行 360 度绩效评估的评估指标。

其中如临床水平等一些指标可分解为几个具体的,根据实际灵活采用。对自身评估可通过述职报告的形式,患者评估可通过与师生的沟通,发放调查表,了解他们对医疗服务的满意程度和建议。另外在制定评分标准过程中应使各评估指标可量化,以便于统计,尽量消除主观因素。

(3)注重绩效评估结果的反馈。根据弗罗姆(V. H. Vroom)的期望理论和调查分析充分体现出了绩效反馈的重要作用。因此人事部门在考核结果出来之后，应尽快与员工交谈，告知其结果，包括员工的成绩、失误、缺点、优点，应该改进哪一方面。谈话时，一定要有理有据，举出事例，使员工易于接受。允许员工倾诉自己的苦衷和理由，也可以适当地提出对工作安排、方法的要求和建议。这样可以使员工心服口服地认同考核结果，同时正视自己的工作绩效，知道自己下一步应该努力的方向。

表 3　360 度绩效评估的评估指标

评估组成部分	评估项目
自身评估	临床水平、医患沟通与帮助患者、个人职业管理
患者评估	人文关怀、诊疗室环境、信息沟通、疾病诊治的核心(如解释病情、治疗手段、用药)、诊疗程序及技术环节(如告知测试结果、查询有效记录、安排复诊、健康教育)、发生紧急情况的反应速度、服务态度
同事评估	临床水平、促进患者社会心理健康、人文关怀与医患沟通、个人职业管理
护理及行政人员评估	人文关怀与医患沟通、协同合作、同事之间沟通

四、总结

绩效评估是服务质量工作的保障。更加合理公平的绩效评估，并且及时加以反馈，对管理目标与医护人员个人发展都予以重视，这样医疗服务质量才能不断提高，同时医护人员的满意度也能不断提高，形成互相促进的良性循环。这样的组织充满人性的氛围，其绩效水平能够长期保持高水平。

参考文献

[1] Jensen，Meckling. Theory of the Firm：Managerial Behavior，Agency Costs and Ownership Structure[J]. Journal of Financial Economics，1976，10(3)：308－309.

[2] 刘泰洪. 委托代理理论下地方政府机会主义行为分析[J]. 北京：中国石油大学学报：社会科学版，2008，1(2)：41－42.

[3] 庄一强，刘兵. 医院面临的形势与发展思路[J]. 中华医院管理杂志，2001，17(9)：537－539.

[4] Gilliland S W，Langdon J C. Creating Performance Management Sys-

tem That Promote Perceptions of Fairness [M]. Jossey Press, 1998:168-169.

[5] 张大川.人力资源管理实务中新方法的比较研究[J].经营管理者,2008,14 (1):69-76.

[6] 加里.人力资源管理[M].北京:中国人民大学出版社,1999 :89-90.

下　　篇

高等教育教学改革

实施“创先争先”工程
培养创新型拔尖人才

闫育周　王玉玲

摘　要　学风建设是一所大学改革和发展永恒的主题，更是一所大学可持续发展的生命线。西北工业大学通过在班级和学生中广泛开展“创建先进班级，争当先进个人”，即“创先争先”优良学风建设导向工程，把年终评比改为全年全员争创，加强了优良学风的过程控制，探索和实践了高校学风建设和人才培养的新途径。

关键词　学风建设　创先争先　人才培养

党的十七大指出“优先发展教育，建设人力资源强国”。《国家中长期教育改革和发展规划纲要》中也明确指出，要牢固确立人才培养在高校工作中的中心地位，更加注重提高人才培养质量，培养创新型拔尖人才。西北工业大学根据国家对高校人才培养的总体要求，努力探索新形势下学生工作的新途径和新方法，开展了一系列有效的创新实践。自 2005 年起在全校广泛开展“创建先进班级，争当先进个人”即“创先争先”活动，这项优良学风导向工程已取得了丰硕成果。

一、主动适应形势发展，积极探索高校学风建设新途径

学风建设是一所大学改革和发展永恒的主题，更是一所大学可持续发展的生命线，学风状况的优劣直接影响着人才培养的质量。在当今经济全球一体化形势下，大学生群体不可避免地向多元化和复杂化发展，大学生中依然存在着学习态度浮躁、治学不严谨、学习方法不科学等现象。

为改变高校学风建设现状，近年来，西北工业大学针对学风建设所存在的问题以及“三好”学生和奖学金评选中存在的过程不透明、制度不公平等现象，进行一系列特色鲜明、针对性强、成效显著的探索和实践，通过坚持开展“创先争先”工程，构建体系、搭建平台、规范制度，把年终评比改为全年全员争创，加强创建优良学风的过程控制，有效发挥了“三好”表彰的导向作用，大学生由“评优”变“创优”、由“被动”变“主动”。在 2007 年学生工作会议上，“创先争

先"工程作为新时期学生工作中实施的"六大工程"之一列入了学校党委工作的总体规划。通过近5年的动员、试点、总结和推进,"创先争先"学风建设导向工程已成为我校优良学风建设的品牌工程,激励了广大"三航"学子努力进取、争当先进,在校园内掀起了"比、学、赶、帮、超"的热潮。

二、构建体系,搭建平台,精心组织实施"创先争先"工程

为了保障"创先争先"工程长期有效的开展,学校采取了一系列有效措施,精心搭建了"创先争先"工程的管理推进体系、自我测评体系和考核认定体系,扎扎实实推进"创先争先"工程全面开展。

1.加强过程控制,实行校、院、班三级管理推进体系

(1)健全组织领导,凝聚创先合力。我校专门成立了由校领导牵头的学风建设"创先争先"工程推进领导小组,负责顶层设计、检查落实、总结提炼和经验推广。主要领导先后多次听取"创先争先"专项工作汇报,并在近5年学校工作要点中,明确将"创先争先"工程列入学校的一项重要工作来抓,并先后制定了一系列"创先争先"规章制度。

(2)强调过程,推进三级管理。为确保该活动的有效开展,学校加强了"创先争先"工程的过程控制,按照校、院、学生班三级管理模式,明确责任、齐抓共管、形成工作网络。

(3)广泛深入动员,扎实有序推进。每年学校都要召开"创先争先"工程动员大会,并将"创先争先"工程列入学校学生工作重点。各学院逐个年级召开大班会,教导员、辅导员分别召开小班会,对"创先争先"工程进行多层次、全方位的宣传动员。通过深入动员,统一思想,提高认识,为"创先争先"工程深入开展奠定了良好基础。

(4)及时总结经验,扩大建设成果。学校每年定期组织召开"创先争先"总结大会和"三好表彰"大会,总结新鲜经验,推广特色做法,肯定成绩,表彰先进,同时召开研讨会,就"创先争先"工程实施过程中存在问题和工作方法进行研讨,及时解决"创先争先"工程实施过程出现的问题。各学院针对不同年级制定"创先争先"工程具体目标,根据各年级特点树立身边典型,总结经验,广泛宣传,不断扩大"创先争先"工程效果。

2.以学生为主体,创建大学生综合素质测评体系

"创先争先"工程的出发点和落脚点是通过抓学风建设提升学生的综合素质,因此综合素质测评是"创先争先"工程的重要内容。学生素质综合测评的内容和成绩由客观指标体系测评成绩及评议指标体系测评成绩两部分组成,按照定性评价和定量测评相结合、静态考查和动态监测相结合、考评具体化和

自我考评相结合、群众考评和各级组织考评相结合、考评工作过程正面教育为主的5项原则进行。

通过学生综合素质的自我测评，实现了对学生的思想教育、行政管理与学生的自我教育、自我管理相结合，不仅能够准确、及时、客观地了解学校育人效果，而且可以促进学校与学生、学校与家长、学生与社会的沟通和交流，使教育者和被教育者都做到心中有数，使对学生的奖励、惩罚等更有科学依据，达到学校创新型拔尖人才的培养目标。

3. 以评促建，搭建科学合理的“创先争先”工程考核认定体系

学校先后出台了“创先争先”工程活动指南、学生奖励办法等一系列具体的实施细则，从“创先争先”活动申报表的填写到公开答辩的PPT文件格式，从评委提前审阅申报材料到现场打分依据，从现场学生观众的组织到评委提问的要点等方面来规范评选的程序和标准，使得整个评选过程在为优秀学生搭建充分展示自己舞台的同时，又对广大学生进行了一次富有深刻教育意义的活动，科学合理地搭建了“创先争先”工程的工作体系和指标考核体系。

在“创先争先”工程实施过程中，学校和各学院加强了对活动的监督和考核，对落实情况、活动效果、存在问题等方面定期检查，对开展工作细致深入、工作方式有创新、效果好的单位和个人及时给予肯定和表扬。每学年还组织“创先争先”工程总结表彰大会，对全校活动开展情况进行全面总结，对在“创先争先”工程表现突出的集体和个人进行表彰奖励。通过评比考核，激励全体学生共同进步，起到了以评促建的作用。将各学院“创先争先”工程实施情况和工作效果纳入到每年一度的学生工作先进学院的评比表彰中，确保了“创先争先”工程始终能吸引各学生班和学生广泛参与。

三、以“创先争先”工程为抓手，全面推进学风建设上水平

“十一五”期间，学校先后有1546个集体、50 359名个人参加了此项工程。涌现出一大批“全国先进班集体”和“全国三好学生”。通过创建产生了校模范班级51个、校级先进班级773个、三好学生标兵140人、优秀学生干部标兵140人、校级三好学生和优秀学生干部15 486人、院级三好学生和优秀学生干部18 207人，越来越多的学生通过此项活动而获益。广大学生遵守校纪校规的自觉性明显增强，考风考纪优良，考试作弊等违纪事件大幅减少。在“创先争先”活动开展过程中，涌现出大量的典型人物和典型事迹。

2008级博士生张娇霞参加“创先争先”活动之前，学习勤奋努力，其论文被评为“西北工业大学校级优秀硕士论文”，但是所取得的成绩只限于学校。2009年参加“创先争先”活动仅一年时间，先后在国际顶尖级学术刊物上发表

高影响因子论文4篇,在国内核心期刊发表论文13篇(9篇被SCI或EI索引),并获得学校提供的8万元“博士论文创新基金”资助。张娇霞同学以全校公开答辩第一名的成绩获得“研究生三好标兵”,并同年获得“宝钢奖学金”。《中国教育报》2009年11月20日头版头条以张娇霞等学生为例,报道了西北工业大学创新型拔尖人才培养的经验做法。

航天学院优秀学生邵楠,从大一入学聆听了优秀学长的精彩答辩后便加入了“创先争先”活动,参加活动两年中,学习认真刻苦,连续两年保持了年级专业第一的成绩,并先后在“国际数学建模比赛”“全国大学生信息技术大赛”中获奖,并通过全校公开答辩荣获校“三好学生标兵”称号。

保送至清华大学直接攻读博士学位的理学院2005级本科生杨昊炜同学,入学之初,自我约束力较差,缺少奋斗的方向和目标,成绩也不够理想。“创先争先”活动将杨昊炜同学作为试点对象,给其提供了与高年级优秀学生交流的机会,在交流中,杨昊炜同学发现了自己的不足,为自己制定了“主动学习,全面领先”的学习理念,通过努力争创,他不仅成功担任了院学生会主席,而且在“创先争先”活动中连续三年综合测评成绩名列前茅,先后多次获得优秀学生干部标兵、特等奖学金,国家奖学金、专项奖学金等荣誉。功夫不负有心人,2009年杨昊炜同学获得“全国三好学生”称号。

在先进集体创建过程中,航空学院01010502班学生学习态度积极向上,学风优良。通过“创先争先”活动,该班树立了“以诚待人,踏实求学;互助共勉,永争第一”的班训,在班训的鼓舞下,全班同学思想上积极向上,学习上你追我赶,大一学年期末考试全班无一人不及格,班级平均学分积为82;全班25人100%通过大学英语四级考试,72%通过大学英语六级考试。毕业前该班保研率高达52%,上研率达80%,就业率达100%,三项指标均居全校小班第一。该班先后获得校“模范班级”“五四红旗支部”,并于2009年获“全国先进班集体”称号。

“创先争先”形成的优良学风促进了优良舍风的形成。自动化学院2004级本科某女生宿舍,宿舍7人全部参加了“创先争先”活动,在参加“创先争先”过程中,7人互相鼓励、互相学习,7人全部加入了党组织。宿舍有5人连续3年获得一等奖学金,1人被评为校“三好学生”标兵,宿舍连续3年被评为校“最佳宿舍”。宿舍学习风气浓厚,舍风和谐融洽,本科毕业时,有6人被保送攻读研究生。

类似的事例还有很多。“先志不息,博学致知;公诚勇毅,矢志笃行”,西北工业大学“创先争先”活动正是这样,以一种激励的方式,鼓励学生争当先进,不断进取。

四、"创先争先"工程是优良学风建设的一项新举措

1."创先争先"工程是高校学风建设的有效抓手

根据学生工作的总体思路和"创先争先"工程的目标要求，学校制定下发了《西北工业大学学风建设"创先争先"工程实施方案》，科学合理地搭建了"创先争先"工程的工作体系。按照动员宣传、申报立项、组织实施、中期检查、答辩交流、总结表彰的工作流程（见图1）在全校范围开展"创先争先"活动，形成了一整套闭环式的工作流程。通过扎实开展"创先争先"，不仅使广大学子受益，而且使我校学风建设工作的整体受益，也使得人才培养的质量有了大幅度的提高。

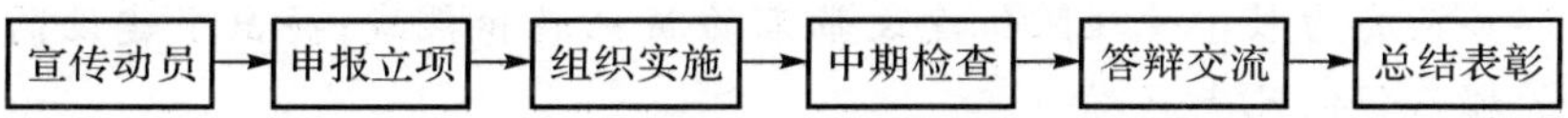

图1　"创先争先"工程流程

2."创先争先"工程较好地实现了大学生"自我教育、自我管理和自我服务"

"创先争先"工程的核心是通过身边鲜活的先进集体、先进个人的事迹带动、引导广大学生进行自我教育、自我管理、自我服务，激发其主观能动性，使"要我做"变为"我要做"。"创先争先"工程，使同学们共同受教育、长才干、做贡献，不断收获创建过程中的成功和喜悦。

3."创先争先"工程为学院学风建设提供了广阔的舞台

"创先争先"工程通过公开答辩、表彰大会、事迹报告会和编印学子风采事迹手册等形式多样的活动，把广大集体和学生吸引组织到活动中来。各学院为了落实"创先争先"工程的实施效果，根据自己的专业特色和学科优势，大胆创新学风建设工作方式，"百花齐放，百家争鸣"，开展了"阳光早读活动""免监考活动""勤学四十天""优才惠生"工程等各具特色的主题活动，取得了显著的成效。

参考文献

[1]　王伟忠.新形势下高校学风建设长效机制的探索与实践[J].教育与职业，2008(5):48－50.

[2]　吴启茂.新时期高校学风建设存在的问题及对策研究[J].学校党建与思想政治教育，2006(10):54－55.

[3]　魏广东，蒋文云，刘凌.大学生学风现状及对策研究[J].高等教育研究，2007(3):34－36.

高水平大学教学管理队伍建设的研究与思考

鲁卫平　王润孝　支希哲

摘　要　本文围绕高水平大学必须有高水平的教学管理,高水平的教学管理必须依靠高素质的教学管理队伍,分析了当前高水平大学教学管理面临的新形势及其为教学管理队伍建设带来的新机遇和挑战;提出了建设高素质教学管理队伍的几点思考。

关键词　高水平大学　教学管理　队伍建设　研究与思考

高等学校提高教学质量除了要有大批优秀的教师工作在教学第一线,知名学者、教授为本科生上课之外,还必须高度重视教学管理。教学管理是高等教育管理的重要组成部分,是使高校教学活动高效有序运行的重要保障,直接关系到人才培养的质量、教学建设的水平和学校办学的社会声誉。高水平大学必须要有高水平的教学管理,高水平的教学管理必须依靠高素质的教学管理队伍来实现。

一、高水平大学必须有高素质的教学管理队伍

高水平大学有其共性和个性的特征。所谓"高水平",就其共性来说,必须有一流的学科、一流的师资、一流的研究能力和一流的科技转化能力;必须有较强的科技创新精神和能力,基础研究和应用研究并重,能够独立解决国家和社会重大发展问题,能为国家和社会未来发展不断准备知识和人才;大学本身必须是可持续发展的;大学必须是国际化的,要得到国际公认;人才培养必须注重把知识培养和素质培养相结合。高水平大学的个性特征是指大学应该具有自身的特色和风格,有较强的独立精神,在某些学科领域达到国际一流水平,具有代表性,有划时代的巨大贡献等。与高水平大学特征相适应的必然要求是高水平的管理。

(1)高水平管理是高水平大学重要特征之一。世界高等教育发展的经验表明,高等学校要办出水平和特色,成为一流的大学,无不高度重视管理,把管理放在学校工作的突出位置。世界一流大学的立校之本是有一套科学的行之

有效的管理制度、高效的管理机构、高素质的管理队伍。国内外知名的高水平研究型大学的基本特征之一就是“具备高水平的管理”。高水平的管理始终是以先进的管理理念为指导，以完善的管理制度为保障，通过高效的管理机构和高素质的管理队伍，科学运用各种有效管理手段来实施的高效管理，其直接体现为管理的有序化、信息化、规范化和科学化。高水平大学毫无疑问地应该具备高水平管理。高水平管理既是建设高水平大学的前提，又是高水平大学的重要特征之一。

(2)高水平教学管理是高水平大学管理最集中的体现。高等学校是实施高等教育的社会组织，同时具有行政属性和学术属性，这就决定了高等学校的管理具有学术管理和行政管理双重性。教学工作是学校经常性的中心工作，作为学术管理内容之一的教学管理在高等学校管理中占有特别重要的地位。从教学管理业务的科学体系或工作体系来说，可以概括为 4 项管理：教学计划管理、教学运行管理、教学质量管理与评价和教学基本建设的管理；从教学管理职能的角度看，主要包括“决策规划、组织指导、控制协调、评估激励和研究创新”。高等学校教学管理的基本任务：研究教学及其管理规律，改进教学管理工作，提高教学管理水平；建立稳定的教学秩序，保证教学工作正常运行；研究并组织实施教学改革；努力调动教师和学生教与学的积极性。教学运行管理是按教学计划实施对教学活动的最核心、最重要的管理，包括以教师为主导、以学生为主体、师生相互配合的教学过程的组织管理，以及以学院教学管理人员为主体进行的教学行政管理。教学管理的内容、任务和职能表明，教学管理是使教学活动顺利进行的重要保证，是大学管理水平最直接的体现。

(3)高水平教学管理需要高素质教学管理队伍。教学管理是以教学管理队伍为载体来实现的。教学管理队伍作为高校教学工作正常运转的组织者和推动者，承载着各种教学信息汇总、传送和决策调控的职能，在教学运转体系中居于中枢地位，在教学改革、制度建设、教学研究等决定学校教学工作整体水平方面发挥着主力军作用。教学管理队伍的思想素质、业务能力、工作作风和服务意识，不仅直接体现为管理能力、服务水平的高低，而且关系到学校教学工作能否顺利开展。教学管理队伍的整体素质决定着教学管理水平，高水平教学管理必然需要高素质的教学管理队伍。高素质教学管理队伍应该具有高尚的职业道德、高水平的管理决策能力、精通教学各个环节与过程，应该具有现代管理理念和国际化视野，重视教学管理研究和教学管理信息化建设，管理创新意识强。

二、当前高水平大学建设与发展面临的新形势为高素质教学管理队伍建设带来了新机遇和挑战

进入21世纪以来,我国高等教育已经从规模的扩大转变为内涵的发展,高等教育改革和发展取得了新成就,站在了一个新的历史起点上。从宏观上看,我国高等教育面临着实现由高等教育大国向高等教育强国转变的新形势,建设高等教育强国必须重视建设高水平大学,建设高水平大学离不开高水平教学管理。从高等教育面临的新需求、发展的新目标、发展方式以及评价方式等方面来审视高等教育,也面临着许多新情况。特别是多样化、个性化教育的需求日益成为主导性教育需求,创新人才培养成为高水平大学新的培养方向;各种教学改革措施的实施在有效促进教学质量提高的同时,也对高校教学管理工作提出了更高的目标和要求。毋庸置疑,高水平大学建设与发展面临的新形势新情况使得教学管理面临着新要求,承载教学管理工作的教学管理队伍也同样面临着新机遇新挑战。

1. 高水平大学建设与发展面临的新形势对教学管理提出了新要求

(1)适应人才培养模式的改革,首先应转变教学管理理念,创新管理方法。需求产生动机,管理理念改革创新引领管理工作思路和方法创新,面对新形势新要求,高水平大学要创新人才培养模式,改进课程体系、课程内容、教学方法和手段,适应现代化建设对人才的多样化需求,特别是对创新型人才的需求,必须首先要转变传统的教学管理理念和方法。

(2)办学规模的扩大和各种教学改革项目的实施带来的工作量急剧增加要求教学管理更加科学高效。扩招导致的学生人数的增加,以及教育部启动实施的本科教学工作水平评估、本科教学改革与质量工程等,无形中大大增加了教学管理工作量,这就要求教学管理必须提高水平,追求科学高效。

(3)教学管理手段的信息化要求教学管理过程更加规范、公开透明。计算机及网络技术的发展为教学管理信息化提供了良好条件,教学管理信息化手段的广泛应用,加快了教学管理规范化和现代化进程,各类教学信息统一整合在教学信息化平台,有效提升了管理效率和水平,各级管理人员、教师和学生可以通过这个平台按照授权随机获取所需要的教学信息;也可以快速反映对教学工作的各种意见、建议,这就要求教学管理运行更加精细,管理信息更加准确、公开、透明。

(4)高水平大学面向国际化的办学要求使得教学管理工作面临着新的机遇和挑战。高水平大学国际化标志之一就是建立与国外大学的密切联系,有能力招收一定规模的外国留学生到本校培养,聘请外籍教师来本校任教,开展

国际学术交流活动，同时选派本校学生赴国外大学学习交流。这些工作的开展必然为教学管理带来新要求，包括制定留学生培养方案、选派教师、组织教学过程等，促使教学管理者必须具有国际化视野，在教学管理理念、管理方法等方面能够与国际一流大学接轨。

2.面临新形势教学管理队伍存在着不相适应的方面

高校教学管理队伍分为学校和学院两个层次、教学管理决策和管理执行两个层面。管理决策在学校层面上主要包括主管校领导、教务部门以及相应的教学机构，学院层面上主要包括院长、教学副院长以及相应的教学机构；管理执行层面主要包括教务部门各科室成员和学院教学秘书、教务员。客观分析当前高水平大学教学管理队伍现状，在管理决策层面和管理执行两个层面都存在着与面临的新形势新要求不相适应的方面。

在教学管理决策层面上主要表现为管理投入不足，管理决策能力和水平相对薄弱。教学管理决策队伍中的主要成员大多是“双肩挑”干部，既承担教学科研、学科建设任务，又从事教学管理决策，时间和精力有限；教学管理责任心强，工作热情高，但往往疲于应对各种日常具体事务性工作，对教学管理中出现的新情况新问题把握不够及时准确，研究不够深入细致，缺乏管理理论的支撑和管理实践的锻炼，考虑问题习惯于按部就班，依靠传统理念和经验从事教学管理，难以从高层次、多角度思考教学管理，开展管理创新。

在教学管理执行层面上主要表现为管理能力偏低，创新意识不强。各级专职或聘任的教学管理人员，学历层次、管理经验参差不齐，个人素质和业务能力、敬业精神差异较大；既没有系统学习教学管理理论，也很少有机会参加教学管理培训，还欠缺现代教学管理理念，对教学管理制度学习不够、理解不深、执行不力，习惯于完成一般事务性工作，习惯于传统工作思路和方法，不注意研究教学管理新情况新问题，不注意创新工作方法，不注意提升教学管理水平；管理方法简单，责任意识不强，管理效率不高。

造成这种现状的原因是多方面的，既有客观原因，也有个人主观因素。客观层面上主要是学校对教学管理队伍建设重视不够、关心不够，缺乏有效的保障机制，缺乏教学管理人员准入制度；日常工作布置多，管理培训安排少。主观层面上主要是一些教学管理人员进取意识不强，缺乏动力和压力。

3.教学管理队伍建设面临着新机遇和挑战

面对新形势新要求，高水平大学教学管理队伍面临着新机遇和新挑战。能不能适应这个机遇提出的新要求，对教学管理队伍来说是一种新的挑战；抓住这个机遇，迎接挑战，适应新形势新要求，创新教学管理理念、方法和思路，对每一个教学管理人员来说都是严峻的考验。因此必须重视并加大教学管理队伍建设力度,着力建设教学管理理念先进、管理业务精湛、创新精神强的高素质教学管理队伍。

三、高素质教学管理队伍建设的几点思考

当前高水平大学教学管理队伍建设,必须站在高等教育发展新起点上,着眼于建设高等教育强国和创新型国家的历史使命,着眼于开阔的国际化视野,着眼于提高高等教育教学质量,把高素质教学管理队伍建设作为学校重要工作,与高水平师资队伍建设放在同等重要的地位,采取切实有效措施,确保建设高效、精干、高素质的教学管理队伍。

(1)建立科学选拔任用机制,确保管理人员素质。建立教学管理干部任职资格制度和教学管理人员准入制度,选拔管理能力强、教学业务熟练、精力充沛、开拓创新意识强、综合素质高的教师和管理人员充实到教学管理队伍;健全岗位责任制,明确岗位职责,明确工作要求;完善考评及激励机制,表彰奖励工作业绩突出的教学管理人员,并与职称、职务晋升有机结合,保证有效提升教学管理队伍整体素质。

(2)加大培养培训力度,多渠道提升教学管理人员水平。改变以往工作中"重教学、轻管理,重使用、轻培养"的现象,既重视教学管理队伍的管理实践,又要在管理实践过程中关心教学管理队伍建设,提升管理水平。通过建立有效的培养培训机制,组织教学管理干部培训、挂职交流、组团考察、境外学习等方式,学习借鉴国内外高校先进的管理理念和管理经验;采取开设高等教育管理理论培训,开展工作经验交流、教学管理研讨,组织工作调研等多种形式,以期使教学管理人员开阔视野,夯实理论基础,丰富工作经验,改进工作方法,提升管理理念,提高管理队伍的素质、能力和水平,提升教学管理水平和管理创新意识。

(3)重视对教学管理队伍的管理,强化管理责任意识和育人意识。管理出效益,管理出质量。教学管理队伍作为一支重要的管理力量,同样需要加强管理。学校、有关职能部门和学院领导负有对各级教学管理人员进行管理的职责,除了建立健全各种机制外,还必须通过有效管理和人文关怀,强化各级管理人员的管理决策能力、管理责任意识、管理育人意识、管理服务意识和团结协作精神,改变以往育人意识淡薄、管理素质欠缺、管理责任淡漠的状况,进一步提升教学管理队伍的凝聚力和管理效率。

高素质教学管理队伍建设是一项长期而艰巨的工作,建设高素质教学管理队伍是高水平大学发展的必经之途,必须树立建设一流教学管理队伍的理念,采取切实可行措施,才能有效建设高素质教学管理队伍。

参考文献

[1] 李颖.10所国内著名大学校长纵论,世界高水平大学应该什么样[N].中国青年报,1999-12-7.

[2] 李斌.钟志华委员建议加快建立高水平高校管理体系[EB/OL].[2008-03-11]http://www.gov.cn.

[3] 王成云.论世界一流大学的基本特征及形成规律[J].开放教育研究,2002(5).

[4] 刘元芳,林莉.国内外知名的高水平研究型大学:概念和特征[J].大连理工大学学报:社会科学版,2002,23(3).

[5] 丁烈云.基于流程再造的高校管理改革探析[J].北京:中国高等教育,2008(19).

[6] 高校院系自主建设与规范化管理实用手册[M].北京:中国教育出版社,2006.

高校学风建设现状分析及对策研究

王玉玲　翟淑萌　刘　伟　陈　磊

摘　要　学风是一所学校的灵魂，学风建设是高校发展永恒的主题。本文通过问卷调查，分析当前高校学风建设现状，并针对学风建设中存在的问题，从思想教育、制度建设、教风保障和文化氛围的角度，提出了加强学风建设的对策，探索高校优良学风建设的新思路和新途径。

关键字　学风建设　现状　研究　对策

一、高校学风建设的内涵和重要性

"学风"在《辞海》中解释为"学校、学术界或一般学习方面的风气"。大学学风从广义上讲就是学校师生员工在治学精神、治学态度和治学原则等方面的风格，也是学校全体师生知、情、意、行在学习问题上的综合表现，从狭义上讲就是学生在对待学习这个问题上的思想态度和行为表现，主要包括学生的学习风气、学习目的、学习态度、学习行为的综合表现。在本文中，笔者主要探讨狭义的学风。

学风建设是一项具有战略意义的人才工程，是高校教育质量、管理水平、学习氛围、治学精神和育人环境的综合体现，是培育大学精神和大学文化的保证，是构建和谐校园的重要条件。学风建设是高校发展的脊梁，更是学校建设的重中之重，学风建设对高校人才培养有着重要的影响，对学校的长远发展意义深远。

全国高校学风建设会议强调，高校要加强学风建设，塑造大学精神。教育部副部长李卫红指出："各级教育行政部门、各高校要坚持以立德树人为根本，充分认识学风建设的长期性、艰巨性、复杂性，把学风建设放在更加突出的位置，旗帜鲜明、坚定不移、切实担负起学风建设的社会责任。"教育部副部长赵沁平也指出："学科建设是学校的龙头，学风建设是学校的根本。"现代大学主要有三大职能，即人才培养、科学研究和社会服务，而培养高水平的人才是大学的根本任务，学风建设直接关乎高校培养的人才质量。在市场经济条件下，随着高等教育大众化快速推进和大学办学规模的不断扩大，办学资源不足、师资力量匮乏、生源素质不均衡、毕业生就业困难等问题日渐凸显。在此背景下，为了提高大学人才培养的质量、提高学校可持续发展的核心竞争力，加强学风建设就显得尤为重要。

二、当前高校学风的主要现状分析

近年来，我国高等教育事业发展迅速，育人环境得到很大改善，营造了良好的学习氛围，学风建设的整体情况良好，但是，仍存在着一些不容忽视的问题。笔者通过随机发放问卷的调查方式，以西北工业大学为例，对当前高校的学风状况进行了简单分析。

在本次问卷调查中，调查对象为在校一、二、三年级本科生，共发放问卷490份，回收有效问卷402份，有效率82%，涉及我校3个学院15个专业。其中男生占74.13%，女生占25.87%，符合我校理工科学生的特点。大一、大二、大三学生所占比例为10.6%，60.1%，29.3%，其中党员占31.34%，学生干部占35.32%，符合学校党员分布和干部比例的特点(见表1)。问卷内容涉及学风建设中的考风、班风、舍风等问题，数据全面、翔实，基本符合我校学生实际。虽然本文的数据分析是以西北工业大学为例，但设计的问卷调查内容在全国高校内具有普遍性，因此调查问卷的分析结果具有一定可信度。现将调查结果做下述分析。

表1　大学生学风现状调查问卷发放情况汇总表

问卷人数	回收份数	性别		家庭住址		政治面貌		学生干部
		男	女	农村	城镇	党员	群众	
490	402	298	104	262	140	126	276	142

1.学风状况整体良好，大多数学生学习热情高涨

通过对调查问卷的分析，我们可以看到67%的同学认为学校学风状况很好和较好(见图1)，这些同学认为，“学校学风状况整体较高”，自己“班级、宿舍学习氛围浓厚”，能够有效激发起自己的学习热情。学生主要是从自身所处的学习环境为评价基准点，集中体现在寝室、课堂和自习教室等地的学习氛围，67%这个比例反映出学校的学习环境良好、学习氛围浓厚、学风状况良好。

另外，学生学习动力较强，学习热情高涨。有75%的同学学习动力充足，为了自己前途和未来努力学习(见图2)。除此之外，有超过一半的同学的学习表示要在大学期间“拥有真才实学，为实现自身理想做准备”。有80%的学生表示，每天都有一定的自习时间，用于预习、复习课堂上的知识，或者学习课

外技能。由此,可以看出,学校学风状况整体良好,大多数学生学习热情高涨。

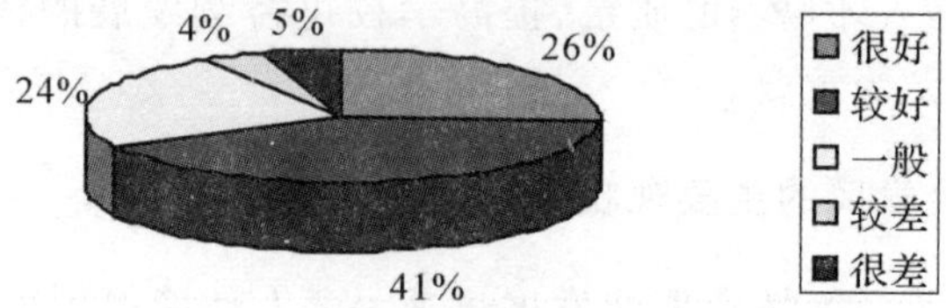

图1　我校学风现状情况

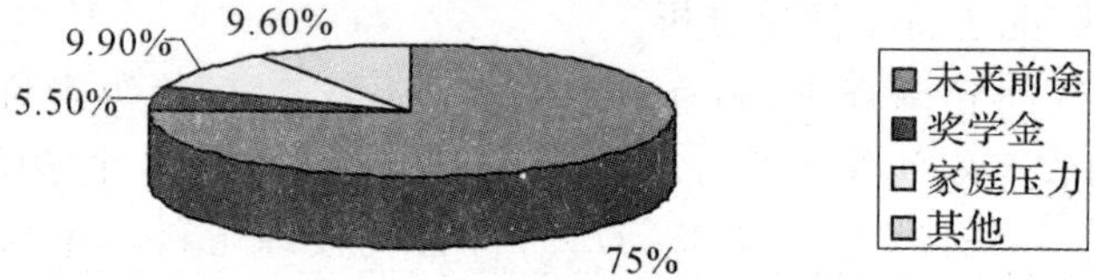

图2　学生学习动力分析

2. 新生专业认可度低,部分学生学习目的不明确

调查显示,在新生中部分学生不了解自己的专业前景,对专业认可度低。在"你觉得你的专业前景如何"这一选项中,仅有28%的同学认为自己的未来充满光明,很有信心。有39%同学并没有考虑好自己的未来,走一步算一步,有24%的学生认为前景暗淡,前途堪忧(见图3)。作为新生,对自己专业的认可程度,将对其在整个大学阶段的生活学习产生影响,从而会产生学习目的不明确、学习态度不端正等现象。由此看出,我校需要对学生加强未来规划教育和职业生涯指导。

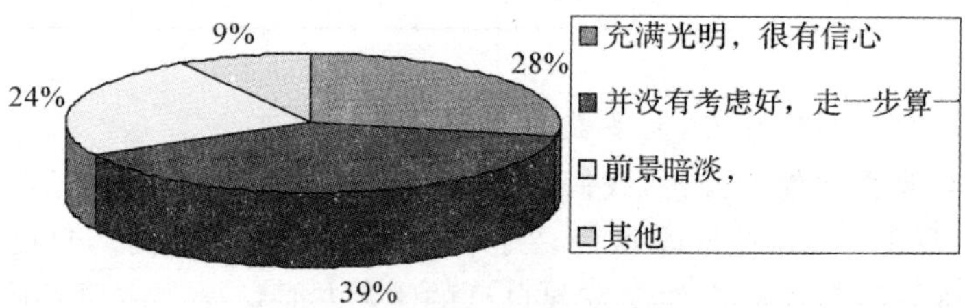

图3　学生对专业前景的认识

基于此,在调查问卷中,我们也设计了"你现在的学习目的""学习目的是否明确对自己学习状况的影响"等问题。通过分析,我们可以看出,部分学生学习目的不明确,学习主动意识差。有12.3%的学生的学习目的仅是获得文凭、拿更多证书或是没有目的(见图4)。

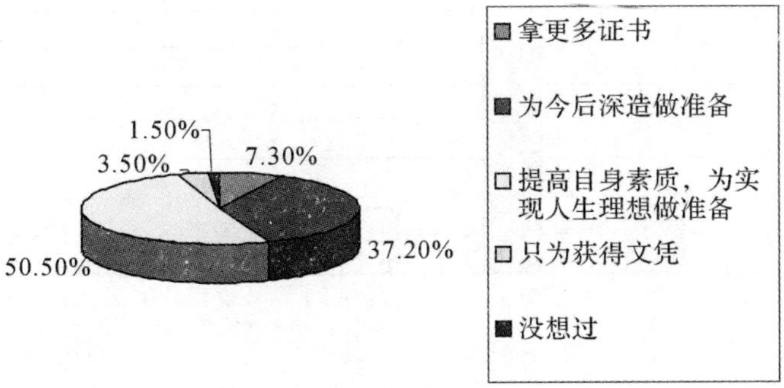

图 4　现在的学习目的

3. 作业抄袭、考试作弊现象存在，考风考纪仍需加强

考风从另一个层面反映了一个学校的学风，通过分析发现考风总体良好。在“你觉得下列哪些现象应最先解决”问题中，选择“作业抄袭”和“考试作弊”选项的占到 60.6%。由此可以看出学生对作业抄袭、考试作弊现象很重视。在调查中发现，将近 25%的同学存在作业抄袭情况，绝大多数同学能够做到不作弊，但是约 44%的同学对作弊存在侥幸心理，另外有 16%的同学会偶尔作弊(见图 5)。“偶尔”就意味着存在不确定性，考场监考纪律严格就不会作弊，反之就会作弊。当然这也有学生主观上想作弊的因素在里面，至少他的作弊小抄是提前准备好的，到了考场上再看情况决定是否作弊。这从侧面说明，学校需要严格监督监考纪律。

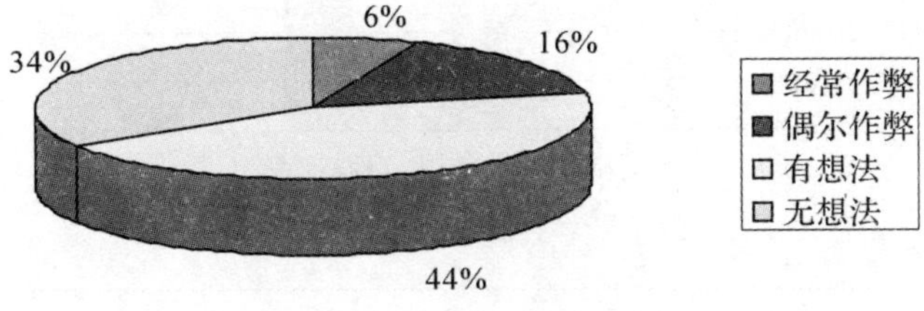

图 5　学生考试作弊情况

在“你认为，引发作弊的主要原因”选项中，有 31.6%的学生选择“不熟悉课程，只为考试通过”，有 25.5%的学生选择“心理压力大，害怕不及格”(见图 6)。这也给我们加强学风提供了可参考的策略，要从学生课堂抓起，从提高学生的思想政治素养方面着手。

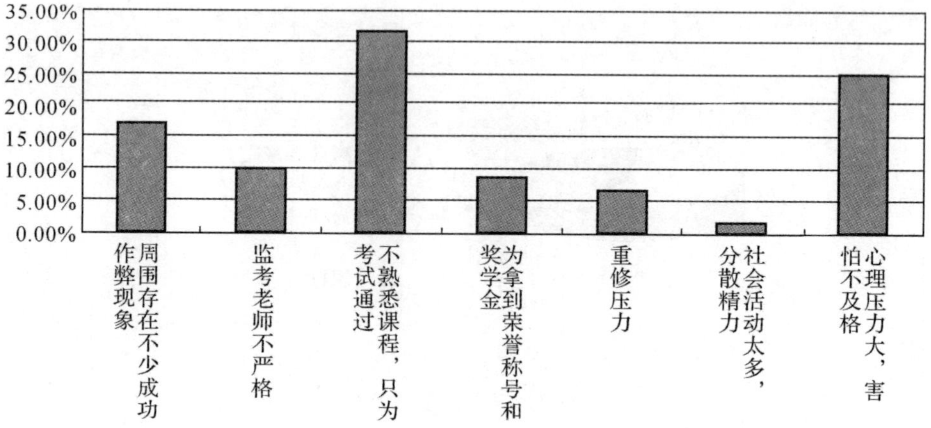

图6 引发作弊的原因

4. 学生自我管理能力较低,优秀典型的力量不容忽视

市场经济环境对高校的不断充斥,使得学生学习上浮躁、不踏实。在分析学生学习难点的时候,有57.5%的学生认为自我控制能力对学风的影响占到了绝对优势(见图7),而现在的大学生普遍自我约束、自我管理能力比较差,这对优良学风建设将是一个考验。

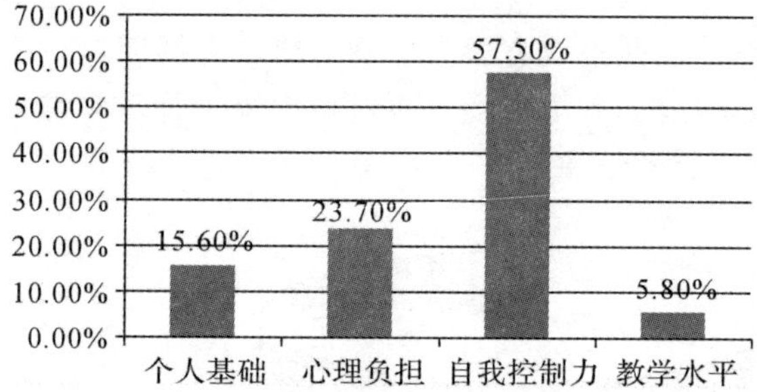

图7 学生学习困难问题分析

我校长期以来通过创建优良学风"创先争先"活动,在学生当中找典型、树榜样,增强学生的学习积极性和主动性,取得了一定的成功。从调研中可以看出,超过90%的学生认为身边的优秀学生对自身的学习积极性有帮助;近72%的学生认为我校"创先争先"中标兵获得者的先进事迹对自身的学习有影响(见图8),这些数据表明,优秀学生的带动作用对营造优良学风氛围效果显著。但是,从数据分析中可以看出,优秀学生对学风建设促进作用的持续性不强。

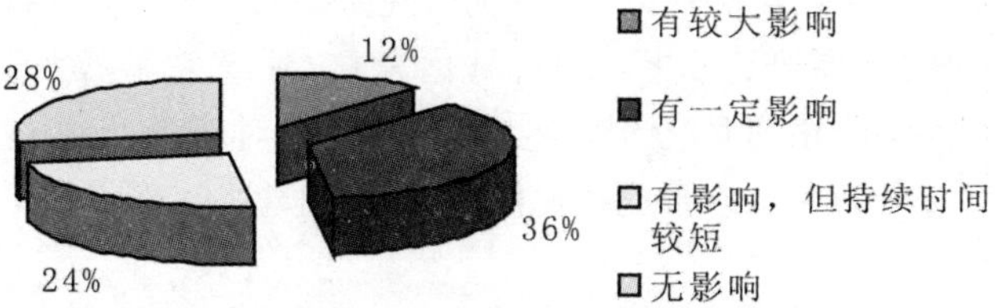

图 8　标兵先进事迹对学生的影响分析

三、新形势下高校构建优良学风的主要对策

针对目前学风建设的现状，在各高校优良学风建设过程中，要坚持以学生为本，形成"全员育人、全过程育人、全方位育人"的良好氛围，高校必须要加大学生的思想政治教育力度，完善学校学风建设相关制度，形成良好的育人氛围。新形势下高校构建优良学风的主要对策有以下几点。

1. 提高思想政治教育的时效性和针对性，促进良好学风氛围的形成

学生的世界观、人生观、价值观，直接影响着学生的学习态度、学习目的与专业思想，对学生的学习成才起着至关重要的作用。针对不同年级和不同阶段的大学生特点，开展科学有效的思想政治教育工作，有助于帮助学生树立正确的学习观与成才观，增强学生学习的内部动力，促使学生的学习热情和责任感不断提高，形成良好的学风氛围。

好的开始就是成功的一半，优良学风的形成要从新生的入学教育抓起。针对新生在适应新环境中可能会出现的学习目标不够明确、学习动力不足、学习方法不得当等情况，及时召开"新生专业教育大会"和"学习经验交流会"。各学院院长、书记、教授、学科带头人要为新生介绍所学专业的研究方向以及专业发展前景，以此引导学生尽早进入专业角色；辅导员要引导新生确定学习目标，制定学习规划，培养学习兴趣，促使他们完成从一个高中生到大学生的角色转换，尽快适应大学的学习和生活。大学二、三年级是大学生全面发展的关键时期，高校要在引导学生学好基础课和专业课的同时，积极组织大学生参加各种学术讲座、科技竞赛等活动，拓宽学生知识视野，提高学生的专业学习兴趣和创新能力，提早让学生走进实验室，提高学生的专业知识应用能力和动手能力，通过亲身体验来增强对专业的认同感和对专业的热爱。

2. 完善管理监督机制，创新学习评测机制，保障优良学风的良性循环

在开展学风建设活动的同时，还应该完善学风方面的相关制度，这是保障优良学风良性循环的必要条件之一，所谓"无规矩不成方圆"的古话是有一定

道理的。首先,在日常学习中要建立学校、院系、班级三级立体检查、督促管理机制,对考核的内容要进行目标管理、量化考核,注重它的操作性、层次性、循序渐进性;其次,要严格考风考纪,加大惩处力度,对于违反考试纪律的学生,按学校规定严肃处理,大力推行"诚信考场",创建"免监考、零作弊"的良好环境。

学习评测机制是优良学风建设的重要环节,建立科学合理的测评机制,要注重对学生基础知识、创新能力的导向,同时对学生综合能力和综合素养提出一定的要求,鼓励学生参加各类科技竞赛和学科前沿研究,对取得突出成绩的学生给予表彰奖励,使测评考核机制变成真正检验学生学习绩效和"以考促学"的有效手段。

3. 加快教育教学改革,实现"教"与"学"相结合,带动优良学风的形成

学生是学风建设中的主体,教师是学风建设中的主导者。近年来,高校进行了系统的教学改革,但力度还不够,在实践中我们发现,必须要继续加快对培养机制、教学内容、课程体系和教学方法等方面的改革,构建适合新世纪要求的、多样化的人才培养模式。

"师者,传道授业解惑也。"作为教育工作中的主导者,教师应不断提高自己的师德水平,勤奋敬业、精心教学、加强教风修养、树立良好的师表形象。在掌握现代科学文化知识,增强专业技能训练的同时,努力提高课程教学水平,不断提高教学质量。作为学生的教育者,高校教师要积极探索科学评价学生的知识、能力、素质的评价体系。在工作中还要因材施教,勇于探索创新,开展第二课堂、举办各类学科竞赛等措施,激发学生的学习热情,推进学风建设的根本好转。同时,应用现代网络、视频等信息化载体提高学生对课堂学习的兴趣,实现"教"与"学"相结合。

4. 营造良好校园文化氛围,树立典型,实现环境育学风

校园文化是学风的重要载体,学风蕴涵在一定的校园文化之中。苏联著名教育家苏霍姆林斯基说过:"努力使学校的墙壁也能说话。"因此,我们要利用一切可利用的阵地加强学风建设的宣传,通过有计划的举办学术报告、不定期邀请国内外知名学者专家教授莅临学校,做科技、人文等方面的专题讲座等方式来营造出浓厚的校园文化气息;通过网络开通学友天地、课件共享、视频空间等营造出充满学习气息的网络文化氛围。

英国教育家洛克认为,在各种教育方法中,榜样是最简明有效的办法。恰当地运用榜样力量对学生进行人格培养和传统文化教育,不仅能够调动学生的积极性,还能使教育具有导向性和说服力,起到激励作用。针对学生群体的特点,"点面结合、全盘考虑",在不同层面的学生中要树立典型,在不同领域

和不同平台上树立典型，做到横向、纵向、点、面俱全，达到激励全体学生全面发展的效果。正如我校坚持开展的“创先争先”“大学生成才之路”等一系列争创优秀的活动，有效带动了学生的学习热情，大力推进了我校优良学风的形成。

高校优良学风建设不仅是一项系统工程，更是保证培养出创新型科技人才的优质土壤。在构建优良学风过程中，学校要优化人才培养模式，深化教学改革，各部门要齐抓共管，常抓不懈，以教育促学风，以教风带学风，以管理护学风，以环境育学风，真正形成全员育人、全过程育人、全方位育人的良好局面。

参考文献

[1] 赵治. 试论当前高校学风建设的现状、原因及对策[J]. 中国电力教育，2010(18):179－180.

[2] 李海龙，刘帅. 当前高校学风建设的现状分析[J]. 中国市场，2010(27):151－152.

[3] 王健，潘岩. 高校学风建设的探索与实践[J]. 辽宁行政学院学报，2008(1):98－99.

[4] 吴立伟，廉枫，苏睿. 大学学风建设的制约因素及对策分析[J]. 山东教育学院学报，2010(2):60－62.

[5] 侯培玲. 试论新时期大学生的榜样教育[J]. 中国校外教育：下旬刊，2010(9):22－23.

理工科高校内部课堂教学质量的监控与评价

鲁卫平　赵　硕

随着我国高等教育发展进入公认的大众化阶段，高等教育教学质量备受社会公众高度关注，全面提高高等教育质量成为今后我国高等教育教学改革和发展的核心任务。面对高等教育发展的新形势新任务，教育部高等教育司2011年工作要点明确提出要着力“推进高校建立健全校内教学质量保障体系”，并以此作为提高高等教育质量的重要抓手。近年来的研究表明，高校内部教学质量保障体系是全面保证和提高教学质量的指导系统和工作系统，教学质量监控与评价作为教学质量保障体系的关键环节，直接关系到教学质量的形成与提高。因此，建立一套适合中国国情，公正、科学的质量监督和评价体系势在必行，有效实施对课堂教学质量的监控与评价既是保证和提高教学质量的重要举措，也是高校教学管理研究的重要课题。

1. 课堂教学的监控与评价

教学质量形成于人才培养的全过程，要全方位、全过程、全要素地加强质量监控。如果说构建科学合理的教学质量保障体系是保证教学质量的前提，那么抓好教学过程的质量管理就是保证教学质量的关键。因此教学质量监控的关键就在于对教学过程，特别是课堂教学质量的监控。课堂教学是我国高等院校最主要的教学形式，也是高等院校各个教学环节中最基本、最重要的一个环节。课堂教学质量评价是提高教学质量的需要，是提高学习质量的需要，是实施科学教学管理的需要。因此有效开展课堂教学质量监控与评价对保障教学质量具有重要作用。

课堂教学质量监控与评价就是通过多种途径对从教学资源输入、教学运行环节，到输出合格人才的全过程教学状况信息实施有效的监控，实时了解教学运行状况，防控影响教学质量的因素及现象，获取有价值的教学信息，并对获取的教学信息进行事后分析和诊断，形成教学质量意见，及时反馈给监控对象及教学质量管理决策部门，为进一步指导教学活动提供依据。课堂教学质量监控与评价的作用是通过教学质量监控、教学质量信息分析和评价、教学质量意见反馈3个环节来实现的。

课堂教学质量监控与评价必须符合教学活动内在的规律性及其质量要求，贯穿于教学运行的整个环节，其基本依据是各种教学管理规章制度、教学质量标准以及评价指标体系。这里提及的教学质量标准是指高校内部依据教学实际制定的，由各门课程及各个教学环节——课堂教学、课程设计、实验教学、实践教学——等教学质量标准组成的质量集合；评价指标体系是按照课程教学质量标准制定的用以评价教学效果和教学质量的客观指标体系。教学质量标准和评价指标体系是实施教学质量监控与评价必不可少的质量文件。

2.理工科高校内部课堂教学质量监控与评价系统的组织模型

要使教学质量监控有效实施，首先要建立层次分明、职责清晰的教学质量监控的组织系统。课堂教学质量监控与评价必须通过一种有效的组织形式来实现，这有效的组织形式就是建立在高校内部的教学质量监控与评价系统，它既是全面保证和提高教学质量的指导系统，也是工作系统，从而有效避免行为主体的随机性和主观性。其组织模型应与高校类型、学科专业设置等因素密切相关，不应千篇一律。理工科高校学科门类多样、专业设置复杂、教学环节涉及面广。在学科专业比较多且复杂的综合大学，在教学单位建立质量保障体系，并把一定的质量保障责任"下放"到教学单位，应该说是很有必要的。同样，其教学质量监控与评价系统的组织模型也应与之相适应。

由校、系（部）、教研室构成三级监控组织，根据管理的职能，在不同层面上实施质量监控。这样 3 个层级的组织结构固然职责清楚、分工明确，但从理工科高校教学组织与管理的现状看，运行存在一定的不足。本文从理工科高校教学运行的实际出发，提出其内部教学质量监控与评价系统的组织模型应由两个子系统和一个评价指标体系构成。其中的两个子系统是指建立在宏观和微观两个层面的监控与评价系统，宏观层面即学校教学质量监控与评价系统，微观层面的则是建立在各个基层教学单位的教学质量监控与评价系统。宏观系统既可指导、包容微观系统，同时宏观系统与微观系统又具有相对独立性。

（1）宏观教学质量监控与评价系统负责对学校范围内课程教学实施质量监控与评价，一方面宏观了解和掌握整个学校教学运行状况及教学质量信息，通过对获取的教学质量信息进行研究、分析，比较各主要课程、各个学院之间的教学质量情况；另一方面通过获取和汇总学院教学质量监控与评价信息，形成学校教学质量意见，反过来指导学院教学工作。

（2）微观教学质量监控与评价系统是基于学院专业及课程设置、教学管理与运行的实际建立的，学院作为具体组织实施教学活动的基层教学单位，在教学计划管理、教学运行管理及教学质量管理与评价等方面承担着重要责任，"是实施教学质量监测和评价的实体，其工作状态和质量，直接关系到教学质量和人才培养质量”。与学校教学质量监控与评价系统相比,学院教学质量监控与评价系统的作用更为直接、更为具体、更为有效。

(3)学院教学质量监控与评价系统是学校教学质量监控与评价系统的必要组成部分,是学校教学质量监控与评价系统的细化和延伸。学校与学院两级教学质量监控与评价系统的有机结合,构成了高校内部保障教学质量的长效机制。

3.理工科高校内部教学质量监控与评价系统的运行模式

理工科高校内部教学质量监控与评价系统的运行在宏观层面由学校教学职能部门组织实施,微观层面由学院组织实施,校院两级参与人员类别均为不同层面的党政领导、教学管理人员、教学督导人员、学生、教师、专家和同行等。按照实施教学质量监控与评价的主体及监控信息获取的渠道,其运行采取“直接方式与间接方式相结合,传统手段与现代手段相结合,校院两级并行互动”的模式,从而有效发挥教学质量监控与评价系统的作用。

(1)由于实施教学质量监控与评价的主体不同,其运行方式也有一定的差异。同一行为主体可以采用一种或多种方式监控课堂教学质量,获取教学质量信息。

1)党政领导及教学管理人员通过教学质量检查的方式监控与评价教学质量。主要通过开学教学运行状况检查、随机检查听课、抽查学生作业、检查期末考试、分析平时测验及考试成绩和试卷等传统的直接方式以及召开任课教师和学生代表座谈会、通过教学管理信息平台获取教学质量信息等间接方式监控教学质量信息,发现和解决教学运行环节中的问题,调控教学质量。

2)教学督导人员通过跟踪课堂教学环节监控与评价教学质量。教学督导人员是熟悉教学过程、教学内容等的教学经验丰富、责任心强的专家队伍,以监督教学质量运行为主要职责,通过随堂听课、评课,检查实验教学、毕业设计等实践教学环节,现场督导各个教学环节质量,评价教师的教学效果——既肯定其教学的优点,又对其教学存在的问题提出改进意见,评价结果作为教师教学质量测评和绩效考核的依据,并负责提供给教学管理部门,为进一步的教学质量管理决策提供依据。教学督导人员检查是监控教学质量的一项有效措施,是保障教学质量的重要途径。

3)学生评价教学质量是教学质量监控与评价信息的重要来源。学生是课堂教学效果的直接受益者,学生对教师课堂教学效果的评价能较真实地反映教师课堂教学的质量。学生评价教学质量既可采用问卷调查、填写教学质量信息反馈表、召开座谈会、随机访谈等传统的间接方式,也可采取网上评教或直接向教学管理部门反馈等直接方式。

4)教师自我评价对教学质量监控与评价具有积极意义。教师既作为评价主体,又作为评价客体,通过对自身教学行为的事后反思,按照自我评价指标体系对自身教学工作进行评价和分析。教师通过自我评价,肯定自身教学工作优点,分析查找不足,达到改进教学方法,提升教学质量意识,提高教学质量的目的。

5)专家和同行的评价是监控与评价教学质量的一种有效方式。这种评价基于专家和同行对教学内容、教学环节的深刻体会及对教学质量的关注,更贴近教师教学工作的实际,主要通过备课讨论、随堂听课、课后讨论等方式进行,与其他教学质量监控与评价方式相比,其评价结果更为准确、客观,可信度高。

6)信息与网络技术的发展为教学质量监控与评价提供了现代化手段和新途径,通过视频与网络实时监控与评价课堂教学质量成为广泛采用的方式。获得授权的教学管理人员可通过视频直接监控课堂教学状况,学生、教师、教学管理人员等可以利用教学管理信息平台直接传递和获取教学质量信息,教学管理部门及时对获取的教学质量信息分析和诊断,并进行处置。

(2)有效的运行模式能够保证教学质量监控与评价系统高效顺畅运行,"直接方式与间接方式相结合,传统手段与现代手段相结合,校院两级并行互动"的运行模式正是基于这样的前提建立的。其中的直接方式是指实施教学质量监控与评价的行为主体直接到课堂听课或通过视频直接观察教学状况,获取教学质量信息的过程。间接方式则是通过中间环节,如召开教师、学生代表座谈会等获取教学质量信息的过程。直接方式与间接方式既有传统手段,也有现代手段。信息与网络技术的发展为教学质量监控与评价提供的现代化手段,既可实时监控课堂教学状况,又可方便地获取不同层面的师生反馈的教学信息。任何一种单一的方式都具有局限性、主观随意性,这几种方式的有机结合,以及校院两级并行互动,使得课堂教学质量监控更完善、更全面,获取的质量信息以及评价结果更为客观和准确。

4.教学质量监控与评价信息的分析与反馈

由各个行为主体实施的教学质量监控与评价,其结果难免带有监控与评价主体的主观因素,因此通过各种途径获取的教学质量信息必须统一在教学质量监控与评价系统之中,由教学质量管理部门按照评价体系中各项指标的权重,科学评价各门课程的教学质量,进而评价学期教学运行的质量水平。这样综合评价的结果相对比较客观、准确,最终由教学质量管理部门通过多种渠道进行反馈。

教学质量监控与评价信息反馈的目的是帮助教学管理人员、教师了解教学状态,分析教学过程,从而提高教学水平、教学效果和管理水平,保障教学质量。教学信息反馈可通过会议形式、书面形式、个别沟通及网络平台等多种途径来实现。通过信息反馈,一方面适时将教学质量评价结果反馈给任课教师、教学管理人员以及学生,及时处理和整改问题;另一方面将监控中发现的问题反馈到管理决策系统,使决策部门及时评价、修订教学目标和质量监控与评价系统,实现教学质量监控与评价系统的自我调整和完善,并为教学质量保障体系的其他系统提供参考。

5.理工科高校内部教学质量监控与评价体系的运行保障机制

(1)建立高效的教学质量监控与评价运行机构。按照教学质量监控与评价体系的组织模型,分别建立校院两级教学质量监控与评价运行机构。学校层面由教学职能部门牵头,教学与学生职能部门共同参与,教学管理人员、学校教学督导人员、专家等共同组成,由教学职能部门负责人挂帅。学院层面由教学副院长牵头,分管学生工作的副书记、教学督导人员、教学管理人员、学生辅导员、教师和学生代表等共同参与。

(2)完善规章制度,规范教学质量监控与评价工作。各级教学质量监控与评价机构按照规章制度及各项评价指标体系,明确工作职责、工作程序和工作要求。机构内人员分工负责各自的指标,有序实施对课堂教学质量的监控与评价,及时反馈教学质量信息,确保教学质量监控与评价体系顺畅运行。

(3)创建良好的教学质量文化氛围。正确的质量思想和质量文化在构建高校内部质量保障体系过程中具有前提、核心和先导作用。质量文化的主要功能是针对学校组织内部的成员,通过发布教学质量监控与评价体系信息,开展教学质量宣传,及时传递教学质量信息,落实教学质量奖惩等一系列措施,促进教学质量观的转变,使全体师生员工提升教学质量意识,树立教学质量观,形成良好的学风和校风,使教学质量成为高校一种文化氛围。

参考文献

[1] 教育部高等教育司2011年工作要点[J]. China University Teaching, 2011(3).

[2] 王润孝,支希哲,万小朋.注重发挥教学质量保障体系作用,确保与提高本科教学质量[J].西北工业大学学报:社会科学版,2006(6).

[3] 张有声.谈高等教育的质量观与质量评价[J]. China Higher Education, 2008(19).

[4] 李元元,彭新一,曾志新,等.研究型大学教学质量保障体系的研究与实践[J]. China University Teaching, 2005(4).

[5] Zhou Xuqing, Deng Chunsheng. Study on Teaching Quality Monito-

ring and Evaluation in University[J]. Jiangxi Education Research, 2007(3).

[6] Wang Quansheng, Zhong Yuzhen. Build a Perfect System of Teaching Quality Evaluation [J]. Teaching Research, 2009, 32(3).

[7] Zhang Shumei, Yang Yong. 实施教学质量全面监控,提高本科人才培养质量[J]. China Higher Education, 2007(15/16).

[8] Wang Weilian. 关于教学质量管理几个问题的再探讨[J]. China Higher Education, 2007(19).

[9] Kuang Haixue Yan Zhonghong L Baoqin. Educational Teaching Quality Guarantee System by Combining Inside Ensuring Together with Outside Monitoring [J]. Education of Chinese Medicen, 2007, 26(1).

[10] Chang Qing. Establishing the System of Supervision and Control for Teaching Quantity and Increasing Talented per Training Quantity Completly[J]. Journal of Liaoning Technical University: Social Science Edition, 2003(5).

[11] Zheng Lijun. Teaching Quality Monitoring:内外结合以内为主[J]. China Higher Education, 2008(21).

[12] Wang Jianhua. Higher Education Quality Management: From Technology to Culture [J]. China Higher Education, 2008(21).

构建科学的多媒体教学效果评价体系

鲁卫平

摘　要　为了提升多媒体教学效果，科学构建多媒体教学评价体系非常必要。本文采用文献研究和实证研究法，分析了多媒体教学在推动教学方法改革和提高教学效果中的积极作用，讨论了多媒体教学存在的负面影响，提出了合理运用多媒体教学提升教学效果，以及如何建立多媒体教学效果的科学评价指标体系。

关键词　多媒体教学　教学效果　指标体系　评价方法

随着高等教育教学改革和现代教育技术的深入发展，多媒体教学被广泛应用于课堂教学，不仅为教学方法优化和教学手段更新提供了全新空间，也为促进教育教学改革和教学质量提升提供了重要举措。近年来，尽管各高校都不同程度投入了大量的财力加大多媒体教学的力度，不少教师也不同程度地将多媒体教学引入课程的教学过程，多媒体课时占总课时的比例、课程覆盖面逐年提高，但由于课程性质存在的差异，以及缺乏对多媒体教学效果的评价依据，因而在多媒体教学广泛应用的同时也带来许多不容忽视的、直接影响课程教学效果和质量的弊端。本文在讨论多媒体教学现状的基础上，提出从多媒体教学适应性原则、多媒体教学课件质量、多媒体教学过程和多媒体教学效果等几个方面，如何建立科学的多媒体教学效果评价体系，以全面提高教学质量。

1. 多媒体教学的作用与优势显著

多媒体教学是指在教学过程中运用多媒体教学课件，根据课程的教学目标和教学对象的特点，通过教学设计、合理选择和运用现代教育技术，多媒体教学与传统教学手段有机结合，形成合理的教学过程结构，以达到最优化的教学效果。由于多媒体教学融合了多媒体技术及现代教育理论、传播理论，因此在教学过程中具有显著作用和突出优势，主要表现在下述几方面。

(1)教学方法优化和教学手段更新。传统教学中教师是教学信息的提供者和教学活动的组织者，即以教师为中心。而以多媒体为核心的现代教育技术具有良好的交互手段和开放式环境，可有效促进学生的认知发展，充分体现以"学生为主体、教师为主导"的教学理念。利用多媒体教学可使教师在教学手段、教学方法上有更多的选择余地，根据课程教学目标和教学对象合理设计教学方案有丰富的创作空间。

(2)教学内容展现形象直观、灵活多样。多媒体教学能够提供界面友好、形象直观的交互式学习环境。教师在组织教学过程中可对课程的重点和难点内容进行形象、直观、生动、多渠道、多角度地展现，在适当拓宽学生知识面的同时，加强学生新技术、新知识的认知结构的形成，易于将课程教学内容与工程实践密切结合，激发学生的学习兴趣，促进学生主动发现和探索问题，提升学生运用所学理论分析和解决工程实践的能力。

(3)教学信息量增大，效率提高。在传统课程教学过程中教师板书时间往往要占课内很多时间，尤其是技术基础课(如工程力学、机械设计、电子技术等)教师板书时间占课堂时间约50%。尽管花费了不少时间，有的教学内容也难使学生完全理解和掌握。教师可借助于高质量的多媒体课件设计，将这部分教学内容以动态图像、视频、声音、彩色、虚拟现实等交互形式展现给学生，弥补传统教学手段的不足，有效提高课堂教学效率。

2. 多媒体教学的现状与存在问题

毋庸置疑，多媒体教学对促进高校深化教育教学改革，全面优化教学过程，提高教学质量发挥了重要作用。但多媒体教学本身仅是一种辅助的教学手段和方法，其既不能直接提升教学效果和质量，也不能取代已被多年教学实践证明且行之有效的传统教学方法。当前在高校多媒体教学实践中还存在一些亟待解决的问题。

(1)教学理念有待提升。课堂教学效果直接影响到学生课程学习的兴趣和积极性。在课堂教学过程中将传统教学方法与多媒体辅助教学手段有机融合，形成合理的教学结构，使教学过程与学生互动，无疑是实现课程教学效果最优化的有效途径。但有的教师认为运用多媒体技术教学就是代表着先进教学理念，在课程教学过程中完全用计算机取代了传统板书，违背了教育教学的认知规律和教学理论；有的教师片面认为传统教学方法和手段已过时，将多媒体辅助教学理解为"主导教学"，忽略了其他常规的教学手段，某高校一项调查结果显示，采用多媒体授课的课程占课程总数的82.2%，必修课采用多媒体教学的课时占总课时的56.20%。有的教师对多媒体辅助教学错误的理解就是PPT课件，播放PPT成为课程教学过程唯一手段，分散了学生课堂注意力和学习积极性，影响了课堂教学效果和教学质量。

(2)课件制作书本搬家型。多媒体教学课件是教师根据课程教学目标和教学内容设计的一种辅助教学工具，充分反映教学要求和规律，以及教师的教学策略、教学理念和制作创意,其设计制作水平是有效保证教学质量的前提。笔者通过多年教学过程跟踪发现:有的教师将纸制教材的文字、插图简单地制作成 PPT,使纸制教材转换成了“PPT 教材”,文字密集且字号偏小,条理性和逻辑性不强,对教学内容重点和难点把握不当;有的教师照搬同类课程已成型的电子教案,忽略了课程教学内容特点和侧重点,教学缺乏针对性;有的教师花费大量时间收集与教学内容联系不大的文字、图片和视频,课件组织无序,分散了学生对课程重点、难点内容的注意力,授课由照本宣科变成了“照屏宣科”,无法与学生形成互动。

(3)教学课件使用不当。教师、学生、教学内容和教学手段是课程教学过程的基本要素。采用多媒体课件教学不能取代黑板加粉笔的所谓传统教学手段。有的教师对所授课程不加区分而盲目或随意采用多媒体教学,忽视课堂教学与学生互动,学生普遍反映放映“速度太快,听不懂”;有的教师上课仅带一个“U 盘”,没有教案,遇到停电或者多媒体教学设备出现故障,甚至手忙脚乱、不知所措;有的教师不注意教材的修订和更新,对自己使用过的多媒体课件不及时修改和更新,导致课件和教学严重脱节;有的教师在教学过程中一味追求用课件讲解,不顾及学生听课过程的反应,忽视根据学生实际及时调控教学策略,导致学生跟不上教师的节奏,课堂无法记笔记,课后无法复习,影响学生课堂听讲的兴趣,致使教与学完全脱节。

(4)课堂教学难以考核管理。加强对多媒体教学管理是保证教学效果的关键环节。但目前高校多媒体教学难以考核管理,主要问题在于学校难以建立多媒体教学的相关规定,对多媒体课件教学的课程难以明确规定,使得 PPT 等电子教案在不宜采用多媒体教学的课程中盲目选用;对多媒体辅助教学过程的约束和质量监控机制不健全,即没有“度”的明确规定,忽视对课堂教学效果及时跟踪和评价,因而出现将课堂教学变为多媒体播放过程;有的多媒体教室建设不科学,大屏幕设在黑板的正中位置,教师课堂授课无法进行必要的板书,有的多媒体教室灯光控制困难,使用大屏幕时学生无法看清黑板和记笔记,忽视教师的主导地位和学生的主体地位;有的同类课程的优质教学资源没有得到的不断充实和共享,多媒体教学资源库建设精力分散,个别教师的多媒体辅助教学课件前期投入不够,选材不当,设计制作水平不高,不仅造成人力与财力的浪费,也严重影响课程教学效果。

3. 建立多媒体教学效果评价体系

多媒体教学在教学实践中的应用和影响已经突破了时空限制,为课程教学增添了新的内涵和活力,为学生思维的拓展提供了新的、更广阔的空间。这不仅改变了传统的教学方式、方法和手段,而且对传统的教学理念、教学模式产生着极其重要的影响。

然而在多媒体教学应用过程中显露的现实问题表明，对多媒体教学的认识还仍存在一定的误区和弊端，阻碍着教学效果的进一步提高。其主要原因在于多媒体教学评价的要素松散，指标难以确立，没有形成有效可信的体系；多媒体教学评价总是被许多教师和教育政策制定者所忽视。为使多媒体教学有效开展，不断提升课程教学效果和质量，建立多媒体教学评价指标体系作为教师评价多媒体教学效果的基本参考很有必要。有研究者建议多媒体质量评价应该包括多媒体教学准备、教学、基本教学能力、课件质量以及多媒体教学效果等。本文提出的多媒体教学评价体系主要由多媒体教学课程、内容、课件、过程和效果等指标构成。

（1）多媒体教学课程评价。课程教学目的和任务的实现集中反映于课堂教学，课堂教学效果取决于授课教师正确的教学理念、深厚的知识功底和过硬的教学技能。教师通过丰富的知识、幽默的语言、神态的变化和表情的观察激发学生的学习兴趣，使学生全神贯注地听讲和思考。师生课堂的平等交往、高质互动的真实的课堂是取得最佳课堂教学效果的有效措施。

通过多年的课堂跟踪调研发现，有的课程采用多媒体教学后课堂信息量增大，但师生互动没有了，学生没有办法随堂做笔记；学生反映有的课程学习“课堂就是走马观花”“全凭课后自学”等。如果因采用多媒体手段教学导致课堂教学质量不佳，甚至效果下降，则值得管理者和教师认真反思。笔者认为并非所有的课程（内容）的教学都适合采用多媒体教学手段。采用多媒体辅助教学，应以提高教学质量为宗旨，不应该“一刀切”。因此，学校应根据课程性质、教学目标和教学内容制定多媒体教学的相关规章制度，如课程采用多媒体准入制度，青年教师采用多媒体教学试讲制度等，对多媒体教学进行审核把关。制定多媒体教学课程的审核制度不是限制多媒体教学，而是为了提高课程多媒体教学效果，避免教师选择使用多媒体教学方式的盲目性和随意性。

（2）多媒体教学内容评价。多媒体教学手段是在传统教学手段基础上发展起来的一种新的教学方式。根据课程教学内容选择采用多媒体教学，对课程教学中重点、难点，以及通过板书、教具和语言难以表述清楚的教学内容，通过相应的视频、动画和图片等将其展示给学生，这样才能有效发挥多媒体在课程教学中的作用。

学校管理部门对批准采用多媒体手段进行辅助教学的课程内容应该做出明确的规定，严格按照多媒体教学内容的审核制度，要求课程主讲教师在提交教学任务书时一并提交多媒体教学内容相关说明。提倡根据教学目标和教学对象的特点合理设计多媒体教学内容，使传统教学与多媒体教学手段有机地结合,共同参与课程教学的全过程;提倡课程内容较抽象、难以理解、传统教学方法难以讲授清楚的课程内容采用多媒体辅助教学;提倡课程部分教学内容采用多媒体辅助教学,反对整堂课的教学内容都采用PPT教学的所谓多媒体教学方式。

(3)多媒体课件质量评价。多媒体课件的质量直接影响着课程的教学效果,高质量的多媒体课件应体现教学思想的设计、教学内容的安排、教学计划的实施等问题,还应体现科学性、教学性、技术性和艺术性等问题。

多媒体课件能否准确表述课程规定的重点和难点教学内容,关键在于教师对课程教学本身的认识水平,以及对教学内容表现的掌控水平。首先,要保证教学内容正确、逻辑严谨、层次清晰,不出现知识性的错误。对于制作时间紧和没有认真检查调试的课件应禁止在课堂教学中使用。其次,场景的设置、素材的选取等媒体的使用要与教学内容相符,为完成教学目标服务。最后,课件在理论阐述、知识论证、材料组织、过程推理等设计中要符合科学逻辑、教学规律和学生的认知规律。

多媒体教学课件要求具有较强的教学适应性,素材选取既要科学,又要适应教学的需要,设计和制作要符合课程的教学基本要求和教学大纲,符合教学规律和教学目标,突出解决传统教学媒体及模式不易表述的内容。所选内容要紧密结合教材内容,能够反映教学重点和难点,既要有利于学生的理解和记忆,又要较好地体现教师的教学思想,注重适当拓宽学生的知识面,以及学生创新思维意识和能力的培养。表述方法上注意内容准确、深入浅出、循序渐进、材料真实、语言规范、逻辑性强和提供的信息量要适中。

多媒体教学课件目的在于表现课堂表述教学内容,其设计制作要求教师和程序设计人员密切配合,使课件具有控制技巧和运行可靠性,课堂教学过程能够易控易用;框架结构设计合理和界面友好,程序尽可能简洁明了、控制可靠和视听同步;背景设计、文字格式、图片搭配、配音、动画调用等制作要具有较强的艺术性;界面要简洁、美观,符合学生的视觉心理;时间长短要适中,要运用多种媒体来刺激学生的多种感官进行学习,得到最佳学习效果;文字要规范,音像画面要清晰美观,动画和视频图像要形象逼真,要图文并茂、动静结合和有良好的视觉感觉。

(4)多媒体教学过程评价。尽管多媒体课件包涵着教师丰富的教学经验与个性化的艺术结晶,但笔者认为其毕竟还是传统教学课堂教学的一种辅助手段。因此,对于多媒体参与课堂教学过程的评价应从教学内容、教学技能和方法、教学组织、教学媒体4个方面进行。

多媒体教学内容应符合课程教学基本要求和大纲,应有适当的教学深度和广度，针对课程要突出解决的问题，重点和难点突出，解决方案条理清晰和知识结构严谨。

多媒体教学能力应语言表达生动，讲授过程要有较强的逻辑性，既要体现教师的学术水平，又要符合学生的实际情况，因材施教。

课堂教学组织要充分体现学生的主体性，利用多媒体教学方式激发学生学习课程的兴趣，调动学习的积极性。将多媒体教学内容有机地融合在传统教学过程，严格控制多媒体教学内容与传统教学结合的节点和时间。讲授过程中要注意学生的信息反馈，兼顾学生做课堂笔记，以及课堂气氛。

合理运用课堂教学媒体的前提是教师应根据不同的教学内容合理地选择手段和方式。教师根据所授课程的特点和不同的教学内容选择采用不同的媒体，能够真正实现教与学互动、教师与学生互动。笔者认为，如果教师在课堂教学中忽略了其他媒体（如黑板等）的运用，一味采用 PPT 单一方式进行教学，恐怕很难称之为多媒体教学。因此，在课堂教学中只有将多媒体教学和其他教学手段结合起来，才能取得更好的教学效果。

（5）多媒体教学效果评价。教学效果是评价教学质量的重要指标体系。多媒体教学效果应反映在课堂教学气氛、教学秩序、学生对教学内容的理解和掌握程度等方面。

教学手段和方式是教师根据不同课程、不同内容而设计的。对教学中不同内容的具体分析过程和分析方法，以及难点、重点与逻辑思维较强内容的讲授，尽可能地采用传统教学手段和方式，用板书形式表现出来，便于学生能够紧跟教师的思路逐步领会；而对于比较抽象难以理解的内容、新技术、新方法的介绍，采用多媒体教学则会收到事半功倍的效果。否则在课堂教学中一味强调采用多媒体教学，讲授内容进展较快，有可能导致学生跟不上教师的思路，跟不上记笔记，将会影响课堂教学气氛，以致挫伤学生学习的积极性与兴趣。

采用多媒体教学应建立相应学生学习信息反馈机制。其包括对学生的提问、完成作业情况、课程统考试卷分析，学生问卷、评教评学、定期召开学生座谈会和期中教学座谈会等。对学生反馈的各种信息及时分析，并及时与任课教师沟通，教师根据反馈信息及时调整教学手段和方式。

课程学习效果也是教学效果评价主要方面之一。学生对课程内容的掌握和理解的程度直接反映在学生的平时作业、课程测验和考试、课程实践性环节的锻炼等，尤其是学生的平时作业和相应内容的实验能够直接反映课堂教学效果和课程教学效果。如果采用多媒体教学后学生对作业敷衍了事，甚至部分学生的作业错误较多，实验课学生难以独立完成等，则说明学生对课程教学内容没有很好地掌握和理解,要求教师应根据这些反馈信息及时调整课程内容的教学手段和方式。

多媒体教学的评价体系是一项复杂的系统工程,也是现代教育教学研究领域的一个全新课题。要建立一个科学有效的评价体系是比较困难的,但只要遵循教学规律、贯彻既定的教学目标、要求和目的,合理科学地运用多媒体教学与其他媒体教学手段,在教学过程中把握好"以学生为中心"的教学策略,就能更好地发挥多媒体的教学优势,全面提高课程教学质量,取得更好的教学效果。

参考文献

[1] Zheng Yali, Ding Zhengyuan. Analysis of Achievements and Effectiveness of Multi-media Teaching in University[J]. Journal of Technology College Education,2007,26(4).

[2] Zhao Tiejian,Fang Zhuo,Jiang Minyi. Exploration on Assessment of Multi-media Courseware in Institutions of Higher Learning [J]. Researches in Medical Education,2004,3(4).

[3] Zhou Yuan. A Survey Analysis and Strategy Research on the Effectiveness of Multimedia Teaching in University [J]. China University Teaching,2010(2).

[4] Lai Lingming. Problems and Strategies on Current University Multimedia Teaching [J]. Journal of Guangdong College of Pharmacy, 2005,21(4).

[5] Qin Fuli. Problems and Solutions of Multi-media Teaching in Universities [J]. Higher Education Forum,2005(5).

[6] Li Hongchang, Sui Yuxin, Zhan Kebo. Scientific Implementation of Multimedia Teaching and Constant Improvement of Teaching Quality [J]. China Higher Education Research,2004(9).

[7] Sun ChuanMing, Tan Guoxin, Zhong Zheng. Research on the Evaluation System of Multimedia Teaching for Engineering Course. 2009 First International Workshop on Education Technology and Computer Science. pp. 1114 - 1117.

[8] Li Chengbiao, Mao Lei. Evaluation and Control on the Quality of Multimedia Teaching in Higher Educational Institutions. Proceedings-1st International Symposium on Computer Network and Multimedia

Technology, CNMT,2009.
[9] Liang Shuzhong. Supervision and Evaluation for the Multi-media Teaching Quantity[J]. Journal of Anhui Technical College of Water Resources and Hydroelectric Power, 2006,6(3):82-84.
[10] Wang Yan,Li Ming. Taking into Account the Multimedia Pedagogy and Improving Multimedia Teaching Effects[J]. Journal of Gansu University of Technology,2003(29).

高校实验室文化的内涵及建设途径

张　原　李　鑫　杜兴号

摘　要　高校实验室文化是大学文化的一种延伸，是实验室精神文化、制度文化、环境文化和行为文化的有机统一。准确地认识和把握实验室文化的内涵与特征，对于加强实验室文化建设，带动实验室水平提升具有非常重要的现实意义。通过研究实验室文化建设的新特点，准确把握实验室文化建设的方向，积极开展实验室文化建设，可以为实验室注入活力，唤醒其文化自觉并形成创新文化，从而增强实验室可持续发展的能力。

关键词　高校　实验室文化　内涵　特征　实践

党的十七大报告将“提高文化软实力”作为促进国家发展的重要战略之后，在今年发布的《国家中长期教育改革和发展规划纲要》中，再次提出了文化建设的命题，将“积极推进文化传播，弘扬优秀传统文化，发展先进文化”作为高校的主要发展任务之一。随着国家对高等教育投入的持续增长，高校实验室引进了一大批科技含量高、技术先进的仪器设备，实验室的硬件设施有了质的飞跃，制约高校实验室建设的外致性因素——硬件设施——已经逐步解决，而如何发展重要的内致性因素——实验室文化，成为下一阶段实验室建设的一个重要方面。作为实验室系统软件核心内容之一的实验室文化不断表现出综合性、开放性和多层次网络性等新特点。通过研究实验室文化建设的新特点，准确把握实验室文化建设的方向，积极开展实验室文化建设，可以为实验室注入活力，唤醒其文化自觉并形成创新文化，从而增强实验室可持续发展的能力。文化建设对于高校实验室建设具有重要的现实意义和深远的战略意义。

一、实验室文化的内涵

实验室文化的概念有广义和狭义之分。狭义的实验室文化概念主要偏重于精神文化层面。广义的实验室文化概念将精神文化、制度文化、环境文化等视为有机组成部分，研究它们的各自特点以及它们之间的相互关系、相互影响和整体效应。

1. 实验室精神文化

实验室精神文化是实验室文化的核心与灵魂，集中体现在实验室的理念和精神之中。实验室精神的核心是实验室的治学理念和研究风格。科学的实验室精神是建立在对科学研究本质、教育规律和时代特征深刻认识的基础之上的，实验室精神是实验室的特色、水平和生命力的源泉与动因。

实验室精神文化主要包括以下几个方面：首先，实验室精神文化要具有追求真理的精神。大学的实验室，特别是国家级的重点实验室代表了一个国家的科学研究和知识创新的最高水平。科学家在实验室开展知识创新的过程就是不断发现新规律、提出新理论、新方法的过程，也就是探求科学真理的过程。实验室精神文化应当培养这种敢于追求真理并为真理献身的勇气、毅力和决心。其次，实验室精神文化是一种崇尚学术的文化。大学实验室应当提倡不唯上、不唯书、只唯实的精神，始终强调独立学术人格、独立逻辑思考、独立科学判断，营造自由进行科学探索和创新的氛围。再次，实验室精神文化是一种严谨求实的文化。只有坚持实事求是、崇真务实，能够脚踏实地、坚忍不拔地勤奋工作，才能实现科学研究的创新和发展。

2. 实验室制度文化

由于实验室的社会活动主要集中在教学、科研和社会服务 3 个方面，因此实验室制度文化主要体现在教学、学术研究和社会服务中的结构和规范。从横向上看，实验室制度文化主要包括实验室的科研管理制度、教学管理制度、人员管理制度、设备管理制度、财务管理制度、安全管理制度、环境保护管理制度等。实验室的制度文化以一种有形的、正式的、强制的行为准则来约束成员的思想和行为。

3. 实验室环境文化

实验室环境文化是实验室文化的物质形态，既是实验室精神文化的物质基础，也是实验室综合实力的重要标志。它包括：实验室科技成果的物质形态；一支高水平、结构合理、具有人格魅力、善于治学育人的教师队伍；一个经过独特设计，可以体现本实验室精神文化且能激发工作热情和创造性的实验室场所；一批现代化、高精尖的实验设备和先进信息网络平台等支撑实验室存续与发展的物质要素与成果。

概而言之，实验室文化是以实验室为载体，在实验室长期的发展实践中，通过历代在实验室从事研究工作的师生传承和创造而逐渐积淀的实验室理念、实验室精神、实验室使命、学术氛围、实验室制度、价值观念、学风教风、科技成果的物质形态、实验室环境、行为模式等物质成果和精神成果的总和。它是实验室生命力、凝聚力、教育力、创造力、感召力、影响力、核心竞争力之所在,其基本内容包括实验室精神文化、实验室制度文化、实验室物质与环境文化等几个层面,它们是一个相互联系、相辅相成、辩证统一的有机整体。

二、实验室文化的特征

为了使高校实验室沿着健康的轨道发展,在实验室建立、发展的过程中形成了一系列规范实验室工作人员思想和行为的文化现象,我们可以把高校实验室文化的建设看作是各种文化现象的一个整合过程,其中一些文化特质被吸收,另一些文化特质被排除,文化整合结果的表现形式就是实验室文化的特征。高校实验室文化具体表现出以下特征。

1. 客观性和自主性

实验室文化作为一种区域性亚文化,是整个大学文化的子系统之一,所以在其形成和发展过程中必然受到大学文化的影响,从而决定了它具有大学文化的客观属性。大学文化既是实验室文化的生存基础,同时也是其在进行科学建设进程中,所必须依赖的重要理论依据和进行实践检验的基地。故在建设实验室文化的过程中,必须注重与本土校园文化的融合,吸收其合理、先进的养分,从而体现出与其具有的共同教育背景,深刻的人文特征和多元化的价值理念,这是真正发挥实验室作为综合研究基地潜在作用的重要保证。

大学是一个松散联合的组织,构建价值和信念系统是提高组织效率的有效方法。实验室作为大学的有机组成部分,是大学为集中开展高水平的科学研究和培养高素质的人才而设立的专门场所,也是一个比较自主的文化子系统,这决定了实验室文化具有大学文化的一般特征。在实验室文化建设过程中通过提高实验室工作人员的主体意识,可以激发实验室整体的能动性和创造性,进而使实验室能够在一定程度上按照学校整体发展的思路自主地构建和选择适应自身开展科学研究和人才培养的实验室文化形式。费孝通先生认为:“生活在一定文化中的人对其文化有‘自知之明’,明白它的来历、形成的过程,所具有的特色和它发展的趋向,自知之明是为了加强文化转型的自主能力,取得决定适应新环境、新时代文化选择的自主地位。”也正是由于实验室文化的这种主体的自主性,才大大增加了其实验室文化形成和发展过程中的可控因素,从而通过舆论宣传、纪律约束、教育感化、环境熏陶等手段,把实验室文化的建设控制在能充分体现实验室特色并促进科学研究和人才培养全面发展的方向上,最终实现实验室文化良好的带动作用。

2. 可塑性与超前性

文化不是一成不变的,实验室文化的形成,不仅要靠历史的文化积淀,长期的文化传统,还要靠当时人们的能动创造,更主要的是要受到学校的整体文化氛围、实验室主要教授的治学思想和行为方式的支配。从某种意义上说，实验室的利用者也是实验室文化的创造者。他们的思想导向、价值观念、道德风貌决定了实验室文化的性质、水平和风格。因此，无论何时何地，任何一个实验室要创成优秀的实验室文化，都要从本实验室实际出发，充分调动实验室主体，尤其是实验室教授和实验技术队伍的积极性，倡导正确的思想和价值观念以及高尚的行为规范，抛弃原有文化形态中落后的、不良的东西。建设队伍时注意保持合理的学缘结构也是实验室活跃学术气氛、改善实验室文化的一个重要手段。学缘结构是指实验室成员最终学历的毕业学校的构成状态。学缘结构单一会导致“学术遗传病”，那就是学术风格单一化、学术环境封闭化，不利于不同学术思想的交流与碰撞，创新思维差，创新活力不足，因而很难产生创新成果。由于大学实验室文化主体一般思想活跃、勇于开拓、富于批判精神，所以能够走在时代前列，在实验室文化的塑造中能够不断创新，使实验室文化具有超前性和可塑性的特点。

3.非强制性和相对持久性

实验室文化对其内部人员的影响主要是通过实验室的显性环境和隐性氛围来实现的。显性环境是指实验室为实现激励和培养人才目标，通过建设文化墙、编辑纪念册、组织成果展等形式开展的文化传承活动；隐性氛围则主要是指实验室的教风和学风、环境的绿化美化、文化生活及人际关系与心理气氛等。实验室文化影响的非强制性更多的是通过实验室的隐性氛围对实验室的师生潜移默化的作用实现的。实验室通过设计形成特定环境和氛围对在实验室工作的师生员工陶冶和感染，潜移默化地影响全体师生员工的思想、情感和生活，起到净化、美化心灵的作用。由于实验室文化是实验室优良传统文化的结晶，因而具有较强的稳定性，这就使得它对实验室一代又代人产生的影响也具有相对持久性。这种持久性不仅表现在实验室文化对其所培养人才影响的长效性上，而且还表现在它对实验室培养出的学生走向社会后的为人处世和个人发展方向的影响上。良好的实验室文化对学生的影响会使他们的思想和行为铭刻实验室文化的烙印，使他们在面对社会文化环境与实验室文化之间的差异时不会产生异化现象，相反会在这种差异面前更加强化他们已经形成的良好品质和行为方式。

三、实验室文化建设的原则

实验室文化建设是一项系统工程，当进行顶层设计时，必须立足实验室发展战略，把实验室文化建设作为整合实验室资源，全面提高实验室整体水平的重要手段。因此，实验室建设必须把握以下几项原则。

1. 继承和发扬传统的原则

任何类型的文化都是遗传和环境的产物,中国的实验室文化,一方面,两千多年的传统和文化,在中国人的观念中血脉相承,深深植根于中国的传统文化以及教育传统的沃土之中,这是现代中国实验室文化所必须批判继承的基本传统;另一方面,中国现代实验室也是仿效西方的产物,它吸收了世界各民族优秀文化的丰富营养,遵循了科学发展的一般规律。因而,历史上的一些宝贵思想文化,加上西方的一些重要实验室文化财富,就形成了构建中国特色实验室文化的重要基础。同时,实验室的文化深深打着开创者和做出重要贡献的学者的烙印,实验室文化的构建也必须继承和发扬这些人创立的优秀传统。如我校的凝固技术国家重点实验室,正是由于继承了周尧和院士、傅恒志院士、张立同院士等老一辈科学家树立的严谨求实、敢为人先的实验室文化,实验室才一步一步走向今天的成功。

2. 适应时代变化的原则

实验室是大学的一个子系统,而大学存在于社会之中,并随着社会的变迁而不断变更,以求得与社会政治、经济和文化的发展相适应。因此,大学的实验室也必须随着大学的发展,以其所处的历史、文化、经济环境来运作。实验室作为发现、发展和创造知识的机构,随着社会的发展,还将不断开放,不断扩充其职能,不断适应和接受社会发展所需要的各种合理要求。面对知识经济时代的呼唤,被动的适应、盲从甚至依附乃至随波逐流,都是实验室自主性和创新性的削弱与丧失。对此,实验室文化建设的理性选择是,既遵循自身的发展逻辑,坚守一些合理的内核,更要主动地适应经济社会发展;不仅适应社会当前和近期的需要,还要适应可以预见、长期的发展需要;不但要适应社会发展,更要反思、指导、引领社会发展,成为人类文明发展的摇篮。

3. 主体积极参与的原则

坚持主体积极参与的原则就要立足校内,调动实验室文化建设主体的积极性,要注意发挥教师和实验技术队伍在实验室文化建设中的主导作用,强化教职员工的主人翁意识,激发学生的参与热情,充分发挥学生的热情和作用,把实验室文化建设引向深入。教师和实验技术队伍的主导作用不仅体现在科学研究上率先垂范和为人治学上以身作则,还能适时调控实验室科研、育人的环境和进程,根据不同的对象有的放矢、区别对待,通过耐心细致的工作引导青年学生把握学科前沿,融入世界科技发展的主流。学生既是实验室文化的建设者,又是实验室文化的受益者,唯有广大学生积极主动地参与实验室文化活动,实验室文化才能持续不断地传承和发展。

4.系统科学整合的原则

系统性就是运用系统论的原理和方法，视实验室文化本身为一个复杂的多个要素结合而成的整体系统，把实验室文化建设看作是一个系统工程。在实验室文化建设中坚持系统性原则，深入研究实验室文化的结构层次，不顾此失彼。实验室文化的3个不同层次各具特点，在实验室文化建设中注意分析3个层次之间的联系和区别，统筹兼顾，环境建设要体现寓无形于有形，思想道德教育的“言教”和榜样引导的“身教”相结合，将潜意识和有意识结合，还需要通过制度建设将科学的规范要求内化，于有形中产生无形的情感，真正树立严谨求实、敢为人先的治学观和人生观。

四、实验室文化的建设途径

《学记》曰：“九年知类通达，强立而不反，谓之大成；夫然后足以化民易俗，近者悦服，而远者怀之，此大学之道也。”在一定程度上说，高校实验室不仅是一种客观的物质存在，更是一种文化存在和精神存在，这种存在具有超越物质存在的现实意义和历史价值，这正是我们今天构建实验室文化的意义所在。实验室文化建设必须通过合理有效的途径才能最大限度地体现实验文化的意义。

1.凝练核心理念，发挥大师和领军人物的精神文化带动作用

实验室文化是一个实验室在不断的发展与壮大中淬炼的风骨与品格，是数代实验室人智慧的沉淀与积累，也是实验室在吸收时代精神之后的创造与升华。在新时期与时俱进，提炼既具有时代特征又反映实验室特色、既高度凝练又准确深刻体现实验室精神内核的核心理念，是实验室文化建设的重要前提。

任何一个大学实验室都有在发展过程中起到关键作用的学术大师或学术领军人物，他们都有自己的理想追求和治学理念，由此发端形成了实验室的传统、特色和文化底蕴，经过历代人的传承、扬弃和创新而铸就了实验室的精神。他们是实验室精神的创造者，在实验室精神文化产生的过程中，作为实验室理想追求的践行者和治学理念主持者，发挥了不可替代的作用；他们是实验室精神文化的传承者，正如德国的雅斯贝尔斯所说：“大学的生命全在于教师传授给学生新颖的，合符自身境遇的思想来唤起他们的自我意识。”实验室的学术大师或学术领军人物，不管是在职的还是退休的，都是实验室的宝贵财富，充分发挥他们作为实验室精神导师的作用，对于实验室精神文化建设至关重要。开展知识讲座、举办学术会议、带领科学研究、培养实验技术、指导实验室管理等途径，能够使这些人充分融入到实验室精神文化建设的各个方面，并在其中

发挥重要的作用。

2.加大文化建设投入,通过环境文化建设将实验室精神外化

实验室文化是实验室生存、延续、发展的动力来源之一,实验室的建设者和管理者应当将实验室文化建设纳入实验室发展的总体规划当中。目前,高校实验室的文化建设工作获得的关注和资金投入非常有限。实验室文化建设需要在现有的基础上加大投入,加大人力、物力、财力等多方面的资源投入,使文化建设能够得到更好的提升。

实验室环境文化建设是实验室整体文化建设的一个很好的抓手和切入点,通过实验室环境文化建设,可以形象地展示实验室的内涵和特色,将实验室的精神文化外化,通过一种更直观、更容易时刻感受到的方式将实验室的精神文化潜移默化地铭刻在人们的心理。做好实验室环境文化建设首先要规范实验室的形象标志,通过统一实验室的形象标志,规范使用实验室的各类指示牌、办公用品、文化宣传材料、礼品等,逐步完善具有本实验室特色的形象标志体系,培养在实验室工作的师生员工的文化认同感;其次要建设实验室良好的人文环境和工作环境,实验室在建设过程中的环境设计和建设要形象鲜明、风格一致,建筑中要设置具有文化内涵和教育意义的图片、景点、橱窗以及学术沙龙等配套设施,使之既能展示实验室的历史传统,又能创造环境育人的良好氛围,同时遵循生态实验室的建设要求,加强实验室内部环境的优化和美化,整体、系统地规划实验室人文布置,使实验室人文气息浓厚;最后要塑立实验室形象和地位,一方面通过设立科技成果展示室等多种形式充分反映实验室的文化特色和文化底蕴,另一方面通过业内的各种会议、活动以及各类媒体,加强对外宣传工作,积极宣传实验室的特色、亮点和成就,提高实验室在业内和社会上的知名度,树立良好的形象。

3.加强制度建设力度,通过制度建设使实验室文化内化

实验室制度文化的作用在于通过一系列制度设计对师生的思想和行为进行规范、激励和约束,进而影响实验室的文化氛围,最终实现实验室的发展目标。实验室制度文化的作用过程,就是各项管理制度的制定、实施与运行过程,也是一个实验室发展主导者的治学理念和管理理念的传播过程。只有在管理制度的实施与运行过程中,一个实验室的文化理念才能得到师生的普遍理解和广泛认同,才能使实验室文化内化并得以传承和弘扬。

管理制度的制定、实施与运行过程,是形成实验室制度文化的重要途径。一方面制度设计要保证其先进性、科学性和合理性,这就要求制度的设计者不仅要把握学科前沿和实验技术发展的最新动态,还必须对涉及实验室有序运行的包括教学、科研、人员、财务、设备、环保、安全等各个方面的管理规律都系

统考虑和准确把握；另一方面在管理制度的实施与运行过程中，必须坚持“有法必依”的原则，从而保障制度的严肃性、稳定性和权威性。管理制度的实施与运行情况反映了一个实验室制度文化建设的实际状况。如果一个实验室只是拥有完备的管理制度体系，而在管理制度的实施与运行上并没有完全落实，管理制度文化的作用就得不到充分发挥。

参考文献

[1] 杨安，洪家慧，魏勇刚. 论新形势下高校实验室文化的建设[J]. 实验室研究与探索，2006,25(5)：555－557.

[2] 李庐. 论实验室文化建设的基本要求与内涵[J]. 宿州学院学报，2007,22(6)：138－139.

[3] 金顶兵，闵维方. 论大学组织中文化的整合功能[J]. 北京大学教育评论，2004(3)：93－96.

[4] 费孝通. 关于文化自觉的一些自白，费孝通九十新语[M]. 重庆：重庆出版社，2005：210－211.

[5] 刘国瑜，张英. 试析国家重点实验室的文化管理[J]. 实验室研究与探索，2007,26(9)：107－110.

[6] 杨天宇. 礼记译注：下册[M]. 上海：上海古籍出版社，2004：457.

[7] 雅斯贝尔斯. 什么是教育[M]. 邹进，译. 北京：生活·读书·新知三联书店，1991.

聘任制改革下高校青年教师心理契约的动态演化

孙武斌 于兆良

摘 要 心理契约对于个体的态度和行为有着重要的影响。高校聘任制改革打破了传统的心理契约平衡,对青年教师的成长将产生重要影响。在聘任制条件下解读青年教师心理契约的变化,分析青年教师心理契约的动态演化过程以及作为重要心理资源的心理资本在心理契约的演化过程中作用,并基于该动态过程给出了心理契约的4种管理策略,即以心理资本务实心理契约的投资式管理、以发展维护心理契约的发展式管理、以体制保障心理契约的动态式管理和以期望匹配心理契约的引导式管理。

关键词 心理契约 高校青年教师 动态演化 心理资本

高校要生存和发展,必须有一支高水平的教师队伍,高水平教师队伍的建立必须依靠对青年教师的培养。我国自实施教师聘任制以来,青年教师的积极性和工作热情并没有预期的那么高,究其原因,除了制度本身的缺失和配套改革不到位,还有就是只关注聘任合同,忽视了青年教师培养过程中对聘任合同的无形副本——心理契约——的维护。

一、高校体制改革背后青年教师心理契约的变化

心理契约是美国管理心理学家 E. H. Scheming 提出的一个学术概念,他认为,“心理契约是个人在有所奉献与组织欲望有所获取之间以及组织针对个人期望收获提供的一种配合”。它虽然不是一种有形的契约,但它确实又发挥着一种有形契约的影响。心理契约是一种感情交往,融入的是真诚、平等、公正、勤勉等义务的承诺与互惠互利,交换的是蕴藏在交往各方内心深处的感情或期望,相对于经济契约来说,心理契约维持的关系更持久、更稳定。

长期以来,我国高校形成了组织和教师之间的关系型心理契约,即教师与组织间不仅仅是单纯的经济型交换关系,而且是一种类似于人身依赖的关系。然而高校人事体制改革打破了教师心中传统心理契约的平衡。高校教师职务聘任制改革所引起的并不仅仅是某几个教师心理契约被破坏,而是教师群体

心理契约的失衡。对于刚步入岗位的青年教师来说，他们曾经期待的“共生体式”的组织文化“组织式”的管理和“稳定性”的期待都改变了。在新的聘用关系中，学校与青年教师成为对等的主体，原有的依附关系被解除，青年教师心理契约的形成基础发生了改变，因此，聘任制的实施对于他们心理契约的影响是巨大的。

1.青年教师的组织承诺感降低

高校以聘任制取代终身制，使得青年教师面临着巨大的压力，虽然聘任制使他们更加精益求精于自己的专业发展，但是他们不再表现出对组织的感情依赖和组织忠诚，而是把更多的精力用在了自己的职业上，表现出职业忠诚大于组织忠诚的现象，不利于教师与高校之间目标预期的吻合和心理契约的实现。

2.青年教师对组织的不信任感加强

稳定性期待是青年教师心理契约的重要构成内容，也是青年教师职业开始阶段的必然需求。改革的实施使青年教师没有了稳定性期待，组织的行为变得难以预测，使他们对于组织的信任感逐步降低，增加了青年教师心理上的焦虑和失衡，从而容易破坏青年教师的心理契约。

3.青年教师的心理契约也呈现出新的特点

(1)脆弱性增强。青年教师所处的年龄阶段正是最需要花钱的阶段，而体制的改革使他们不再处处以组织为中心，而是更加倾向于物质观念，在职业发展中更多地倾向于追逐物质而不是教学与科研，使得高校与青年教师的心理预期无法实现，心理契约失衡和破坏在所难免，因此，心理契约的脆弱性增强。

(2)双向交互性增强。由于组织忠诚的降低，一旦意识到现有的工作已经不能满足他们个人成长及发展的机会和空间，就很容易产生离职的意念，而不再是对组织的忠诚，这需要双方更多的努力才能维护他们之间心理契约的平衡。

(3)动态发展性增强。在新的体制下青年教师的自我发展意识和自我实现欲望得到强化，心理契约的更新速度加快，心理契约破裂和违背的概率增大，使得心理契约呈现了更强的动态发展性。

二、心理契约对于青年教师成长的重要价值

1.高校重视青年教师心理契约的必要性

(1)高校的特点及其发展决定了其应当重视青年教师的心理契约。高校青年教师的培养是影响高校教师力量发展和平衡的基础，关系着高校教学质量、科研水平和学校的兴衰发展，尤其是在市场经济条件下，青年教师更容易

受到经济利益、社会地位等的驱动而产生心理波动。高校绝不能仅仅局限于对聘用合同等有形规范的重视,还应当积极构建与青年教师的心理契约。大量事实表明,一般的契约或许可以留住人,但心理契约才能留住职工的心,只有良好的心理契约关系才能使教师们心甘情愿、尽职尽责地服务于学校,学校才能不断地发展壮大。

(2)青年教师的个性特征决定了高校应当重视青年教师的心理契约。高校青年教师作为知识型员工,其高学历、高追求、低成就等特征决定了他们对于尊重、自我实现、成就的追求要强于一般人,这也正是他们价值的证明。虽然青年教师处于人生的发展初期,物质报酬对于他们有着重要的价值,但是这并非纯粹的经济利益的追求,其在很大程度上是期望通过物质利益来证明自身的价值。因此,要尊重青年教师的心理契约,通过学校和青年教师相互间理念和价值观的认同才能激发广大教师的创新精神,满足其对人生更高价值目标的追求并最终提高高校的竞争力。

(3)青年教师的职业特点决定了高校应当重视青年教师的心理契约。青年教师处于职业生涯的初期,他们的职业素养和技能都处于形成期,这一过程需要很强的专业辅导才能培养他们的创造性和专业自主性。在这一形成期,由于教师的工作没有严格的工作监控,不利于青年教师工作质量的提高和保证,在很大程度上必须依靠青年教师本人的自愿、自觉。这种自觉和自愿的特性以及教师劳动成果的非物质性和长效性决定了不能单纯依靠经济契约和合同来实现,需要通过心理契约将工作的积极性和主动性深入到青年教师们的心理层面。

2.心理契约对青年教师的价值体现

关于心理契约的价值,Robinson 认为,心理契约是形成员工工作态度和工作行为的决定性因素。心理契约作为聘任合同的重要补充,对青年教师的态度和行为起着重要的作用价值。

(1)增强青年教师的安全感和忠诚度,构建生命共同体。正式的聘任合同只是规定了青年教师劳动的条件、报酬、责任等方面,在教师的发展及职业生涯等方面并没有清晰的界定甚至很少涉及。心理契约的建立能够很好地弥补这一缺陷,减少高校和青年教师之间的不信任感,从而增强青年教师对组织的忠诚度,并以更积极的态度参加组织中的共同活动,构建起“生命共同体”。同时心理契约的建立有利于青年教师队伍的稳定,良好稳固的心理契约能够增加其流动成本,使其在人际关系、工作条件、工作环境、职业生涯等方面的成本以及心理成本增加,降低他们的预期收益,令青年教师慎重对待流动问题,从而有利于青年教师队伍的稳定。

(2)心理契约能够影响青年教师的绩效表现,进而影响组织的绩效或者产出。从青年教师角度来讲,心理契约能否实现直接影响到青年教师的工作动力和工作表现,心理契约的实现能够刺激青年教师的工作积极性和工作动力,并在此基础上形成新的心理契约及心理契约的良性循环,加深高校和教师之间的关系;反之,心理契约的破坏则会挫伤青年教师的积极性,降低对组织的期望,进而影响组织绩效。

(3)有利于激发青年教师不断地完善创新。心理契约通过建立在双方互相信任基础上的隐形契约关系,促使青年教师形成对组织的责任以及承诺,这是一种无形的引擎,让他们发挥自身潜力,激活创造力,主动地进行各种教研活动与学术创新。

三、青年教师心理契约的动态演化及心理资本在其中的作用

心理契约具有动态的本质,当组织或者个体的任何一方主观感觉到契约不公平时,往往会单方面做出某些行为以促使契约的收支平衡,从而出现一个契约的“纠正环路”来保持自己的公平感;当不能调整或者调整过速时,就会有一方拒绝契约,以此来保持契约的公平和动态平衡。可以说,心理契约不断重新修订已成为一种常态,心理契约始终处于不断的修正—平衡—再修正—再平衡的动态循环中。心理资本能够调节人的心理智能,影响个体的工作行为和态度,改变个体对事物的积极归因,使个体从困境中造就坚强的意志,从而对组织和个体的目标有一个清醒的预期,有利于组织目标和个体目标的吻合。因此,心理资本可以在心理契约的动态循环中起着重要的调节作用。

借助契约理论,结合我国高校和青年教师的行为分析,将心理契约演化与发展分成 6 个阶段:心理契约形成、心理契约履行、心理契约更新、心理契约破裂或违背、心理契约实现、心理契约重构。

1. 心理契约的形成阶段

一旦青年教师的身份确定,在高校与青年教师之间这种双方隐含的、非书面的、未公开说明的,且基于主观理解的心理契约也就随之形成了。当然,它的形成是一个动态过程。鲁索等研究者明确提出了员工心理契约形成过程,结合青年教师的特点,将青年教师心理契约的形成过程主要概括为两个阶段。

(1)主观认知阶段。青年教师在进入学校工作之前,他们通常有着自己关于工作、职业和组织的认知“图式”。图式是基于过去的经验而发展起来的,受到个体成长经验、个性特点以及个体的职业价值等多个因素影响的一种心理状态的集合。作为一种积极的心理资源,心理资本能够调节个体的认知程序,来引导个体的价值取向等心理状态,使青年教师的认知“图式”与高校组织相

吻合。

(2)责任预期阶段。这是青年教师心理契约形成的关键时期，在此阶段，青年教师和高校就相互的权利、义务及利益关系进行深入的沟通，心理资本能使青年教师对自己的能力充满自信，对未来有乐观的解释风格和积极的预期，有利于青年教师与高校之间目标预期的吻合，促进心理契约的形成，从而使青年教师对“自己为学校付出什么”和“学校为自己回报什么”的双方责任义务有着更深的理解。

2.心理契约的履行阶段

经过主观认知和责任预期阶段，就进入心理契约的履行阶段。在履行中，心理契约的无形规约使得双方不断以心理期望的实现程度来审视履行的预期发展和结果，其间可能会因信息不对称或其他原因出现一些履行障碍。心理契约是一种动态的发展过程，其履行也可以分为以下两个阶段。

(1)逐步完善阶段。这是青年教师心理契约形成的敏感时期。在该阶段，青年教师会收集新的信息，并对其进行相互比较、验证。青年教师的心理契约此时还处于一种正在完善的过程中，矛盾的信息极易影响对组织的信任，例如，青年教师从不同老教师那里得到对学校某项工作的不同评价，这会影响新教师心理契约的完善。而心理资本中乐观的态度有助于青年教师对于收集的信息有着积极的归因，并把此视为提升自己能力的机会，并能产生一种积极的动机状态，从而不会让矛盾的信息影响到自己对组织的信任。

(2)相对平稳阶段。青年教师心理契约逐步完善后，就进入了相对平稳阶段。在这个阶段，能否保持心理契约的动态平衡是非常关键的，在这个阶段组织中所发生的任何变化都能对青年教师的心理契约平衡产生影响，如工作压力增大、组织变革、社会环境(教师地位等)变迁等，而心理资本能使青年教师具有坚韧性，使他们具有从困境中或从挑战性的事情中恢复过来的能力以及超越平凡的意志力，能够帮助青年教师提高克服困难的能力，让他们对自己的理想、目标和使命有坚定的信念，能够保持心态的动态平衡。

3.心理契约的更新阶段

社会的进步和客观环境的变化，使得青年教师工作的环境和内容、方式和手段也在不断变化、更新，这样，必然打破双方原有的心理契约平衡，导致青年教师与高校之间心理契约内容的更新，而这一更新就需要青年教师具有适应环境变化的能力，以积极的心态、发展的眼光来看待更新的心理契约内容，因此，必须及时进行心理契约更新的修正。心理资本能够使青年教师对外界环境的变化具有积极的归因和乐观的态度，通过自我引导的决心、能量和内控的知觉来实现对这一新变化的认知，并理解高校为之所做出的努力，积极配合，及时修正，从而完成心理契约的更新。

处于更新阶段的心理契约需要引起关注：一是高校和青年教师双方都应当用动态发展的视角来审视心理契约的内涵，正视心理契约的更新，互为理解，积极配合，及时修正；二是高校要更加关注青年教师心理契约更新的内容，适时反馈，及时完成心理契约更新的修正，并掌握修正的效果。

4.心理契约的破裂或违背阶段

（1）心理契约的破裂与违背阶段。正因为心理契约是内隐于高校与青年教师内心深处的主观心理约定或期望，其既有各自主观理解上和心理契约实际履行程度认知上的偏差，产生破裂，又有因主观意识到预期未能履行或不公正履行，致使违背，所以，破裂或违背阶段往往是心理契约历程周期难以避免的。感知到的契约违背会使青年教师产生对工作、组织等的不满意，甚至产生消极行为意愿。当然，青年教师也会试图与组织进行沟通来改变这种不一致，如果不一致情景持续，他们就会开始体会到不公平，甚至愤怒，心理契约的违背就到了感知到契约无法履行的阶段，这种契约无法履行的阶段发展到了最高峰就需要调整。

（2）心理契约破裂或违背的修正阶段。无论心理契约是破裂还是违背，都会打破原有心理契约的平衡，势必对青年教师的态度和行为产生消极影响，所以，针对心理契约破裂或违背的修正显得尤其重要。莫里森和鲁滨孙总结了过去对心理契约违背概念的研究，认为心理契约未履行会产生相应的认知评价与情感反应，在两者之间存在一个复杂的解释过程，并提出了心理契约违背行为须经历 3 个阶段：承诺未履行、契约破裂和契约违背，而且每一个阶段都受到不同的认知加工过程的影响。

5.心理契约的实现阶段

历经心理契约的形成、履行、更新、更新的修正、破裂或违背、破裂或违背的修正，最终到达心理契约的实现阶段，这是心理契约服务于组织和个体目标预期的理想结果，此时，存在两种情形：一种是心理契约完全实现，青年教师会体验到和谐心理契约实现所带来的成功喜悦，感知强烈的归属感，进而向往更加美好的共同远景，因此，新的心理契约将形成；另一种是心理契约的部分实现，那么未实现的部分，必将又进入修正、更新、履行、实现的动态循环系统，也就是心理契约的重构阶段。心理契约的实现阶段也是新的和谐心理契约将要形成的关键期。在此阶段，加强青年教师的自豪感、归属感与成就感是迫切需要的，而心理资本通过调节青年教师的认知程序，引导他们的价值取向和思维方式，对心理契约的实现产生积极的反馈。

6. 心理契约的重构阶段

心理契约重构的过程是青年教师与高校之间彼此努力来实现新的心理契约平衡的过程,而在这一过程中,心理资本的开发与管理对青年教师的心理契约有着重要的影响。

(1)青年教师心理契约遭到破裂或违背修正后,会对高校有一个理想的预期,组织要与青年教师积极沟通,激发心理契约违背的教师对组织的认同感和尊严感。心理资本的开发与管理能够促使青年教师遇到问题更倾向于把契约未履行归因为不可控的外因或相互误解,而减轻对组织的责怨,从积极的角度度量自己的心理契约,促进基于沟通机制的青年教师心理契约重构。

(2)组织要通过核心价值观的传递与员工缔结心理契约,可以从组织文化的表层到内涵,从有章可循的规定到组织对员工隐性的期待及由此带来的奖赏,感悟组织对价值的肯定,逐渐达成与组织间的心理契约。心理资本的开发可以调节青年教师的认知程序,引导他们的价值取向,使他们接受组织的价值观,从而加强组织文化对于青年教师价值观的正面影响,提高青年教师的心理契约违背阈值,促进基于组织文化的心理契约重构。

(3)青年教师心理资本的培训能够及时调整青年教师对组织不切实际的幻想和期望,使他们更迅速地融入组织,缩短他们的适应过程。经过心理资本与心理契约的碰撞和调整,青年教师会更加清晰地了解组织的管理理念和价值观,明确组织对他们的期望和要求,修正头脑中存在的有关心理契约的认知结构,促进他们的心理契约重构。

四、基于动态过程的心理契约管理

心理契约的动态演化过程强调了心理契约从建立后在波动与平衡之间的变化,是心理状态不断调整的过程,体现了心理资源对于个体与组织之间目标预期的制约。而如何管理心理资源使员工的心理契约能够和谐平稳的发展,并能有效地整合高校与青年教师之间目标预期的关系,已经成为目前高校研究青年教师发展的重要课题。

1. 投资式管理:以心理资本夯实心理契约

青年教师与高校之间的心理契约更多的是重关系型而轻交易型心理契约,因此,情感和关系的维护对于心理契约的平稳是非常重要的,也是青年教师心理契约构建的根基。心理资本能够增加员工的组织承诺感,增加青年教师对于高校的情感承诺,使青年教师在感情上认同组织、依赖组织和相信组织。当契约双方彼此互相信任时,心理契约的更新变动更易被解释为现存契约框架内的变动,因为基于信任关系的契约双方不期待契约违背,所以易导致契约的修正。而心理资本中乐观的态度更容易产生信任，他们彼此相信对方为契约平衡所做出的努力，使弹性的意愿最大化，这使得心理契约双方更易寻求改变来促使心理契约的实现。因此，高校组织应该提高青年教师的心理资本，提高他们乐观的人生态度，从而增加青年教师的情感承诺和组织信任，使青年教师与高校之间建立良好的关系型心理契约。高校组织要把心理资本的开发当作对青年教师的一种投资，通过心理资本的开发使关系型心理契约得以实现。

2. 发展式管理：以发展维护心理契约

青年教师的心理契约具有职业导向性与职业发展性特征，因此，高校组织在管理过程中要通过构造合理的学科布局、建立科研团队等途径，为青年教师搭建职业发展的平台。

(1)构造合理的学科布局。学科建设是一个有规律的科学过程，学科带头人不仅能引领一个学科的发展方向，更重要的是，学科带头人对其所属学科的青年教师的学术发展具有重要的引领和推动作用，同时他们与学校的心理契约质量，直接影响科研团队中其他人与学校的心理契约水平。因此，高校组织要遵循学科发展规律，构造合理的学科布局，夯实青年教师发展的学科平台，使青年教师与学科共同成长。

(2)建立创新团队与跨学科协作机构，促进知识共享交叉。优秀的科研创新团队，不仅能把握学术前沿，选准研究方向和课题，而且能在集体协作中形成创造的“叠加效应”。

(3)以培训保障青年教师的持续发展。通过培训，高校向青年教师传递更具体的信息(如战略目标、制度规范等)，不断调整青年教师的心理预期，青年教师和高校双方最终达成对彼此的心理契约。

3. 动态式管理：以体制保障心理契约

青年教师心理契约具有职业阶段性与动态循环性，因此，要实现青年教师与高校组织间的双赢，实现心理契约的动态良性循环，就要遵循教师的心理契约发展规律，用体制保障心理契约的实现。

(1)确立高校与青年教师共同的职业愿景。高校需要具备前瞻性和战略眼光，与青年教师分享符合他们的价值观、具有挑战性的共同愿景，确立组织与个人的前进方向与奋斗目标，建立组织与青年教师的良性心理契约。

(2)建立公平的竞争机制和激励机制。青年教师在心理及行为方面表现出相应的职业特长和个人素质，高度重视成就激励和精神激励。因此，对他们的行为管理应该是经济激励与非经济激励的组合，使他们在高校中享有独立性和自主性，在和谐心理契约的基础上进行合理的激励制度安排。

(3)要建立有效的沟通机制。畅通的沟通机制能够使高校与青年教师之间形成清楚明确的反馈,使他们清楚地了解彼此的目标预期,从而可以促进心理契约的形成,减轻心理契约违背感,为组织与青年教师心理契约的实现提供保障。

4.引导式管理:以期望匹配心理契约

青年教师在成长过程中,表现出强烈的实现自身能力提高和自我价值的期望和需求。青年教师自身能力提高和自我实现的需要,就是期望在工作上有所成就,在学术上有所建树,实现自己的理想和抱负。学校要主动采取措施引导成长中的青年教师形成有利于他们和学校共同发展的心理契约,增强学校和他们之间的契约意识和责任意识。为满足成长中的青年教师合理和正当的需要,以充分发挥他们的创造性潜力,学校管理层应该利用现实的条件创造心理契约达成的组织前提,使学校目标的明确方向与重视成长中的青年教师的利益、需要的满足相结合。应当在共同讨论和协商的过程中对良好期望做出解释,通过传递真实可靠的信息,使契约双方能够明了"你对我有什么样的期望,我可从那里获得什么回报",这样双方的心理期望能够相互匹配。要尽量避免因个人的需要与学校的需要不符合所带来的麻烦及由此造成的学校机体的功能紊乱。学校领导层要正确利用心理契约这种心理机制,使它真正成为激发青年教师主动性和积极性的心理基础。

参考文献

[1] 李原,郭德俊.组织中的心理契约[J].心理科学进展,2002(1):83-89.

[2] 李峰,穆方平.高校人力资源管理中心理契约的探讨[J].杭州电子工业学院学报,2004(2):36-38.

[3] 赵恒平,廖红梅.聘任制下高校组织与教师间心理契约的重构[J].武汉理工大学学报:社会科学版,2006(4):569-572.

[4] Robinson S L, Morrison E W. Psychological Contracts and OCB: the Effect of Mffulfilled Obligations on Civic Culrtue behavior[J]. Journal of Applied Psychology,1995(16):289-298.

[5] 魏峰,张文贤.国内外心理契约研究的新进展[J].管理科学学报,2005(5):82-88.

[6] 徐虹.心理契约在人力资源管理中的应用研究综述[J].安徽工业大学学报,2008(3):62-65.

[7] Denise M, Rousseau, Snehal A. Tijoriwala, Assessing Psychological Contracts:Issues,Alternatives and Measures[J]. Journal of Organiza-

tional Behavior,1998(19):679－695.

[8] Justin Aselage,Robert Eisenberger. Perceived Organizational Support and Psychological Contracts: a Theoretical Integration[J]. Journal of Organizational Behavior,2003(24):491－509.

[9] Morrison E, Robinson S L. When Employees Feel Barayed: A Model of How Psychological Contract Violation Develops[J]. Academy of Management Review,1997(1).

高校思想政治理论课实践教学的探索
——以小班实践教学为例

高旭红　龚笑非

摘　要　实践教学在高校思想政治理论课教学中具有不可替代性。当代大学生的特点、高校的教学规律以及班级作为大学生自我教育、自我管理、自我服务的载体，使得以小班为单位进行实践教学具有可行性。小班实践教学具有以下优点：一是能突出学生参与实践教学的广泛性与积极性，二是能体现实践教学开展的规范性与连续性，三是能体现实践教学的灵活性与实效性。高校思想政治理论课小班实践教学具有一定的推广价值。

关键词　高校　思想政治理论课　实践教学　小班实践教学

伴随着高校思想政治理论课（以下简称“思政课”）的改革，实践教学在其教学中的地位和作用日益凸显。新形势下积极探索“思政课”教学的新途径、新办法，增强“思政课”实践教学的针对性与实效性，培养大学生的创新精神和实践能力，提高大学生思想政治素质和观察分析社会现象的能力，成为当前“思政课”教学改革的迫切任务。

一、高校“思政课”开展实践教学的必要性

实践教学是西方国家倡导实用主义和行为主义教育哲学而产生的一种教学模式，今天已被大多数国家正式纳入到理工农医类学科的教学中，人文社科类教学也引入实践教学方法。对高校“思政课”而言，实践教学显得尤为迫切与重要。

1. 实践观点是高校“思政课”教学的重要内容

大学阶段正是世界观、人生观和价值观形成的关键时期，系统的理论学习非常重要。以课堂教学为主渠道，讲授实践观点，培养大学生的实践意识，是高校“思政课”教学的重要内容和要求。

实践观点是马克思主义认识论的基本观点。马克思早在1845年就提出了“全部社会生活在本质上是实践的”“人的思维是否具有客观的真理性，这不是一个理论的问题，而是一个实践的问题”“哲学家们只是用不同的方式解释

世界，而问题在于改造世界”。马克思把“实践”引入了自己的哲学，科学说明了实践在人类社会发展中的决定作用和基础地位，而且强调一切理论的东西都应该付诸实践，指导实践。在反对把马克思主义教条化、共产国际决议和苏联经验神圣化的过程中，毛泽东从哲学层面总结了经验教训。《实践论》全面阐述了实践与认识的关系、认识发展的具体形式、过程以及人类认识的规律。“通过实践而发现真理，又通过实践而证实真理和发展真理。从感性认识而能动地发展到理性认识，又从理性认识而能动地指导革命实践，改造主观世界和客观世界。实践、认识、再实践、再认识，这种形式，循环往复以至无穷。”马克思主义的实践观具体包括：实践是人的正确认识形成发展的源泉；通过实践人们才能对事物的认识从现象到本质、从片面到比较全面；实践是认识发展的动力，实践不断冲击旧的思想观念，提出新问题；实践是检验认识的标准，人们头脑中的各种思想观念是否正确不是依人们的主观感觉如何而定，检验认识的唯一标准只能是社会实践。

2. 实践教学是巩固、深化“思政课”教学效果的重要环节

重视社会实践，是马克思主义理论教育的重要内容。马克思主义主张用科学理论武装人的同时，十分重视实践对人的思想道德形成与发展的影响。实践教学不同于课堂教学，也不同于教师指导下的实习，主要是通过学生能动地参与实践而发挥教育作用。首先，实践教学是受教育者亲自参与的教学活动，实践主体的自觉意识使实践活动具有能动性。作为实践主体的教育对象就由被动接受转变为主动积极参与，提高了认识的积极性和自觉性。其次，实践活动及其成果的可感知性、直接现实性的特点，使参与者可感受到直接的、现实的、切身的教育，使得学生从书本上得到的知识转化为处理各种问题的观点和方法。

高校“思政课”教学的成败关键在于知行统一，在于学生能否自觉运用正确的思想和理论去指导自己的行为，去观察社会、分析问题和解决问题，这是检验“思政课”教学实效性的重要标准。当代大学生一般是“三门生”（小学—中学—大学），缺少对社会的深入了解和真实体验，因此也就影响了他们对理论的深入理解与掌握，不利于知识的内化。课堂教学中传授的知识，能否内化为学生觉悟、外化为学生行为，关键是让学生深入实际，在社会实践中去比较、去检验。理论教育与实践教育相互联系，相互影响，缺一不可。社会实践是促使学生形成坚定信念的“催化剂”，是“知行合一”的中介与关键。马克思主义提供了认识世界、改造世界的世界观与方法论。大学生通过参与实践，在实践中认识自然，了解社会，认识国情，亲身体验人民群众的劳动实践，充分认识人民群众在社会发展中的重要作用，对于帮助大学生加深对马克思主义中国化

理论成果的理解,深化对党的现行路线方针政策的认同,形成唯物主义的世界观、全心全意为人民服务的人生观和价值观具有不可替代的重要作用。

3.实践教学是促进大学生全面发展的重要途径

人的全面发展是一个不断提高、不断完善的漫长的历史过程,这个过程与人类的实践活动息息相关。高等教育是人类素质提高、文化前进的强大助推器。提高大学生的思想道德素质和科学文化水平,促进人的全面发展,是高等教育的崇高责任。就个体而言,健全人格是在实践中形成与发展的,正确的世界观、人生观与价值观也是在实践中确立的,融洽的人际关系是在实践中建立的。由此可见,实践教学是人全面发展的决定性因素。

高校"思政课"的根本任务就是培养学生良好的思想道德素质,为其全面发展提供精神动力和价值导向。大学生既要学会做事,又要学会做人;既要打开视野、丰富知识,又要培养创新精神、提高创新能力;既要发展观察力、思维力等智力因素,又要发展兴趣、情感和性格等非智力因素。正因如此,胡锦涛强调指出,要坚持政治理论教育与社会实践相结合,既搞好课堂教育,又注重引导大学生深入社会、了解社会、服务社会。引导学生参加社会实践活动,正是抓住了学生的"兴奋点",让他们在"起作用"中"受教育",在"做贡献"中"长才干",这本身既是思想教育的好形式,又是培养人才的好途径。

二、高校"思政课"小班实践教学的可行性分析

实践教学是一项涉及面很广的系统工程,需要精心组织和周密安排,需要人力、物力、财力的投入和支持。探索适合当代大学生特点的"思政课"实践教学模式,在很大程度上决定了实践教学的效果。课题组从学校实际出发,进行了多层次的实践教学探索。其中,以班级为单位的社会实践(以下称小班实践教学)在教学过程中进行,比较可行。

1.当代大学生的特点奠定了小班实践教学的前提

随着改革开放的深入发展,我国社会经济成分、组织形式、就业方式、利益关系和分配方式日益多样化,人们思想活动的独立性、选择性、多变性和差异性日益增强。个体的自我意识、自我参与、自我选择成了社会生活的突出特征。对大学生而言,更是如此。课题组对"思政课"教学的调查结果显示,当代大学生表现出了知行统一、独立思考与自主选择、勇于迎接新挑战、敢于冒险、敢于创新等新特征。可见,当代大学生的参与意识大大增强,了解社会的愿望非常强烈,第一课堂的教学远远不能满足他们的需求。加上他们已掌握了比较丰富的科学文化知识,认知和思辨能力在不断完善,而且已基本具备一定的分析问题和判断问题的能力,这为小班实践教学提供了前提条件,使得实践教

学的开展有了现实可能性。

2. 小班实践教学符合高校的教学规律

人才培养是高校的根本任务，教学是高校的中心工作，质量是高校的生命线。但是，由于受传统教育思想的影响，高校“思政课”教学长期存在着片面的唯教育者主体观，忽视受教育者在教学中的主体性，把受教育者视为消极、被动的接受教育的客体，把学生视为“理论知识的接受器”，教学的首要价值直接指向知识，忽视了学生潜能发展的可能性。这一教育思想不仅不符合高校的教学规律，严重挫伤了受教育者的主动性和积极性，而且大学阶段的学习有其特殊性，不是信息简单地从外到内的单向输入，而是通过新信息与学习者原有的知识经验双向的互动作用而实现的，即学习者与学习环境之间互动的过程。高校“思政课”教学必须树立以受教育者为主体的意识，尊重学生的个性，促进大学生的全面发展。以知识做基础、以能力为中心、以方法为手段、以品格为保证应该是高校“思政课”的价值追求。小班实践教学是“思政课”教学基本矛盾解决的关键环节，是教育和指导的必要延伸。

小班实践教学的具体运作流程：开课之初进行思想动员，布置小班实践教学任务，教师首先就实践教学的意义、遵循的原则、实践的选题与总结的撰写对学生进行必要的理论培训；接下来，实践教学全过程都以学生为主体，教师始终处在指导位置。根据课程的需要、学生的兴趣和特长，班级自主选择实践教学主题，自主进行实践教学的策划、实践形式的选择、实践活动的具体实施，老师给予具体的专业指导。由于实践教学是在开课过程中进行的，师生联系非常方便，遇到问题可随时解决。

3. 班级是大学生进行自我教育、自我管理、自我服务的主要组织载体

我国高校一般采取“学校—院系—年级—班级”管理模式，在课堂教学、日常管理、宿舍安排、活动参与等方面均依此进行。班级是高校教育和管理的基本单位，是大学生学习生活和思想交流所依赖的基本组织形式。作为最后一环，班级这个环节是基础性、决定性的一环。大学生的个性塑造、品德培养和社会适应能力的提高，都离不开健全的班级生活。良好的班集体对学生的健康成长和全面发展具有十分重要的作用。为此，《中共中央国务院关于进一步加强和改进大学生思想政治教育的意见》明确指出，要着力加强班级集体建设，组织开展丰富多彩的主题班会等活动，发挥团结学生、组织学生、教育学生的职能。班级活动能结合学生自身的特点，组织开展各种生动有效的活动，能够给予学生更多认识自我、表现自我的机会，有利于大学生独立、自主、自治精神的发展和大学生自我教育能力的提高。班级实践教学，为学生提供使其成为“三自”主人的舞台。班级成了高校思想政治教育所依托的有效载体。在参

与活动中,学生自治能力得到提高,就会无形地支配集体成员行为和集体生活,这是一种潜移默化的教育力量。

三、高校“思政课”小班实践教学的优点

2006年以来,课题组一共组织了400多个小班的实践教学。实践证明,小班实践教学具有下述优点。

1.能突出学生参与实践教学的广泛性与积极性

坚持全员性、全程性,使每位大学生都能参加社会实践,提高自身素质,这是高校思想政治教育的根本任务。但是,随着扩招,我国高等教育实现了由精英教育到大众教育的跨越式发展。1998年高校学生780万,2009年高校学生人数2 000多万。大学生人数的激增,使得学校只能把主要精力放在校、院、系的假期实践或某一类实践活动上。这种“精英实践”最突出问题是只把实践机会集中在一部分骨干学生身上,重点轻面,忽视了大多数学生的实践要求与成长的需要,违背了“一切为了学生,为了一切学生,为了学生一切”的宗旨。点上的社会实践轰轰烈烈,面上的却少有声音,这就使得高校社会实践得不到普通学生的广泛认可。每个学生都有参与实践的权利。小班实践教学确保了每个学生都能参加,机会公平,较好解决了精英实践与全员实践的矛盾。而且,小班实践教学改变了高校“思政课”的传统教学模式,增加了大学生自主学习的时间和空间,极大调动了学生学习理论的兴趣与积极性。“我们很珍惜这次思想政治理论课的机会,觉得这是一个很好的学习方法,换被动为主动,自觉地学习一些东西。这是一种学习能力的提高。”学生的实践教学总结充分证明了小班实践教学的这一优点。

2.能体现实践教学活动开展的规范性与连续性

高校“思政课”的实践教学一般是在课外、校外进行的教学辅助活动,其组织比第一课堂复杂得多,涉及教师、学生、场所、经费与考核等因素。这些都需要周密考虑和规范安排。随着高校“思政课”2005新方案的实施,实践教学已正式纳入本科教学计划中。在总结过去实践教学经验的基础上,我校对“思政课”实践教学进行了课程建设:制定了实践教学大纲、实施方案、考核办法与成绩评定标准,学生实践教学成绩单独考核。这样,通过相关文件的制定,实现了“思政课”实践教学的制度化、规范化。

高校“思政课”小班实践教学实行递进安排:“中国近现代史纲要”课要求学生班级进行“了解历史、感受现实、激发斗志、增强责任”的认识感受型实践,学生撰写认识感受报告;“毛泽东思想和中国特色社会主义理论体系概论”课要求学生班级进行“立足校园、走向社会、接触实践、增长才干”的参与体验型

实践，学生撰写参与实践报告；“马克思主义基本原理”课要求学生联系与专业相关的工作进行“结合专业、学以致用、服务社会、锻炼能力”的运用拓展型实践，撰写运用拓展实践报告。在学生个人实践总结基础上，班级制作多媒体实践总结报告，并在大班课上进行汇报交流。这样，在培养全面发展人才任务的过程中，可以保证实践教学长盛不衰、推陈出新。

3. 能体现实践教学的灵活性与实效性

大多高校利用假期开展“思政课”实践教学，但对如何确定针对性的选题，如何选择合适的实践方式，如何具体实施，如何撰写实践报告等缺少系统的培训和指导。加上对实践开展情况缺少有效的监督，教师又不能及时答疑，从而使实践教学呈现出随意性和不均衡性，并直接影响到“思政课”实践教学的实效性。而小班实践教学是在任课教师的直接指导下，本着就近就便的原则，利用周末或在学校及附近对社会热点问题、学生关心问题进行调查分析，或到基层宣讲党的方针政策，或进行各种类型的志愿服务。小班实践教学以形式多样的活动为载体，因地制宜，切合实际。

小班实践教学的实效性主要体现在两个方面：一是对大学生而言，小班实践教学强调其学习的自主性，重视知识的实际运用，有利于发挥大学生的特长、培养大学生的实际工作能力和创新精神，促进大学生的个性发展，使其在受教育中长才干、做贡献，增强社会责任感。小班实践教学有利于培养学生团结协作精神、增强班级的凝聚力、形成良好的班风学风。学生总结说，“这次活动是我们上大学以来，第一次自己提出、自己策划、自己亲自实践的活动。这次活动加强了我们班同学之间的团结，锻炼了我们相互配合，相互协调的能力。”二是对教师而言，高校的连续扩招使得师生比严重失衡，“思政课”成了名副其实的“大课”，一两百人集中在大教室，师生交流的机会越来越少。而小班实践教学使得师生走到了一起，没有了距离感，为建立师生之间平等的、双向的教育及影响方式以及思想政治教育的长期有效开展创造了良好条件。这样，“思政课”教师不再是空洞的说教者，而是学生的良师益友，也才能进行“润物细无声”的思想政治教育，才能成为大学生健康成长的指导者和引路人。

总之，高校“思政课”的实践教学与课堂教学是一个统一的整体，如鸟之双翼，车之双轮，相辅相成，缺一不可。实践教学只能加强，不能削弱，小班实践教学具有一定的推广价值。

参考文献

[1]　马克思恩格斯选集：第 1 卷[M]. 北京：人民出版社，1995：55 - 57.

[2]　毛泽东选集：第 1 卷[M]. 北京：人民出版社，1991：296 - 297.

协同理论视野下的大学生家校教育探析

樊　琳　张翠仙

摘　要　一直以来，家庭教育被许多高校和家庭所忽视。加强高校与家庭之间的联系，对于大学生的健康成长成才具有十分重要的意义。本文从家校协同式教育的理论基础、加强大学生家校协同式教育的必要性、当前大学生家校协同式教育存在的问题等几个方面进行了初步探析，并提出了新时期加强大学生家校协同式教育的几点对策。

关键词　协同理论　大学生　家校协同式教育

高等教育是以培养人才为中心的教育，而家庭教育是最基本的教育，是整个教育的基础和起点，对人才培养最终目标的实现起着举足轻重的作用。然而，一直以来大学生家庭教育被许多高校和家庭所忽视。《中共中央、国务院关于进一步加强和改进大学生思想政治教育工作的意见》明确指出："学校要探索建立与大学生家庭联系与沟通的机制，相互配合对学生进行思想政治教育。"大量的研究也表明，家长有效地参与学校教育与学生良好的学业成绩和积极的社会竞争力密切相关。因此，如何加强高校与家庭的相互沟通、相互协作，家庭教育与学校教育相互补充、相互促进，使学校与家庭两种教育环境、两种教育形式、两种教育资源相互整合，促使二者协同发展，最终形成一股教育的合力，成为新时期进一步加强和改进大学生思想政治教育工作中亟须深入思考的问题。

一、协同式教育的理论基础

1. 协同学理论

协同学是由德国著名物理学家哈肯(Haken)在20世纪70年代创立的一门系统科学的分支理论，综合性较强。"协同"思想是现代系统论中的一个重要观点，我国学者习惯称其为"新三论"之一。协同学从系统演化的角度，研究自然界和人类社会各子系统在物质、能量、信息作用下产生非线性相互作用而形成协同效应的机理与规律。"系统各要素间通过非线性相互作用而产生某种协同与竞争，从而推动系统的自组织不断演进，是协同学的精髓所在。"一般说来，可把协同学看作是处理复杂系统的一种策略。

协同学的目的就是要“建立一种用统一的观点去处理复杂系统的概念和方法”，它重在揭示自然界普遍存在的有序、无序及其相互转化的基本规律，将有序与无序统一起来，强调系统的各要素之间，要素与系统之间或系统与环境之间都存在着“协同作用”，即合作、同步、协调、互补，协同导致有序，否则，产生无序。系统产生有序状态，会使各种力量汇集起来，形成一股强大的合力，产生 1+1>2 的整体功能；反之，如果系统呈现混乱无序状态，会使各种力量相互排斥或抵消，发挥不了整体功能。

2.协同式教育

2006 年南国农先生在《成功协同教育的四大支柱》一文中解释协同教育的时候认为：“协同教育是一种新的教育方式，它是联合对学生有影响的各社会机构的力量，对学生进行教育，以提高教育的效果、效率和效益。”

协同式教育指的是在现代教育观念的指导下，学校、家庭、社会等多方面教育资源、教育力量主动协调、积极合作、形成合力，对教育对象实施同步教育，以求使教育效果实现最优化。家校协同式教育主要强调通过家庭与学校两个力量促进教育最优化的个体教育效果的协同教育模式。家校协同教育与以往所提到的“家校合作”有本质上的区别，传统意义上的家校合作强调的是家长配合学校教育，家长只是一个配合者。家校协同式教育的理论依据是“协同效应”，认为在现代社会，个体生活的外部环境是一个复杂系统，系统中各要素之间相互联系、相互关联，共同作用于个体的发展。系统中每个要素的变化都会直接或间接影响个体。因此，在家校协同式教育中，两者力量的动态补充与及时有效是实现教育资源最优化效果的基础，其中家校之间的双向沟通是关键。

二、新时期加强大学生家校协同式教育的必要性

众所周知，中国大学之前的教育主要是以高考为目标，主要重视学生的智育培养，往往忽视了大学生的德育教育。大学生已在生理上成年，但是其世界观、人生观、价值观都尚未形成，大学生在高校中的自我成长、发展等方面往往都无法顺利进行，高校学生思想政治工作者由于人数短缺，学生管理工作量大，因此，新时期下大学生思想政治教育工作面临更为复杂的局面，需要破解更多的育人难题。大学生家校协同式教育作为一种新的教育理念，对于高校培养社会主义合格建设者和可靠接班人这一目标的实现有着十分重要的意义。

1.加强大学生家校协同式教育,有利于发挥家庭教育的特殊优势

家庭教育是建立在一定婚姻血缘性基础上,通过家庭成员的以身作则、情感交流和家庭氛围的影响,以潜移默化、润物无声的方式进行的教育。它具备学校教育所没有的特点和功能,具有自身特殊的优势。大学生家庭教育是家庭教育中一个崭新而特殊的阶段,开展大学生家庭教育是人类社会发展的客观要求。一方面,新时期随着我国高校大规模的扩招和社会主义市场经济的发展,高校已失去了原有的计划经济时代下的硬性制约机制,失去了对学生进行思想政治教育的直接利益基础,学生受学校制约的程度也明显弱化,从而出现了一系列的教育难题。另一方面,虽然大学生的自我意识渐趋成熟,希望通过民主平等的方式与父母进行沟通和交流,解决自己所要面临的职业选择、社会交往、爱情婚恋、人生发展等重大问题,但由于社会生活经验不足,在经济上和情感上对家庭依然有很大的依赖性,家庭的支持和帮助仍然是他们健康成长不可或缺的要素。因此,只有加强大学生家校协同式教育,才能充分发挥家庭教育的独特作用和家长的影响力,才能更好地引导大学生健康成长成才。

2.加强大学生家校协同式教育,有利于提高大学生的"德性"素质

人的综合素质是一个复杂的系统,按内容可分为德性、智育、身体三方面的素质,每一种素质又可以从知识、能力层面去分解。在德性、智育、身体三方面的素质中,"德性"素质是最重要的素质。加强大学生家校协同式教育,可以促使大学生家长认识到"德性素质"对一个人的成长和发展的重要性,促使他们在日常的家庭生活中主动地对大学生进行思想道德方面的感化教育,培养和激发大学生的思想道德意识,不断完善和提高他们的思想道德修养。

3.加强大学生家校协同式教育,有利于促进高校自身的发展

新时期下,高校不但承担着传播知识和培养专业人才的职责,而且还担负着服务社会、提高国民素质等社会职能。通过加强大学生家校协同式教育工作,高校在协同指导家长更新家庭教育理念、改进教育方法的过程中,不断实现和完善高校向家庭渗透先进教育理念的社会职能。同时,高校通过和学生家庭之间不断的联系与沟通,也能广泛地获取来自学生家长和社会各方面的意见与建议,对更新高校的办学思想、调整人才培养模式、提高办学效益、服务社会、赢得社会声誉等方面都会产生积极的影响,从而促进高校自身的长足发展。

4.加强大学生家校协同式教育,有利于增强大学生思想政治教育工作的针对性

每位大学生由于家庭环境、学习基础和遗传基因等因素的差异,在人生观、价值观、世界观以及学习能力、为人处世和自我管理等方面存在千差万别。

因此，要做好大学生思想政治教育工作，就必须要因人而异有针对性地开展工作。家长对学生入校前的各个方面的情况是最了解的，他们有责任也有义务积极主动配合学校开展各种教育工作。加强大学生家校协同式教育，就要求家长及时向学校反映子女的有关情况，以便于学校全面掌握学生的基本情况，有针对性地开展大学生思想政治教育工作，提高大学生思想政治教育工作的时效性。同时，学校也要把学生在校期间的各种表现及时与家长沟通，便于家长了解子女的思想动态，及时给予正确的引导。

三、当前我国大学生家校协同式教育存在的问题

当前我国高校要想大力推进大学生家校协同式教育，进一步增强大学生思想政治教育工作的实效性，使其成为新时期大学生思想政治教育工作的一条新途径，仍然面临一系列需要解决的问题。

1. 家庭教育的独特性和重要性没有得到重视

由于受传统办学观念的影响，我国高校一直以来都是实行封闭式办学、封闭式管理，缺乏与学生家庭之间的联系和沟通。新时期随着高校招生人数的急剧增加，高校和学生家庭之间的联系才逐渐增多，但仍有许多高校没有重视大学生的家庭教育，没有把家庭教育工作纳入到高校大学生思想政治教育工作体系，没有真正认识到家庭教育的独特性和重要性。另一方面，学生家长对家庭教育的重要性也认识不足。许多家长认为学生进入大学校园就进了“保险箱”，以后有关学生的成长、成才就都是学校的事情，因此就放松了对大学生的家庭教育。

2. 高校与家庭之间缺乏有效的双向沟通

家校协同式教育强调的是家长主动对高校教育管理等的了解，高校要对家长进行系统的家庭教育方法的指导，从而实现对大学生的家校协同式培养的目标。然而，由于地域等因素的限制，家长一般很少主动和学校联系，在家校协同式教育中经常处于被动的状态，很少有机会与高校的教师和管理部门面对面进行交流沟通。另外，高校一般是以学校教育为中心，强调家长对学校教育活动的配合，往往以宣讲学校教育理念、印发教育资料、指导家长教育子女的方法、召开家长会等形式与家长进行交流，家长只是被动的“接收器”。这样的交流沟通只是高校与家庭之间一种单向性的活动，其沟通的效果远远不如双向性的交流沟通，因此，高校与家庭之间也就难以达到协同互动、共同育人的目标。

3. 协同式教育活动的阶段性强，缺乏连续性

目前，我国高校的家校协同式教育具有明显的阶段性，具体工作主要集中

在新生报到和毕业生就业、考研这段时间,其他时间则偃旗息鼓,呈现出“重两头,轻中间”的特点。不少高校缺乏家校协同式教育的整体思路,没有对家校协同式教育进行科学系统的规划,在时间上没有持续性,在内容上缺乏创新性。另外,对于同样担负着教育重担的家长来说,他们所获得的有关家庭教育理念、家庭教育方法等知识和技能也是简单的、零碎的,并没有从根本上形成一套相对科学完整的协同式教育理念、知识和方法体系。

4.家长参与高校育人体系的机制不健全

现行的家校协同式教育制度不够完善,机构组成缺乏科学性,工作效率低。家长参与层面比较浅,很少涉及高校事务的参与与评价,更是无缘于学校的管理与决策。高校对家长资源的开发和利用也甚少。家校协同式教育是家长与学校两者互动的过程,既有学校对家长的教育和沟通,也应该包括家长对学校事务的主动了解与参与。高校如果没有建立有关的平台,让家长及时了解、主动参与学校事务,家校协同教育的积极性就不会得到真正发挥。

四、对加强大学生家校协同式教育的对策分析

1.树立全方位育人理念,重视家庭教育

大学生思想政治教育工作是一个长期、复杂的系统过程,具有整体性和系统性。从纵向看,它是一个从小学到大学,直至研究生的系统过程,是一个阶段性与连续性相统一的过程。从横向看,它是一个涉及家庭教育、学校教育与社会教育相互联系、相互配合的整体运作的系统过程。目前,家庭教育作为大学生思想政治教育工作的一个重要组成部分,对学生的综合素质培养具有重要的作用和终身的影响。高校应充分认识家庭教育的优势和价值,努力树立起学校教育、社会教育和家庭教育“三位一体”的教育理念。学校要积极引导辅导员、班主任、导师重视大学生家庭教育工作,确立“大学生仍需要家庭教育”的观念,认识到大学生家庭教育工作是学校思想政治教育工作的重要组成部分。学校要积极营造有利于加强大学生家庭教育工作的良好氛围,为家长提供和学校沟通交流的专用场地,开通家长热线电话,购置专用办公设备等,促进学校教育与家庭教育的更好结合,使大学的思想政治教育工作从传统的“两级结构”向“三级结构”转变,更有力地促进大学生全面健康发展。

2.引导家长转变传统的教育观念,掌握正确的教育方法

随着“90后”大学生的出现,社会上出现的“月光”“啃老”“陪读”等现象也越来越多,同时在子女的就业过程中,家长的传统观念往往影响学生的择业,阻碍学生的发展。因此,新时期家长在子女的教育观念上必须也要与时俱进,改变以往的传统教育观念,形成与时代特征、与子女未来发展特点相适应的教

育方法。

3. 高校要充分利用网络资源进行家庭教育

高校可以利用自身的优势，遵循“尊重、平等、合作”的原则，有计划、有组织地开展家校互动活动，在传统家访、书信、电话、家长会、毕业典礼等渠道的基础上，努力开拓新渠道。如建立网络资源的优势，通过网络视频、QQ、博客、电子邮件、手机短信等各种不同方式与家长沟通。

4. 高校要组织各种形式的活动，密切家校联系

高校可以创建家长学校，开办家教知识讲座，进行家教行为指导，宣讲教育政策法规，讲授教育学、心理学、伦理学、生理卫生等科学知识。通过开展家长开放日活动拉近教师、家长、学生之间的距离，增强相互之间的了解、尊重和关心。设立家长委员会，协助学校组织校外活动，动员家长相互交流，定期听取学校有关工作的汇报，反映家长的意见、建议。召开家长研讨会，调查了解家庭教育的需求，针对家教热点问题开展研讨，认真听取家长们的意见建议。建立家长资料中心，可以邮寄教育资料，印发家校合作手册等，利用多种方式，宣传学校教育政策和计划。家长们可到中心索取教育资料，查询学生行为档案，接受家教培训，获取学习辅导材料。举行家教会议，交流家教经验，形成一个教师与家长，家长与家长之间的会晤沟通场所。

参考文献

[1] 李斐. 新时期家校协同式教育实施策略的思考[J]. 琼州大学学报，2007(14).

[2] 罗洪铁. 思想政治教育原理与方法研究[M]. 贵阳：贵州人民出版社，2002：246.

[3] 王光明. 理论与实践——加强和改进大学生思想政治教育工作的参考[M]. 北京：中国大地出版社，2005：59.

[4] 曾健，张一方. 社会协同学[M]. 北京：科学出版社，2000.

[5] 南国农. 成功协同教育的四大支柱[J]. 开放教育研究，2006.

[6] 高文宇. 协同理论及其教育教学价值[J]. 科学大众，2007.

[7] Haken. Information and Self-organization: Amacroscopic Approach Tocom-plexsystem[M]. Berlin: Springer-Verlag，1988.

激励理论视野下的“90后”大学生思想政治教育研究

张翠仙　王宁军

摘　要　激励能促进“90后”大学生形成正确的思想观念，培养良好的生活态度，调动学习积极性和主动性，从而提高其全面素质。对“90后”大学生实施激励应遵循公平公正、奖惩结合、物质激励和精神激励相结合的原则，通过运用目标激励、情感激励、榜样激励等方法，可以增强教育的有效性，从而实现高等学校思想政治教育的最终目标。

关键词　激励理论　“90后”大学生　思想政治教育

2009年以来，“90后”大学生普遍走进大学校园并接受高等教育，由于成长历程和环境不同，“90后”大学生有其自身的特点，高等教育随之也面临新的挑战。如何加强对“90后”大学生的思想政治教育工作，是新时期高等学校需要解决的问题之一。实践证明，科学运用激励机制可以促使学生奋发向上，激发学习的主动性和积极性，培养学生的竞争意识和进取意识，是增强学校思想政治教育工作活力，培养全面、合格的人才，实现“育人为本”目标的有效手段。

一、激励理论内涵

根据现代组织行为学理论，激励的本质是员工去做某件事的意愿，这种意愿以满足员工的个人需要为条件。激励的核心在于对员工内在需求的把握与满足，而需求意味着对特定的个体具有吸引力的一种生理或者心理上的缺乏。因此，激励的基本过程如图1所示。

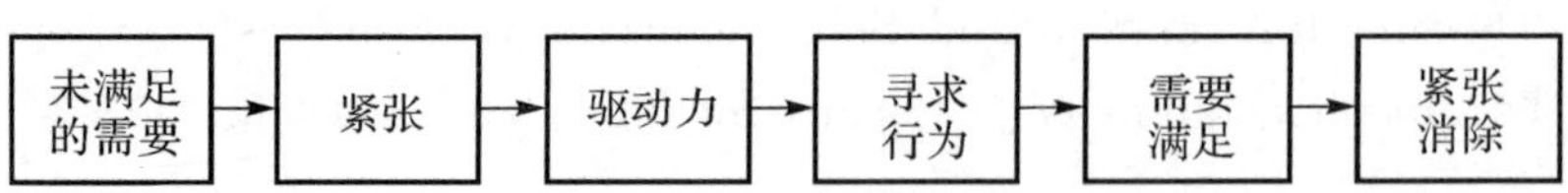

图1　激励的基本过程

在这种激励概念的指引下，众多的激励模型和理论衍生出来，它们可以分为以下3类。

(1)内容型激励理论。这套理论主要揭示员工内在需求的结构与特征,包括了著名的马斯洛需求层次理论,赫兹伯格的双因素理论等。该理论在企业人力资源管理制度设计的操作层面具有十分重要的意义,企业激励机制的建立和完善也必须以激励的内容为出发点,充分考虑员工的需求才能达到激励的目的。

(2)过程型激励理论。这套理论主要揭示从动机的产生到员工采取具体行为的过程,包括了弗隆姆的期望理论、洛克的目标设置理论、亚当斯的公平理论等。其中,亚当斯的公平理论成为了企业设计科学、公平公正的薪酬体系的重要参考。

(3)行为改造型的激励理论。这套理论以斯金纳的操作性条件反射为基础,侧重研究被管理者行为的改造修正,这类理论主要有强化理论、挫折理论以及归因理论等。

二、"90后"大学生的特点

"90后"大学生成长在中国经济发展最快、成就最大,中国社会结构转型最为激烈、科学技术发展最为迅速,人们的思想观念最为解放、价值观也最为多元的时期,其身上具有明显的时代烙印。

1.追求个性与自由

与"80后"相比较,"90后"更加追求个性与自由。这与他们的成长环境是密不可分的,"90后"出生在改革开放后中国经济加速发展的时代,其所处的生活环境比较优越,他们没有经历过社会及经济的大波动。在大学课堂上,与传统学生的羞涩、胆怯相比较,"90后"显得更加活泼、开朗、大胆,他们善于发现问题并大胆提出质疑,思想奔放不受约束,坚持自己的见解并乐于同老师、同学分享。

2.接受知识能力强、信息量大

"90后"处于互联网高速发展的时代,互联网成为新一代大学生学习、生活必不可少的工具。网络学习被越来越多的"90后"大学生所接受,他们处于信息社会,无所不包的信息大量充斥着"90后"的头脑。在接受信息时代给予的好处后,"90后"显得更加成熟,他们善于使用网络,通过互联网了解很多社会现象,获取资讯的能力与接受知识的能力更强。丰富的网络资源为大学生提供了资源选择,锻炼了大学生筛选资源的能力和模拟问题的能力。

3.明确的教育消费观

随着我国高等教育法律法规的不断完善以及大学生权利义务的明确,高等教育作为一种消费法律关系逐渐被人们接受。对于善于接受新事物的“90后”而言更加明显,教育消费的观念已经形成。作为教育的消费者,“90后”更加注重自己作为消费者所应享有的消费权利,在支付了一定的学费之后对教育服务的提供者要求更多,包括他们应有的平等接受教育的权利,使用教育资源的权利,参与教育教学决策活动的权利,获得公正评价权利,以及要求学校提供适合于接受教育服务的生活环境和学习环境的权利等。

4. 自我意识及认知强

由于网络的普及和教育的民主化,“90后”大学生更加关注自我的性格、情绪、道德等,他们能够积极参加学校组织的各种活动,有很强的表现欲。伴随着较强的自我意识及自我认知,“90后”的自我意识矛盾随之出现,如不断增强的独立性与自我控制的矛盾,人际交往意识的增强与人际交往能力欠缺之间的矛盾等,这均已成为高等教育新的挑战。

三、激励理论视野下的“90后”大学生思想政治教育

(一)激励在“90后”大学生思想政治教育中的意义

(1)激励有助于“90后”大学生形成正确的理想信念、思想观念。通过对大学生的激励行为,引导大学生弘扬爱国主义,信仰共产主义,培养其科学的世界观和人生观,从而形成正确的理想信念、思想观念。

(2)激励能够培养“90后”大学生形成良好的生活、工作、学习态度。学生时期对于每个人的成长具有重要的作用,在这一时期学生不断受到激励,学习、生活、工作经常得到外部正向的推动力,始终保持积极、乐观、向上的精神面貌,不仅影响着学生的思想和行为,而且将使大学生终生受益。

(3)激励可以调动学生的学习积极性、主动性和创造性。心理学研究发现,不进行激励的人其工作能力只发挥20%～30%,而经过激励后其工作能力会发挥到80%～90%。通过激励,可以充分调动“90后”大学生学习的积极性和主动性。

(4)激励能促进“90后”大学生全面素质的提高。大学生全面素质的提高,不仅需要通过学校的教育教学过程,而且应贯穿于学校工作的方方面面,因为激励的关键在于形成一定的竞争环境和氛围,所以激励措施的实施,可以使每个学生都能够提高自己的综合素质。

(二)“90后”大学生激励的原则

(1)公平公正原则。心理学研究表明,人的心理有一种保持平等、公正的需要。不公平会造成人们紧张和不安情绪,以至影响人们的行为动机,甚至促

使人的积极性下降。对“90 后”大学生进行激励，应经常深入到大学生中去，了解他们的思想行为，明察重要事情的来龙去脉，使激励真正收到实效。

(2)奖惩结合原则。激励有两重性，即奖励和惩罚。奖励能够满足人的需要，培养人的积极情感和坚强意志，激发创造力和竞争力，培养人的良好道德品质，促使整个社会风气好转。除了奖励，惩罚也能达到激励的作用，惩罚是社会对人们不良或不正确行为一种否定的反馈信息。惩罚得当，不仅能够消除人的不良行为，而且能化消极因素为积极因素。对“90 后”大学生进行激励时，要注意奖惩的结合，同时，无论是赏是罚，要做到运用得当、赏罚分明。

(3)物质激励与精神激励相结合原则。同步激励理论强调，物质与精神激励是互为前提与条件的，不能孤立运用，应统一、综合、同步运用。对“90 后”大学生进行激励时，对学生的激励不仅要满足学生物质上的需求，更主要的是要满足学生心理和精神上的需求。作为物质激励与精神激励的各项措施要同步进行，两者互为前提与条件，交叉、融合地使用，使之发挥更大的激励力量。

(三)“90 后”大学生激励的方法

1. 目标激励法

目标是鼓舞人们努力工作的一种有效的刺激因素。目标激励就是针对“90 后”学生自我成才的需要，结合高校培养目标，设置明确具体的、针对性强的相应激励目标，尽量使学生在自我价值的追求中不断实现自我满足，增强自信心，并通过这一激励方法激发和强化学生的主体意识，发挥学生的主观能动性，调动学生的积极性，为步入社会打下坚实的基础。目标激励法在运用时要注意目标设置必须与学生的需要和动机结合，同时，目标要明确并具有适当的挑战性。

2. 情感激励法

当做“90 后”大学生的思想政治教育工作时，要达到教育人、激励人的最佳效果，必须考虑到人的情感因素，既要以理服人，又要以情感人，做到情真意切，情理结合。要注重与学生的思想情感交流，关心、理解、信任学生，通过与学生的情感交流，调整、缩短与学生的心理距离，增加学生的信任感和彼此尊重。在与“90 后”大学生的交往过程中，思想政治教育工作者可以进行角色换位思考，从而改变原有的心理定势，修正原有不正确的认识，尊重学生的人格，尊重其独立思考和表达思想、争论辩护的权力，尊重其生活方式和个性。当学生遇到困难遭受挫折时，给予及时的支持鼓励安慰，消除消极情绪，重新调动学生工作学习积极性。

3. 榜样激励法

榜样是一定历史条件和社会关系的产物，是社会主体完美形象的统一，是社会先进道德观和行为准则在典型人物身上的集中表现,代表着人的价值追求。“90后”大学生的榜样激励是指在高校教育者的引导下,通过对榜样的感知、崇敬,进而模仿其思想行为、言行举止,在“90后”大学生群体中形成符合一定要求的思维方式和行为习惯。榜样激励法是培养“90后”大学生自觉遵守道德规范,形成具有时代精神的大学生风范的重要途径,有利于增强大学生的活力和凝聚力,提高其综合素质。

(四)运用激励应注意的两个问题

(1)对激励方法种类进行正确选择。在“90后”大学生思想政治教育工作中,如果只以单种激励方法进行,不但不能形成各种方法间的统一,也不能使它们有机地配合起来、互相支持,反而会在同时采用多种方法时候,产生各自为政、互相抵触的问题。在实际操作中,思想政治教育工作者要根据“90后”大学生的实际情况,对不同的激励方法进行分析与选择,选定主要方法和辅助方法,要对各种方法进行定位,确定各种方法之间的关系,建立激励方法应用体系、实现统一的指导思想。

(2)激励必须把学生个人需要与育人目标的实现结合起来。激励力量的产生,一是发自个体内的强大驱动力,它能使一个人不讲任何条件,自觉自愿地去艰苦奋斗,立志成才;二是在外界帮助下产生的。只有当这两种力量相辅相成交织在一起时,才能激发并保持学生的积极性。这就是说,我们在培养“90后”大学生的事业心、责任感的同时,也要注意和满足学生个人需要,力所能及地解决学生在学习、工作和生活中遇到的困难和实际问题,不断激发他们的热情。而这两者之间的有效结合的最佳途径,就是把学生个人需要与育人目标的实现有机结合起来。离开了育人目标的实现,个人的抱负和事业心是空洞的、不切合实际的,个人的需要也是难以实现的。

参考文献

[1] 綦婧,孜常源.基于激励理论的企业激励机制初探[J].现代经济信息,2010(11):25.

[2] 刘俊霞,王宁军,储伶丽.“90后”大学生教学质量提高之探析[J].内蒙古师范大学学报:教育科学版,2009(9):29.

[3] 李华平.论激励机制在大学生管理中的运用[J].江西教育科研,2006(6):27.

[4] 余佳华,王庭.激励理论在高校学生教育管理中的应用[J].皖西学院学报,2007(1):136.

[5] 吕平,方治海.论激励机制在大学生教育管理中的运用[J].黑龙江科技信息,2007(8):143.

加强思想政治理论课对大学生政治认同的引导

商存慧　樊　荣

大学生政治认同，是指大学生在社会政治生活中对现实政治体系及其运作所产生的感情和意识上的归属感以及与政治体系保持一致的价值取向和相应的行为活动。大学生是祖国的未来、民族的希望，他们的政治认同如何不仅关系自身政治素质的高低，而且影响中国特色社会主义事业的发展。在经济社会发生深刻变化的时代条件下，加强大学生政治认同教育显得尤为重要。高校思想政治理论课是大学生思想政治教育的主渠道，一方面提高大学生的政治素质，另一方面培养大学生的政治认同，对促进大学生提高政治鉴别力、增强政治敏锐性、树立正确的政治价值观具有特殊作用。为了增强高校思想政治理论课对大学生政治认同的引导力，结合当前大学生政治认同所面临的挑战，高校思想政治理论课应从以下几方面加以改进。

实现思想政治理论课教师的政治责任与政治立场的有机统一。《中共中央宣传部、教育部关于进一步加强和改进高校思想政治理论课的意见》指出："提高高等学校思想政治理论课教育教学质量和水平，关键在教师。"高校思想政治理论课要担负起并完成好对大学生政治认同的引导任务，关键在于建设一支高素质的教师队伍。高校思想政治理论课教师必须对自己职业的政治责任有清醒的认识，充分认识到思想政治理论课在帮助大学生树立正确的世界观、人生观、价值观方面具有不可替代的重要作用。教师的政治立场决定着其政治责任的履行。高校思想政治理论课教师要用马克思主义武装自己，始终坚持正确的政治方向，理直气壮地用马克思主义的立场、观点、方法去分析重大社会问题，去批判各种错误思潮和不良思想文化。只有拥有一支"让党放心，让学生满意"的高素质思想政治理论课教师队伍，才能使高校思想政治理论课发挥好引导大学生政治认同的作用。

实现教材、教学与学生诉求的有机统一。高校思想政治理论课教师必须深入钻研教材，准确把握教材内容，在此基础上做好教材体系转化为教学体系、教学体系转化为大学生知识体系和政治信仰的工作。应加强理论与实践的联系，有针对性地解决大学生深层次的思想认识问题，增强课程的针对性、实效性和吸引力、感染力;努力把道理讲清、讲深、讲透,讲到大学生心坎里去,让大学生信服,帮助大学生正确认识我国社会现实问题,从而正确理解党和国家的路线方针政策。

实现传统教学方式与现代教学方式的有机结合。高校思想政治理论课教学应打破单一教学方式,但也不能走向另一个极端。单纯依赖传统教学方式,会使大学生感到枯燥乏味,影响大学生学习的积极性;而单纯依赖现代教学方式,又会缩短大学生思考的时间,影响他们对理论内涵和内在逻辑的理解。因此,把两种教学方式有机结合起来,有利于增强高校思想政治理论课的有效性,帮助大学生真正理解党和国家的路线方针政策,增强他们的政治认同。

实现课堂理论教学与社会实践教学的有机结合。在高校思想政治理论课教学中,应努力做到理论联系实际。课堂教学侧重理论传授,可以让大学生充分了解马克思主义理论的形成发展和基本内容。但如果只是从理论到理论,就会影响大学生对马克思主义理论的理解,削弱大学生对中国特色社会主义事业的政治认同。而社会实践教学可以超越课堂教学的限制,增强思想政治理论课的说服力,让大学生有机会体会和观察社会生活各方面的变化,分析现实社会存在的问题,使他们确立起对中国特色社会主义的信心,从而增强高校思想政治理论课对大学生政治认同的引导力。

CDIO 理念下工科高校思想政治理论课社会实践模式创新
——以“毛泽东思想和中国特色社会主义理论体系概论”社会实践为例

商存慧　秦　燕　樊　荣

摘　要　高校政治理论课的社会实践模式创新是提升高校思想政治教育有效性的重要途径。CDIO 是西方发达国家普遍应用的工程教育的一种经典模式，本文以工程教育培养人才的沟通、合作、协调等理念作为切入点，以我国工科院校思想政治理论课程社会实践中存在问题为现实背景，提出一种基于 CDIO 理念指导下的有效的社会实践模式，以期对我国工科院校的思想政治理论课社会实践模式的创新提供借鉴和启示。

关键词　CDIO　工程教育　思想政治理论课　社会实践

加强高校思想政治理论课(简称思政课)的实践教学是提升教学质量和教学效果重要途径。《中共中央宣传部、教育部关于进一步加强和改进高等学校思想政治理论课的意见》中指出:“高等学校思想政治理论课所有课程都要加强实践环节。要建立和完善实践教学保障机制,探索实践育人的长效机制。”但是长期以来,在高校思想政治理论课程教育过程中,普遍存在着实践环节薄弱甚至缺失的现象,这已成为影响高校思政课教学实效性的一个重要原因。以“CDIO 理念指导、以工程意识运行”为特点的社会实践模式是对原有实践教学模式的突破和创新。该模式一定程度上能较好地培养工科学生的工程意识、提升当代大学生理论与实践相结合的能力、增强大学生对于思想政治教育社会实践课程兴趣。同时,对改变目前高校思政课实践教学的现状,加强政治理论课的针对性和实效性,推动高校思政课教学改革和发展具有重要意义。

一、CDIO 主要内容及其借鉴意义

现行的 CDIO 工程教育模式是跨国研究组合 Knut and Alice Wallenberg 基金会提供巨额资助,由麻省理工学院和瑞典皇家工学院等 4 所大学自 2000 年起,经过 4 年的探索研究后提出的。CDIO 代表构思(conceive)、设计

(design)、实现(implement)、运作(operate),是近年来国际工程教育改革的最新成果。CDIO 的理念以产品从研发到运行的生命周期过程为载体,使学生以主动的、实践的、课程之间有机联系的方式学习工程,培养学生的工程能力和工程意识。目前,世界各地已有上百所高校加入 CDIO 国际组织,积极学习并运用和探索这一创新工程教育模式进行工程人才培养改革,取得了良好的效果,受到学生的普遍欢迎和企业的高度评价。

CDIO 的基本内容如图 1 所示。图中可以看出高等工科院校的任务是培养有专业技能、有社会意识和有企业家敏锐性的工程师。从 CDIO 的基本内容可以看出,CDIO 工程教育就是以现代工业产品或系统从构思研究开发到运行改进甚至终结废弃的全过程为载体,培养学生的现代工程能力,不仅包括学生个人的学术知识,而且还包括学生的终生学习能力、团队协作能力和系统掌控能力。

1 技术知识与推理
- 1.1 基础科学的知识
- 1.2 核心的工程基础知识
- 1.3 高级的工程基础知识

2 个人的和职业的技能与特质
- 2.1 工程推理与问题解决
  - 2.1.1 问题识别与形成
  - 2.1.2 建模
  - 2.1.3 近似与定性的分析
  - 2.1.4 不确定性分析
  - 2.1.5 解决方案与建议
- 2.2 实验与知识发现
  - 2.2.1 前提假设的形成
  - 2.2.2 纸档与电子档文献的调研
  - 2.2.3 实验调查
  - 2.2.4 前提假设的测试与辩护
- 2.3 系统思维
  - 2.3.1 整体性思维
  - 2.3.2 系统的浮现与交互
  - 2.3.3 优先级排序与关注
  - 2.3.4 解决方案的权衡、决断与平衡
- 2.4 个人技能与态度
  - 2.4.1 冒险的积极性与意愿
  - 2.4.2 恒心与柔性
  - 2.4.3 创造性思维
  - 2.4.4 批判性思维
  - 2.4.5 对个人知识、技能和态度的认识
  - 2.4.6 好奇心与终生学习
  - 2.4.7 时间与资源管理
- 2.5 职业的技能与态度
  - 2.5.1 职业道德、诚实、责任感
  - 2.5.2 职业行为
  - 2.5.3 主动规划自己的职业
  - 2.5.4 跟上世界工程的最前沿

3 人际技能:团队协作与沟通
- 3.1 团队协作
  - 3.1.1 形成高效的团队
  - 3.1.2 团队运作
  - 3.1.3 团队成长与进步
  - 3.1.4 领导
  - 3.1.5 技术协作
- 3.2 沟通
  - 3.2.1 沟通策略
  - 3.2.2 沟通结构
  - 3.2.3 书面沟通
  - 3.2.4 电子/多媒体沟通
  - 3.2.5 图形化沟通
  - 3.2.6 口头描述与人际沟通
- 3.3 用外语进行沟通
  - 3.3.1 英语
  - 3.3.2 区域性工业国家的语言
  - 3.3.3 其他语言

4 在企业与社会的环境下构思、设计、实现、运作
- 4.1 外部与社会环境
  - 4.1.1 工程师的角色与职责
  - 4.1.2 工程对社会的影响
  - 4.1.3 工程的社会规划
  - 4.1.4 历史与文化的环境
  - 4.1.5 时代性问题与价值
  - 4.1.6 全球展望
- 4.2 企业与商业环境
  - 4.2.1 欣赏不同的企业文化
  - 4.2.2 企业策略、目标与规划
  - 4.2.3 技术企业家
  - 4.2.4 成功的在组织中工作
- 4.3 构思与工程化系统
  - 4.3.1 设定系统目标与需求
  - 4.3.2 定义功能、概念与构架
  - 4.3.3 为系统建模并确保能够满足目标
  - 4.3.4 开发项目管理
- 4.4 设计
  - 4.4.1 设计过程
  - 4.4.2 设计过程阶段与方法
  - 4.4.3 在设计中应用知识
  - 4.4.4 学科性设计
  - 4.4.5 多学科设计
  - 4.4.6 多目标设计
- 4.5 实现
  - 4.5.1 设计实现过程
  - 4.5.2 硬件制造过程
  - 4.5.3 软件实现过程
  - 4.5.4 硬件与软件的集成
  - 4.5.5 测试、核实、验证与证明
  - 4.5.6 实现管理
- 4.6 运作
  - 4.6.1 设计与优化运作
  - 4.6.2 培训与运作
  - 4.6.3 支持系统的生命周期
  - 4.6.4 系统改进与进化
  - 4.6.5 处置与生命终结的问题
  - 4.6.6 运作管理

图 1　CDIO 系统组织结构示意图

当前,我国工科高校人才培养过程中存在的诸多问题,主要表现如下:人才培养观念滞后,高校教育与社会需求严重脱节;课程设计重“学”轻“术”,毕业生缺乏将科研成果转化为现实产品的能力;学生缺乏必要的团队合作意识和沟通协调能力等。为此高等工科学校必须主动调整人才培养模式,除过学校专业课的设置调整以外,学生在校期间的必修课——政治理论课程——也应该加强社会实践环节,创新实践模式,更好地实现思想政治教育的社会价

值，增强思想政治理论教育的有效性和实践性。

二、高等工科院校政治理论课社会实践现状及其存在的问题

大学生社会实践是一种以实践的方式实现高等学校教育目标的教育形式，是高校学生有目的、有计划地深入现实社会，参与具体的生产劳动和社会生活，了解社会、观察社会、分析社会、服务社会，不断培养大学生的思想道德素质、科学文化素质和身心素质，不断培养创新精神和实践能力的活动过程，也是高校大学生思想政治教育的重要途径。但是，目前各高校的政治理论课社会实践普遍存在程度不同的问题，使得当前大学生社会实践无法真正发挥其在大学生思想政治教育中的作用。

1.实践规模小，只是惠及少数学生，多数学生擦肩而过

大学生社会实践活动其组织程度比一般课堂教学复杂、细致得多，涉及教师、学生、场所、经费、内容安排以及相互协调、培训、考核等环节和因素。目前还有部分高校没有真正意识到社会实践作为一种有效教育途径的真正意义，只是把社会实践活动当作完成上级下达的任务消极被动的工作。可能是由于经费和实践场地的限制，当前很多高校的思想政治教育社会实践还都是和学生处团委等联合起来进行，在全校范围内仅支持少数的社会实践团队，在寒假或者暑假期间去学校定向的社会基地去实习。而多数大学生没有机会参与这种活动，他们根本不清楚如何去实践，到哪儿去实践以及实践什么。有些高校只是简单地组织部分学生到校外对应基地进行短时间的参观，这种远远的参观而没有具体的亲身参与的实践根本对于学生产生不了多大的影响，学生随后写篇报告草草了事。这种置于社会之外的实践根本无法体现工科学生需要加强的团队、合作与创新性等理念与政治理论课想达到的培养目标还有很大距离。

2.社会实践在整个实践教学中不受重视，模式单一，缺乏创新性

工科学校一般从生产实践、科技实践、社会实践等几个实践教学环节来强化学生能力的系统化培养，并且每个学校都有相应的实践教学基地。生产实践环节由金工实习和电工电子实习等实践教学单元组成，科技实践包括大学生参加学科竞赛、学生科技立项、参与教师科研、开放实验等内容，着力培养学生创新意识、团队协作精神和创业创新能力。社会实践主要以了解、认识、服务社会为主题，以提高学生的社会适应能力为目标。工科院校教育比较重视基础专业知识的掌握，忽视社会实践能力的培养，较少考虑提供学生参与社会、了解社会的机会和锻炼。有的学校只是利用寒暑假，相关部门将少数优秀的学生组成实践小分队，最后简单提交一个调研报告。经济全球化和多元文

化背景时代,单调的下农村、下社区、下企业转转看看根本无法满足当代大学生急于了解社会、认识社会的渴望与需求,甚至会造成思想政治理论教育是“两层皮”或者“自弹自唱”的感觉。

3. 实践对象同质性太近,静态的实践基地建设投入不足,动态信息化社会实践基地还处于起步阶段

许多高校的学生在进行社会实践对象选择的时候,为了方便、经济等因素,往往都会首先考虑高校内部,大学生自身的调研、高校教师层面,学校内部管理等,这种实践对象的和实践执行者之间的同质性会大大降低学生的兴趣和好奇心,过程中相应的挫折和挑战可能也较少,收获也不会很大。目前少数高校结合学校自身特点,建立一批融产、学、研等于一体的固定的综合育人基地,也称“静态”的社会实践基地。而有些高校甚至这种静态的社会基地投入也很少或者没有。由于没有很好的组织和领导,学生都是分散、甚或独立花大量精力四处奔波寻找社会实践场所,甚至有的学生干脆造假开证明来应付学校的检查。现在网络信息非常发达,互联网是大学生了解社会、学习社会的一个最主要的窗口,但是很多高校往往很少考虑在这个层面来设立社会实践调研基地。

三、基于CDIO理念的高等工科院校社会实践新模式

从CDIO大纲的内容中可以看出,除过第一部分和第二部分强调基础专业知识学习以外,第三和第四部分都强调了学生的人际沟通、团队协作和外界互动方面。因此我们的政治理论课程社会实践可以说从一定程度上弥补了这个缺陷。西北工业大学是以工理为主,管、文、经、法协调发展的研究型大学,在经济全球化和高等教育国际化的新形势下,培养人才的目标是具有远大理想和良好品德,知识、能力、素质俱佳,今后能在国防、科技、文化等领域成为专家人物或技术骨干,具有国际竞争力的高层次拔尖创新人才。正是考虑到学生的这种专业特征以及未来的就业方向,根据CDIO大纲中的交流、合作、协调的理念,我校的毛泽东思想和中国特色社会主义理论体系概论社会实践课程让学生通过社会实践环节,将理论学习与社会实践紧密结合起来,自觉运用正确的思想和理论去观察社会和指导自己的行为,提高分析问题和解决问题的能力,提高创新能力,增强社会责任感,发扬团结合作精神,为以后走上社会做高层次工程领军人才积累必备工程意识和人文素养。

各个高校的政治理论课程一般都是大班上课,由于时间和精力的限制,授课老师并不参与具体的实践过程,只是对学生的实践进行宏观的原则上的指导。学生社会实践的选题把握住4个方面的原则就行:一是要着眼于当前地

方社会经济建设中的重大事项；二是要着眼于当前社会热点问题；三是要着眼于涉及学生利益的热点问题；四是要着眼于学生专业知识的应用与提高。班级学生具体应从以下几方面入手。

(1)班级自己选择确定社会实践主题。确立社会实践的前提是必须以小班集体为一个单位来确定社会实践的主题，保证班级中每一个学员必须参与到这个项目中来，任何人不能离开班级独自去做社会实践，否则就会背离CDIO理念的初衷，团队协作的理念不能更好地贯彻。授课教师在选题方面只做方向性的引导，最终选题还是由学生自己决策。由全班同学自由选择、集体思考、集体表决通过得票数最高的选题作为班级实践项目。学生自己提出议题，自己操作过程，这样在后期的调研中更能调动学生的积极性，避免了由于老师外在强加而导致的被动性。

(2)班集体进行项目分解。确定调研主题后，每个班级都投入到紧锣密鼓的前期准备阶段。首先对于调研项目进行分解，每个班的班干部群体相当于一个领导团体，由班长任总指挥，按照项目管理的程序来分解项目操作步骤，包括前期理论调研小组、具体调研实践小组、后期项目制作小组。每个步骤都要落实到具体的负责人和实施者，中间的联络程序和协调者。其中前期理论调研小组成员必须参加后面的具体执行阶段，即班级中每一个成员至少要承担一项任务，也可以承担两项或者更多的任务，根据个人的意愿和能力决定，要求班干部群体必须全程参与。

(3)班集体分类执行项目。理论调研结束后，每一个成员都要对实践的项目有个粗浅的初步认识。包括该项目的基础理论，国家的政策和意义，社会执行概况等。然后根据项目实际情况，把全班同学分组，要么到相应的政府管理机构调研，要么向相应的专家学者请教，要么深入社会和普通群众面对面书面调研或者访谈等。项目执行阶段尽可能地让更多学生走出校门，直面社会，独立地来完成自己的任务，每个人在自己的环节结束后都要有详细的书面报告，相应的理论数据都要交由班委来详细统计分析，班干部群体在具体实践环节起着组织和协调的作用。

(4)项目评价和考核，班级自我评价和总结。班干部群体在此时发挥非常重要的作用，统计数据资料的整理、分析，项目总结的撰写，多媒体展示的制作等都需要班干部群策群力来做，当然也可以让班级中个别有多媒体制作特长的学生来制作，最后每个班级要上交一个完整的文字调研报告，并且再在大班同学面前以多媒体的方式来展现自己班级的实践情况，然后大家给每个小班打分，加上老师的点评作为这个班级最终的实践成绩。每个班级的社会实践主题都不一样，同学们一起参与的考核也是大家多角度了解社会的过程。最后所有小班的社会实践文字报告装订成册,和班级考试成绩一块封存入档,个别优秀班级的报告会放到课程网站上供大家交流学习。每个小班的成果汇报过程中班级成员都非常激动,甚至会激动得热泪盈眶,学生们的成就感和集体荣誉感得到最大程度的发挥。

四、CDIO 模式对我国高等工科院校政治理论课程社会实践的启示

社会实践是大学生思想政治教育的重要环节,对于促进大学生了解社会、了解国情,增长才干、奉献社会,锻炼毅力、培养品格,增强社会责任感具有不可替代的作用。CDIO 理念对我国高等工科院校政治理论课程社会实践模式创新的启示:

(1)全员参与、全程参与,让工程实践意识和行为深入到每个学生的内心和行动方面。知识来源于实践,能力来源于实践,素质更需要在实践中养成;各种实践教学环节对于培养学生的实践能力和创新能力尤其重要。班集体为主体的社会实践过程表现的是一个有生命、充满合作与社会互动的过程,班集体自我规划、自我设计,自我组织与独立实践,其中强调培养与人沟通、表达、团队合作及和谐相处的能力,或者说强调团队合作解决问题之能力。教师在其中的责任就是指导学生自己营造团队来合作解决问题,这种全员参与、全程参与的实践过程一方面增强了学生寻找问题、分析问题、解决问题的能力,同时大家切身体会到团队交流合作的重要性和工程理念的复杂性。

(2)加强社会实践教学投入,多方面地拓宽实践教学渠道。著名华裔诺贝尔物理学奖获得者李政道在领奖感言中,针对中国的科技研究现状和问题特别提到,中国的科技工作者需要强调实验精神和实验能力。工程技术是一实践性极强的领域,停留在概念阶段的想法需要转化为直接的生产力才能体现其工程和社会价值。基于专业基础知识的实验调查,需用系统思维的方法来提升研究结果,并运用优先排序、赋予重要性权重等进行权衡和取舍。工科高校必须加强实践教学环节和经费投入,给学生提供在技术、情境实验中验证知识、提升能力、拓展思维的充分条件。当前的实践教学环节非常薄弱,严重制约了教学质量的进一步提高。要培养高素质的人才,就必须高度重视这个环节。因此,高等工科院校要建立和完善实践教学体系,制定合理的实践教学方案,拓宽实践教学范畴,整合实践教学资源,保证实践教学时间,加大实践教学的经费投入。要下大力气巩固现有的校内外各类实习基地,并不断扩大和发展新的实习基地,要倡导产学研相结合,积极开展校企之间、校际之间、高校与科研单位之间的合作,并建立稳定的合作关系。各级教育行政部门也应创造条件,为高校建设大学生教学实习和社会实践基地提供有力支持。

(3)多角度、多层次、全方位地引导学生进行社会实践，全面提升大学生的政治能力和政治素养，推动我国的政治文明建设。随着高校学科之间相互渗透融合，高等教育大众化时代的到来，社会对大学毕业生的要求已从单一型向复合型，从注重学术向学术与能力并重转变。高校人才培养和教学模式应该充分适应社会、文化的最新发展和未来趋势，立足于培养大批有较强实践能力和创新能力的实际工作者。如今的工程领域中的问题已经不再是简单的专业技术问题，而是与经济、社会、生态、文化等人文学科相关的复杂的系统问题。注重人的创新性的发挥，尽量地引导学生走出同质化社会调查的区域，走向社会，直面社会，引导年轻人现实地理性地看待社会现实，教育青年人形成独立的判断能力、警醒的思维，从而避免盲从和人云亦云。在全球文化交流的时代背景下，高校思想政治理论和实践不是运用宣传教育手段实现文化的同质性和单一性，而是以更加宽容的态度看待多元文化共存，从多元中吸取养分，丰富自身的理论体系和内涵。

总之，要多角度、多层次、全方位地引导学生进行社会实践，全面提升大学生的政治能力和政治素养，共同努力把高校思想政治理论课建设成为大学生真心喜爱、终身受益、毕生难忘的优秀课程，培养高素质的人才，加强大学生的政治能力和社会主义核心价值观，推动中国的政治文明建设。

参考文献

[1]　Edward F C. The CDIO Syllabus A Statement of Goals for Undergraduate Engineering Education[EB/OL]. (2008-06-30)[2009-04-13]http://www.cdio.org.

[2]　陶永芳，商存慧. CDIO大纲——高等工科教育创新的启示[J]. 中国高教研究，2006(11).

[3]　谢晓娟，利文岑. 新中国成立以来思想政治教育的历史变迁与新的历史使命[J]. 教学与研究，2010(5).

美国新品格教育评析

郑永安　孙　傲

摘　要　美国新品格教育把培养学生的品格作为道德教育的核心目标，内容定位在核心价值观的培养，采取了全社会参与、三方协作、知行统一以及自律他律互相促进等各种方式，使学校道德教育有了切实可行的目标和明确的内容。

关键词　美国　新品格教育　高校　道德教育

美国教育家把20世纪80年代中期兴起、为克服当时美国严重的道德危机而以特定的价值和美德为内容，以示范、实践、文学等传统品格训练方法为主要方法，以帮助受教育者塑造良好的品格为目的的一系列教育改革，称为新品格教育。其倡导者注重品格教育的操作性和实践性，把更多的精力放在如何推动学校品格教育的开展上，努力将理论应用于实际教学中，极大地促进了学生品格的塑造。

一、全员教育、全程育人的基本理念

新品格教育强调教育者与受教育者的相互作用，要求学校的所有事务(教学、环境、活动、制度等)都具有品格教育的作用和功能，非常注重营造促进学生品格发展的校园环境。这种环境有一套具有共识性的核心价值和美德，学校环境里的所有因素都围绕这套核心价值和美德组织起来，或者标示提醒，或者反复解释强调，从而形成一种潜在的品格塑造力量。

新品格教育首先受到国家的大力支持，这为围绕全员育人、全程育人的基本理念全方位开展品格教育提供了最坚实的基础。1987年，美国国家学校联合会向美国教育部提出“在公立学校塑造品格”的计划，提出要在全国15000所学校中加强品格培养。20世纪90年代新品格教育迅速扩展为全国性的运动，以“民主文明社会的品格构建”为主题的白宫会议就进行了4次。时任美国总统克林顿在1996年提出：“我要求我们所有的学校都要开展品格教育。”美国教学视导和课程研究协会建立了一个品格教育的特别小组，一些州通过立法要求在公立学校中开设品格教育课。

新品格教育在教学方法上既注重直接教育，更重视间接教育。采用专门道德教育课程独立上课这种直接方式进行教育，因时间集中和观点鲜明，有时给人有一种强迫灌输的感觉。尤其对有一定分析能力的大学生来说，容易使他们产生一种莫名的逆反心理，形成一定的意义障碍，从而影响道德教育的效果。正是看到了这一点，品格教育反对“灌输”“封装”“批量化”式的教育方法，认为道德教育存在于每一门课程之中和课程的每一部分之中。他们主张充分发挥各门课程的道德价值，使学生受到良好的道德教育。学生学习一门课程时要了解3个问题：这个领域的历史和传统是什么，它所涉及的社会和经济问题是什么，以及要面对哪些伦理和道德问题。这种方法由于它的自然性与隐蔽性，使道德教育在不知不觉中进行，学生不会萌生受灌输和被强迫的感觉，从而教育的效果大大提高。

在教与学的过程中，当前美国新品格教育要求教师把知识和品格一起教给学生，即“教育其心灵和思想”(educating hearts and mind)。威廉姆和德洛什据此提出了有效品格教育者的6条教学原则：①在教室里创造一个学习社群；②努力工作，真正关心学生的学习；③创造一种相互信任、相互尊重的氛围；④创造一种具有合作性和支持性的学习环境；⑤始终一贯地执行教师所陈述的意图；⑥示范要求学生遵循的行为。

对于学生而言，学习本身也是一种道德实践。墨菲认为，学生在学习过程中能培养起自律和负责的品格；通过攻克难题培养学生勇敢的品格；不断地努力直到问题被解决，培养学生坚韧的品格；如果日复一日地坚持，便使学生获得勤奋的品格；而学习的成功又会增进学生的自我价值感和成就感。美国新品格教育把学生的品格发展和学校的教学结合起来，不仅帮助学生取得学习的成功，也对培养学生负责、自爱等核心价值和美德起到良好效果。

美国新品格教育通过各种具体方法实现处处育人、时时育人，强调道德认知、道德情感和道德行为的统一，注意行为养成和法制的作用，与学科教育相结合创造良好的认知环境，建立轻松活泼、自由灵活的师生关系等，使学生在轻松的学习和生活中不知不觉地接受教育者所要培育的价值观念，并融合成生活的有机内容，塑造成学生的生活方式。

二、以核心价值观培育为定位的教育内容

新品格教育以核心价值观培养为内容定位，在开展全员育人、全程育人的过程中十分注重核心价值观培育。在全员育人、全程育人的基本理念指导下，新品格教育要求学校的所有事务(教学、环境、活动、制度等)都为营造一个促进学生品格发展的校园环境而一起努力。这种环境有一套具有共识性的核心

价值和美德,学校环境里的所有因素都围绕为学生塑造这套核心价值和美德的目的服务。新品格教育倡导者认为,真正的教育不仅向学生传授某些知识和技能,而且关心学生整个人的成长与发展。

在教育内容上,新品格教育常以美德为教育内容,重视对受教育者核心价值观的教育。它以学校为基础,并与家庭和社区进行合作,通过直接和间接的途径向学生传授核心价值观的教育,发展良好的道德意识、道德情感和道德行为的各种努力,其目的是塑造一个具有良好美德和修养的人。新品格教育把核心价值观细化为诚实、同情、自律、公平、助人、审慎、合作和勇敢 8 种行为方式或处世态度,在具体的品格教育中,又将这些内容通过生活、学习的各个环节具体化为可模仿、可测度、可掌握以及愿学习的内容;把抽象的核心价值转化为与每个人息息相关的生活内容,学生在不断提高自身生活能力的过程中,自然而然地认同并维护着社会的核心价值观。

美国是一个多民族、多种族的国家,教育管理的特点为州权制,全国没有统一的教育道德大纲,没有国家的统一要求。因此,在教授何种核心价值和美德的问题上争议较大。加利福尼亚教育法第 44790 条规定,在加利福尼亚所有的公立学校的 K－12 年级实施有效的伦理和公民价值教育计划。该计划提出了基本的共享伦理和公民价值,包括(但不局限于)个体的尊严和价值、公平和平等、诚实、勇敢、自由和自律、社会责任感、维护社群的共同利益、正义、机会平等。德克萨斯州的普拉诺(Planno)学区确定的内容为礼貌、勇敢、自律、诚实、自尊、正义、爱国、个人的公共义务、尊重自己和他人、尊重权威、负责和坚毅。其他一些品格教育组织和其他教育组织如杰斐逊品格教育中心提出"品格教育的六大支柱"。此外,一些专家如里克纳以尊重和负责为核心提出了一系列价值,包括诚实、同情、自律、公平、助人、审慎、合作和勇敢等。

尽管美国新品格教育内容没有得到统一,但从各州对其内容的规定来看,美国新品格教育确定内容的方式基本遵循的是,获得一种最低限度的共识,既继承一定的西方传统,同时汲取现代自由主义精神。美国新品格教育实践中提出了相关的核心价值和美德,大致有 8 个方面:慎思、勇敢、自律、公正、关心、尊重、负责、诚实。前 4 个属于西方传统的四主德,后 4 个则是针对当今社会的道德现状提出来的。新品格教育家认为,存在一些广泛共享的核心价值观,例如关心、诚实、公正、责任以及自尊和尊重他人,这一切构成了良好品格的基础。学校应该通过加强核心价值观和基本美德的教育,帮助学生学会做出正确的道德选择和行动。

三、学校、家庭和社区三方协作的典型模式

美国新品格教育以全员育人、全程育人的基本理念出发，加强学校、家庭和社区的联合和协作，对学生进行道德教育，就成为自然而然符合逻辑的事情。建立学校、家庭和社区三方良性协调机制，把道德育人融入到生活的每个环节的做法，正是美国教育家杜威倡导的“教育即生活”理念的具体体现。当然，这样的回归生活道德教育，并不是简单地把道德教育等同于感性的个体生活，而是在生活世界中并且通过生活形式的展开来引导个体生活，引导个体对可能生活的美好追求，从而使得德育过程成为作为生活个体的个体德性之自主生成、自我建构的过程。

美国新品格教育中的“社区”(community)包括校内外的所有个人和制度，在确保学生的品格教育中具有重要作用，如家庭、学校、邻里、活动小组、商业界、图书馆、地区政府、宗教组织、娱乐部门和其他服务于学生的组织。美国斯坦福大学教育学教授威廉·戴蒙(William Damon)和卡耐基基金心理学专家安·科尔比(Anne Colby)分析现代学校道德教育时指出：“为了对青少年的道德行为产生深远的影响，学校必须联合其他制度(包括家庭、教堂和青少年组织以及其他社区组织)一起，为青少年提供一套明确的和一致的期待。这种跨制度的相互合作能够使学生形成负责任的道德习惯、成熟的道德反思能力，最重要的是能够促进学生的道德自我意识、道德习惯和道德反思的融合。”德洛什认为，品格的发展不能够也不应该只依赖学校，道德和品格的发展也是家长和社会公众的责任，整个社区参与是必要的。里克纳认为：“学校和家庭必须为了共同的事业携起手来，共同教育，让这两种教育制度拥有真正的力量去培养道德的人，培养国家的道德生活。”

德洛什还提出了3个层次的新品格教育协作组织模式。在社区模式中，以德克萨斯州的邓肯维尔(Duncanville)品格教育为例，该地区的“新星”计划由学校和社区提出每月“新星”主题，如“成为自信的人”“成为负责人的人”“成为行动的人”等。参与人员包括警察局、社区里的学校、商业界、公民组织、青年成人等，以此强化品格教育的月度主题。在学区模式中，以休斯敦独立学区为例，他们在获得基金会的捐助后聘请专家和主管，办讲习班，训练教育人员，组织现场参观，通过这些形式帮助学校实施品格教育。在学校模式中，学校非常重视家长、教职工之间的参与和互动。

四、知行统一、自律和他律相互协调的基本原则

道德教化向个体道德的内化必须依靠道德实践活动，道德教化解决“是什

么”的问题,而道德实践解决“做什么”的问题。美国新品格教育不只是一种知性教育,道德知识和道德观念必须通过情感陶冶、意志砥砺,内化为道德主体的品德,并在主题实践中加以外化,变成主体的自觉行动。

美国新品格教育以“重行”为特点,即品格教育密切联系社会实际,重视生活体验和社会实践。比如,在电视频道中,专门设有历史频道教育人民不忘过去,宣传美国的伟大;教授相关历史课程时并不照本宣科,而是让学生自己搜集相关资料,并以讨论等方式使爱国品格深入每位学生的心。美国对学生品格的教育“重行”但并不“轻知”。他们非常重视学生品格方面的认知、判断和推理能力的发展,以及意志、探索、独立自主的精神和平衡人际关系的协作态度的培养。美国品格教育的着力点放在学会思考,学会“怎样选择”上,通过对选择方式和过程的引导和推动,把教育对象引到既定的教育目标上来。

美国新品格教育继承了传统品格教育的某些方法,如阅读经典、示范、奖励、惩罚与纪律的运用。在新品格教育实践中,不再把纪律建立在惩罚和奖赏的基础上,而是把纪律当作培养尊重和责任等品格的工具,认为纪律的最终目标是自律。强调学生要理性地和情感地接受纪律和规定,而不是被迫地被压制地接受。它运用良好的品格特质或核心价值与美德作为控制学生行为的中心,每一条纪律规定都体现一种核心价值和美德,通过日常学习生活中的教授和强化,使学生内化这些价值和美德,并形成相应的行为习惯。

同时,美国新品格教育认为大学生正处于青春期,还未形成比较稳定的气质品格,高校在进行道德教育时可适时采取奖惩等传统教育方法规范其行为。但奖惩的教育方法在道德教育实践中还应遵循“以奖为主,以惩为辅”的原则。美国心理学家保罗·钱斯认为,“尽管内部激励对学习效果最大化非常重要,但学生需要获得所有 3 种奖励形式的积极强化—鼓励(赞扬、祝贺、称赞)、外部奖励(特别荣誉、证书和奖品)、内部奖励(学习的乐趣、出色完成工作后的满足感)。”在使用惩罚的教育方法上,涂尔干认为,惩罚不能为规范赋予权威,但可以防止规范丧失权威,因为如果允许日常违规行为不受惩罚,那么这样的行为就会侵蚀规范的权威。因此,他主张惩罚的本质功能,不是违规者通过痛苦来赎罪,或者通过威胁去恐吓可能出现的效仿者,而是维护良知,因为违规行为能够而且必然扰乱信念中的良知。对于正处于青春过渡期的大学生而言,他们充满叛逆精神,这就要求教师在进行道德教育的工程中掌握一定的谈话技巧,选准与问题学生进行沟通交流的时机,营造良好的交流氛围,传授有关大学生应树立的正确观念,帮助大学生减少其困惑与恐惧。

诚然,美国新品格教育作为一种传统道德教育形式的改良,其历史局限性不可避免。如有批评者指出,新品格教育忽视了社会制度(政治制度、经济制度等)的改革,而只是强调个人品格的修正,是一种不自由、强调服从权威的教育,等等。尽管如此,美国新品格教育无论从教育的内容、形式还是方式方法上,都既继承传统又具备显著的时代特征,对提升美国大学生的道德修养和改善社会风气起到了巨大的推动作用。

参考文献

[1] 杨海艳.美国品格教育对提高我国高校德育实效性的启示[J].前沿,2007(7).

[2] 郑富兴。现代性视角下的新品格教育[M].北京:人民教育出版社,2006.

[3] Edward F D, Marry M W. Educating Hearts and Minds: A Comprehensive Character Education Framework [M]. Corwin Press, 1998: 21-22.

[4] 刘铁芳.面向生活,引导生活——回归生活的德育内涵策略[J].教育科学研究,2004(8).

[5] 爱弥尔:道德教育[M].陈金光,沈杰,朱谐汉,译.上海:上海人民出版社,2001.

留学生教育工作的比较研究

程　茵

摘　要　改革开放以来，我国的留学生教育工作逐渐步入正轨。发展留学生教育事业，对于促进国家间的友好关系和经济文化交流，培养国家利益和高校形象代言人，聚集精英人才，提高国家实力，有着重要作用。欧美发达国家的留学生教育工作经历了近百年的发展过程，在留学生的招生中介、奖学金设置、教学管理等方面积累了有益经验，值得借鉴。我国留学生教育，应重视培养质量，扩大招生规模和高层次学位生的数量，科学管理，快速推进我国高校国际化进程。

关键词　留学生教育工作　方针政策　经验　问题及展望

当今世界各国高等教育发展过程中，留学生教育工作受到广泛关注。留学生教育工作，是中国高等教育的重要组成部分。高等教育不仅能给一个国家的相关行业带来可观的经济和社会效益，其发展水平，也是一所高校甚至一个国家在国际上是否具有影响力的标志。在最近几年的世界高校权威排行榜中，留学生教育被公认为是最重要的评价指标之一。加强国家间留学生教育工作的比较分析，研究国际留学生、特别是发达国家留学生教育发展的目标与策略，发现自身差距，明确发展方向，提升中国留学生教育工作水平，是中国高等教育的重要任务。

一、留学生教育发展目的

1. 促进国家间友好关系

发展留学生教育，有利于了解国际形势，更好地开展外交活动。为了适应外交工作的需要，与世界各国建立和谐友好关系，我国尝试从不同方面向他国提供优惠政策，这其中就包括教育支持。向外国留学生提供在国内知名高校深造的机会，有利于促进国家之间的相互理解与合作。我国留学生基金委员会设置的中国政府奖学金项目，多年来向来自非洲、亚洲、南美洲等地的优秀学生提供来华深造的机会。这一策略，一方面巩固了我国的国际声望，奠定了教育大国的地位；另一方面可以服务于我国的外交活动。比如说，向亚洲邻国提供中国政府奖学金名额的政策,维护了我国与周边国家的睦邻友好关系。

2.培养国家利益和高校形象代言人

一些国际一流知名学府着力于培养高层次优秀毕业生,这些学生毕业后,有机会任职于政府部门或大型跨国机构,一定程度提升了学校的国际知名度,有利于促进学校的留学生工作及国际合作项目。牛津大学基督堂学院培养了大约 27 位其他国家的领导人,圣约翰学院的学生中,也有多位当上了其他国家的领袖。一些优秀的留学生回国后,就职于外交部、驻外使馆等政府部门,凭借丰富的海外留学经验、语言优势、文化交流能力,成为国家发展外交关系的纽带。这种高层次人才,可以对我国的教育质量起到正面的宣传作用,吸引更多的海外学子来我国知名学府深造。

3.产生良好的经济效益

1999 年,仅英国 79 所大学接纳外国留学生带来的收入就高达 7 亿英镑。英国的留学生教育既弥补了本国教育的需求不足,又为英国招募了大量优秀的国际研究人才,保持了科研在世界上的领先地位。美国高等院校已成为美国第五大从海外获取利益的行业。1993 年,外国留学生的学费对美国经济贡献是 68 亿美元(比 1992 年增加 10%,是 1986 年的 2 倍),1994—1995 学年度为 70 亿美元。美国商业部的最新数据表明,外国留学生每年在美的消费增加 5 亿美元。除了 68 亿美元的学费收入外,美国政府估计外国留学生在美国的生活费用为 38 亿美元。

4.聚集精英人才

改革开放以来,中国出国留学的人数达 35 万人,但是学成归国的只有 30%。发达国家为了巩固自身在科技领域的领先地位,不断从世界各地网罗精英人才。为实现这一目的,发达国家为高层次留学生设置种类繁多的奖学金项目。丰厚的奖学金、浓厚的学术氛围以及科研条件等多种因素吸引了研究生以上高层次留学生远渡重洋,到发达国家知名学府深造。一部分学生毕业后,适应了当地的生活方式与研究环境,选择留下来继续开展科研或其他相关工作。这样,发达国家无形之中网罗到了大批的科技精英。

5.促进国家间文化交流

海外留学经历不仅有助于学生开阔视野,更深入地了解外国文化习俗,也使得他们的知识结构更加多元化,同时,留学生也将本国的风土人情带出国门,让世界人民了解到本国与众不同的文化特色。

由此可见,发展留学生教育工作,促进了国与国之间的文化交流,双方可以在相互了解的前提下更好地开展不同领域的合作项目。

二、发达国家留学生教育发展策略

1.与中介机构签订招生协议

为了更好地开展留学生招生工作,一些发达国家高校在海外寻求合作伙伴——中介机构。与中介机构签订协议,其中明确双方的权利与义务,并将学生学费收入按照一定百分比支付给代理机构。中介机构进而负责该校在某些国家的招生工作。占据了天时地利人和的优势,中介机构往往能够更好地向本国学生宣传外国高校的专业特色,开展招生工作。

2.举办形式多样的教育展会

外国高校通过在境外举办各种类型的教育展会,让教育服务对象了解学校在不同领域的教育优势与专业特色,适当放宽招生条件以吸引更多留学生。比如,设置多种多样的奖学金,降低外语成绩,提供优质的教育服务等。仅2005年的中国国际教育展会上,就有308个海外高校抢滩中国教育市场,由此可以看出世界各国对中国教育市场的关注。

3.向留学生提供奖学金及各种优惠措施

一些发达国家采取各种策略,想方设法多招收留学生,扩大留学生在境外的教育消费。外国高校一方面提供丰厚的奖学金招揽和挖掘我国高素质学生,另一方面大量招收自费高考落榜生。比如英国为了鼓励外国高素质学生到英国留学,向海外学生提供多种类型的奖学金:政府奖学金、学术团体奖学金、高校奖学金,另外,在医疗保险、签证、陪读方面提供优惠条件。上述措施对留学生颇具吸引力。美国于20世纪40年代开始实施的“富布莱特”计划也是一个成功的例子。该计划规定外国留学生可与本国学生享受同等的奖学金;在州立大学中,外国留学生与外州美籍学生缴纳同等学费。这一政策当年就使得在美留学生数量激增。

三、我国留学生教育工作的问题及发展方向

一些高校留学生教育工作机构未能认真贯彻党和国家留学生教育工作的政策规定,忽视了留学生教育在高校教学、科研、校园多元文化和建设国际知名大学等方面的重要作用和管理教育,忽视师资队伍建设,盲目扩大招生规模,致使留学生教育工作影响力降低,生源素质不高,留学生培养质量下降。某些高校教学管理机构缺乏留学生管理的可行性分析论证和比较研究,使汉语生和学位生的比例失调,使知名学府专业优势的特色没有得到有效发挥。目前,只有极少数的外国高水平专家学者在我国高校从事科研、教学工作。双语教学模式也还处于探索阶段,并未形成规模。很多教授及指导教师与留学

生的沟通存在一定的障碍，英语水平有待提高。

1.稳步提升培养质量

改革开放以来，顺应着时代的潮流，我国开始招收越来越多的留学生来华深造，其中不仅包括汉语进修生，还包括数量日益增多的学历留学生群体。留学生事业作为我国教育界的新生事物近年来不断成长，蓬勃发展。面对这种情况，教育部确立了“扩大规模、提高层次、保证质量、规范管理”的来华留学工作思路，并采取了多项措施优化来华留学生学习环境。

为了进一步推动留学生工作的开展，扩大学生规模，很多高校对留学生招生工作投入大量精力，采用多种措施扩大招生规模，比如，与中介机构签订招生协议、参与国际性教育展会等。这些策略，的确收到了预期的效果，正面、积极地宣传了高校的特色与优势，吸引了大批留学生来华深造。然而在扩大招生规模的同时，高校往往或多或少地忽略了教学工作的生存之本——学生的培养质量。尽管高校纷纷强调要在保证教学质量的前提下扩大招生规模，然而行之有效的方法却是少之又少。

目前，国外享有声望的著名学府主要集中在欧洲及美国。这些高校往往拥有高水平的教学质量和优秀师资力量。倘若不能保证教学质量，留学生规模很难得到可持续发展。即使一些高校招生数量已初具规模，如果没有教学质量和高水平的师资力量支持，教学水平达不到学生的期望值，留学生教育工作同样会失去生命力与发展前景。长此以往，学校在国际上的声誉、口碑甚至未来的招生工作都会受到影响。

一些高校为了吸引更多留学生来华攻读学位，为他们提供各种各样的优惠措施，比如说，减免学分、改变课程设置、降低考试难度等。这些政策往往会引起优秀留学生失望、不满情绪。为了寻求更高水平的学府，这些学生有可能离开学校或转学。

为了改变这一状况，各高校要认真贯彻党和国家留学生教育工作的政策规定，严格招生程序，加强与中介机构极其相关部门的交流和沟通，造就吸纳国际留学人才的“蓄水池”，开展形式多样、生动活泼的留学生课外活动，积极开展社会实践活动，适时邀请外交工作者和专家学者与留学生进行现场交流，下功夫培养一批高素质的师资队伍，设置教学评估体系定期评估教师队伍与课程体系，提高留学生培养质量。

2.扩大高层次学位生的招生数量

在一些国际知名的一流学府中，外国留学生的数量占到了全部学生总数的10%～20%。其中，80%为学位留学生，另外20%为汉语生及短期交流生。然而我国的大多数高等院校中，留学生在学生总数中所占比例不足10%，其中的主体是由汉语生组成的。这一现状显然不符合高校国际化的趋势。

为了优化来华留学生的组成结构,我国高校近年来逐渐增加高层次学位生的招生数量。各高校根据自身的特色、优势,开设不同的全英文授课专业,吸引了来自世界各地的莘莘学子来华攻读学位。与此同时,发达国家早已认识到留学生教育产业拥有巨大的市场潜力,会产生可观的利润,国际间教育行业、高校之间在各个领域的竞争会日趋激烈。然而,保证一所高校在竞争中立于不败之地的关键在于优秀的师资力量与完善的课程设置。由此可见,若想吸引更多高层次优秀留学生来我国接受学位教育,如何提高教学质量、如何保证服务质量,是留学生教育工作者面对的两大课题。

3. 快速推进我国高校国际化进程

目前,只有极少数的外国高水平专家学者在国内高校从事教学与科研工作。因此,国内高校难以更新各个专业领域的前沿信息。另一方面,只有极少数的中国教师可以胜任双语教学工作,这无形之中制造了教师和留学生之间的交流障碍。

2009 年,在华留学生总数为 238 184 人,其中包括 93 450 名学位生。学位生数量不足学生总量的一半。这并不是一个符合国际化发展规律的比率。中国高校的国际化水平还有待于进一步提高,我们还必须使我们的高校师资具有较高的国际化水平与能力,以适应高校国际化进程。

参考文献

[1] 陈强,郑慧强. 上海留学生教育发展的关键成功因素分析[J]. 来华留学教育管理研究,2006 - 2008.

[2] 裴娣娜. 教育研究方法导论[M]. 合肥:安徽教育出版社,2000.

[3] 来华留学生与中国出国留学生人数首次基本持平[N]. 中国新闻社,2002 - 01 - 03.

[4] International Challenges to American Colleges and Universities[M]. American Council on Education and The Oryx Press, 1995.

试论西部高校留学生教育工作的内涵式发展

程　茵　陈洪亮

摘　要　改革开放以来，我国的留学生教育工作逐渐步入正轨。发展留学生教育事业，对于促进国家间的友好关系和经济文化交流，聚集精英人才，提高国家软实力，有着重要作用。欧美发达国家的留学生教育工作经历了近百年的发展过程，在留学生市场营销、奖学金设置、教学管理等方面积累了有益经验，值得借鉴。我国西部留学生教育受地界和经济影响，相对滞后，更应注意内涵发展，努力提高培养质量，扩大招生规模和高层次学位生的数量，科学管理，快速推进我国高校国际化进程。

关键词　留学生教育目的和策略　问题和展望

当今世界各国高等教育发展过程中，留学生教育工作受到广泛关注。留学生教育工作，是中国高等教育的重要组成部分。高等教育不仅能给一个国家的相关行业带来可观的经济和社会效益，其发展水平，也是一所高校甚至一个国家在国际上是否具有影响力的标志。在最近几年的世界高校权威排行榜中，留学生教育被公认为是最重要的评价指标之一。加强国家间留学生教育工作的比较分析，研究国际留学生、特别是发达国家留学生教育发展的目标与策略，发现自身差距，明确发展方向，提升中国留学生教育工作水平，是中国高等教育的重要任务。

一、留学生教育发展目的

1. 促进国家间友好关系

发展留学生教育，有利于了解国际形势，更好地开展外交活动。为了适应外交工作的需要，在世界范围内广泛建立和谐友好关系，各国尝试从不同方面向他国提供优惠政策，这其中就包括教育支持。向外国留学生提供在国内知名高校深造的机会，有利于促进国家之间的相互理解与合作。我国政府设置的中国政府奖学金项目，多年来向来自世界各地的优秀学生提供来华深造的机会，取得了显著成效，不仅提高了我国的国际声望，奠定了教育大国的地位，而且加强了我国与这些国家在经济、文化等领域的合作与交流。

2.聚集精英人才

发达国家为了巩固自身在科技领域的领先地位,不断从世界各地网罗精英人才。为实现这一目的,他们为高层次留学生设置了种类繁多的奖学金项目。丰厚的奖学金、浓厚的学术氛围以及科研条件等吸引了大量高层次留学生远渡重洋,到发达国家知名学府深造。一部分学生毕业后,选择留下来继续开展科研或其他相关工作。这样,发达国家无形之中网罗到了大批的科技精英。这些人才更有机会任职于政府部门或大型跨国机构,提升了学校的国际知名度。牛津大学基督堂学院培养了大约 27 位其他国家的领导人,圣约翰学院的学生中,也有多位走上了政府或国家领导岗位。一些优秀的留学生回国后,就职于外交部、驻外使馆等政府部门,凭借丰富的海外留学经验、语言优势、文化交流能力,成为国家发展外交关系的纽带。这种高层次人才,可以对我国的教育质量起到正面的宣传作用,吸引更多的海外学子来我国知名学府深造。

3.产生良好的经济效益

1999 年,仅英国 79 所大学接纳外国留学生带来的收入就高达 7 亿英镑。英国的留学生教育既弥补了本国教育需求的不足,又为英国招募了大量优秀的国际研究人才,保持了其科研在世界上的领先地位。美国高等院校已成为美国第五大从海外获取利益的行业。1993 年,外国留学生的学费对美国经济贡献是 68 亿美元(比 1992 年增加 10%,是 1986 年的 2 倍),1994—1995 学年度为 70 亿美元。美国商业部的最新数据表明,外国留学生每年在美的消费增加 5 亿美元。除了 68 亿美元的学费收入外,美国政府估计外国留学生在美国的生活费用为 38 亿美元。

4.促进国家间文化交流

海外留学经历不仅有助于学生开阔视野,更深入地了解外国文化习俗,也使得他们的知识结构更加多元化,同时,留学生也将本国的风土人情带出国门,让世界人民了解到本国与众不同的文化特色。由此可见,发展留学生教育工作,促进了国与国之间的文化交流,双方可以在相互了解的前提下更好地开展不同领域的合作项目。

二、发达国家留学生教育发展策略

1.先进的整体营销策略

(1)整体营销。整体营销的途径较多,宣传力度也很大,有利于促进整个地区的留学生教育发展。西方发达国家在招生宣传方面投入都不少,它们的高等院校会联合组团出境进行“留学产品路演”或举办国际教育展，吸引更多的教育服务对象；在了解国内外留学生教育发展动向的基础上，建立留学网站，通过完善信息平台，保证国外学子能及时获得有关信息。除此之外，还有一些以城市为单元的留学生教育营销策划，注意突出某城市的自然、经济、社会和人文特色，使这一地区的高校更具备国际竞争力。

(2)设置奖学金。采取各种策略，想方设法多招收留学生，扩大留学生在境外的教育消费。外国高校一方面提供丰厚的奖学金招揽和挖掘国外高素质学生，另一方面大量招收自费高考落榜生。比如英国为了吸引优质生源，向海外学生提供了多种类型的奖学金：政府奖学金、学术团体奖学金、高校奖学金，另外，在医疗保险、签证、陪读等方面提供优惠条件。上述措施对留学生颇具吸引力。美国于20世纪40年代开始实施的“富布莱特”计划也是一个成功的例子。该计划规定外国留学生可与本国学生享受同等的奖学金；在州立大学中，外国留学生与外州美籍学生缴纳同等学费。这一政策当年就使得在美留学生数量激增。

(3)加强对外交流合作。外国高校和跨国集团在中国高校中寻找合作伙伴，以联合办学、职业教育、资助科研为突破口，达到迅速抢滩中国教育市场的目的。现在，美国、英国、法国、德国、澳大利亚、加拿大、日本等的高校和在华的跨国集团纷纷寻找自己在中国的合作伙伴。在以往的教育开放政策中，我国主要开放的是职业教育市场，许多国外大学以此为突破口，采取联合办学的方式，迅速抢滩中国教育市场。现在，越来越多的外国高校通过和我国的高校及教育服务机构联合办学，发放文凭和有关资格证书。外国企业、高校和中国高校联姻后，使得外国教育服务进入中国教育市场的速度更快，更加容易。

2.完善的课程体系和高水平的师资队伍

外国留学生都有国际教育背景，他们出国留学当然迫切需要国际化的课程、国际化的教学方式和教学手段、国际化的教材。很多发达国家如荷兰、英国、日本等为吸引外国留学生纷纷开设了一系列专门面向外国留学生的课程，其中包括大量的英文课程。国际一流高校教师大多语言能力突出、业务知识扎实、教学经验丰富。同时，这些高校也很重视人才培养，通过“走出去”“请进来”，让更多教师在语言上、业务上得到更大提高。发达国家还积极探索各种国际教育的合作方式，与国外院校与机构建立比较稳定的教学、科研协作关系，在教学计划和教学课程设计上进行合作交流，以保证教学内容与国际标准相接轨，而且还开展各种形式的师资交流，更新教学理念和方法，更好地投入教学活动中去。

3. 服务策略

与此同时,发达国家的高校也十分注重利用优质的服务吸引生源。学校为留学生提供了先进的教学设备和生活设施,校园里有面向留学生的各种标志,学生可以享受国际化的学习氛围与舒适的生活环境;图书馆里有大量的外文教材及资料可供学生查阅。学校网站更注重外文版内容建设,信息量大,更新频率高,也便于留学生与学校各部门的互动沟通。学校的各种学生社团和学生活动也向留学生开放,让留学生融入高校校园生活。

三、我国西部高校留学生教育工作存在的问题

通过比较,我们发现,西部高校在留学生教育工作中存在以下问题:①未能同步高校教学国际化各项工作;②没有构成完整的国际化教学体系和双语教学师资队伍;③某些高校汉语生和学位生的比例失调,专业优势的特色没有得到有效发挥;④缺少全英文课程及国际化教材。笔者认为,西部高校留学生工作要走内涵式发展的道路,从以下几项工作入手,推进高校国际化的进程。

1. 同步高校教学国际化各项工作

要加快高校国际化进程,必须从薄弱环节入手,完善高校基础设施和教学环境建设。其中包括大力配套留学生学习和生活硬件环境、建立留学生培养流程及管理规定、建立国际化培养方案和国际化学习气氛、建立完善的奖学金体系及管理办法等。各项工作必须同步到位,使来校留学生能够在明确的规章制度下,通过完善的学习和生活设施来完成学业。以西北工业大学为例,学校目前进一步加大了留学生培养的工作力度,包括扩建留学生公寓、提供留学生语音教室及阅览室、制定硕/博士留学生学业管理细则、完善留学生管理规定等,创造了浓厚的国际化氛围。

2. 构建全英文授课体系,扩大学位留学生群体

在一些国际知名的学府中,外国留学生的数量占到了全部学生总数的10%～20%。其中,80%为学位留学生,另外20%为进修生及短期交流生。然而我国西部的大多数高等院校中,留学生在学生总数中所占比例不足10%,且其中的主体是由汉语生组成的。为了能够支撑留学生培养工作,必须构建以学科专业为基础的高校国际化教学环境,单独的几门双语课程无法满足留学生教育工作发展的需要。要根据培养方案,以一级学科为基础,拿出适合国际化招生培养工作的学科专业,在基础课和专业课程中实行全英文授课,构建起完整的国际化学生培养方案。西北工业大学在具有良好条件的航空学院、自动化学院及电子信息学院进行试点,构建起飞行器设计与工程、电子信息工程及电气工程与自动化专业本、硕、博贯通式的培养体系,既满足了留学

生教育工作发展的需求，也推动了这些学科国际化改革的进程。

3. 构建全英文授课师资队伍，同步国际化教材

师资队伍是国际化教学中的重要因素。目前，西部高校在高水平国际化师资队伍建设方面还存在各种困难，国内师资的外语能力略显不足，与学生交流还存在一定的语言障碍。为了解决这些问题，可以先选出适合国际化培养的一级学科专业，在该专业选定 50%～70%的课程用外语教学，然后根据课程选拔适合的任课教师。推行国际化试点项目的航空学院和自动化学院已培养了一批有海外深造经验的优秀中青年教师，具备了全英文授课的师资基础。

国际化教材是国际化教学的一项重要因素。在选定学科专业后，高校应以国际化的眼光谨慎地选择授课教材，而不应局限在现有的国家推荐用教材和自编教材的范围内。应该成立外语教学小组，开展外语授课的相关研究工作，特别是英语教材、教案、多媒体课件、教辅材料等研究，最终形成具有本校特色的国际一流的英语教材。航空学院从 77 级就开始在校内采用外语教材授课，对国外航空专业教材的现状较为熟悉，并和航空工业出版社合作进行美国 AIAA 系列航空专著的译制工作，为高水平英文教材建设奠定了坚实基础。国际教育学院也为航空工程、电气工程等全英文授课专业引进了很多基础课与专业课的原版英文教材。学校正在全面贯彻国际化教材的要求。

2010 年，在华留学生已超过了 24 万人，其中包括近 10 万名学位生。学位生数量不足学生总量的一半。这并不是一个符合国际化发展规律的比率。中国西部高校的国际化水平差距更大一些，因此，我们必须提高西部高校师资的国际化水平，努力适应高校国际化进程。

参考文献

[1] 陈强，郑慧强. 上海留学生教育发展的关键成功因素分析[J]. 来华留学教育管理研究，2006 - 2008.

[2] 裴娣娜. 教育研究方法导论[M]. 合肥：安徽教育出版社，2000.

[3] 来华留学生与中国出国留学生人数首次基本持平[N]. 中国新闻社，2002 - 01 - 03.

[4] International Challenges to American Colleges and Universities [M]. American Council on Education and The Oryx Press, 1995.

留学生全英文授课教学质量内部保障体系的构建

孙　傲　陈洪亮

摘　要　留学生全英文授课教学质量内部保障体系的构建对于保障教学质量具有重要的意义。本文在对留学生全英文授课教学质量的内部保障体系的内涵进行明确界定的基础上，对其教学质量的内部保障体系进行了尝试性的构建，认为在准确的办学定位的基础上，构建合理的专业设置、优化教师队伍、实践性的教学方式以及周期性的自我评估是构建的关键。

关键词　留学生全英文授课　教学质量　内部保障体系

随着世界经济一体化，中国经济的迅猛发展，来华留学生人数剧增。中国对外招收留学生的高校已超过 500 所。自 2008 年开始，为落实《国家教育事业发展"十一五"规划纲要》，满足新时期对外工作和教育事业的新需要、新发展，中国政府决定在"十一五"期间大幅扩大中国政府奖学金来华留学规模，即 2008 年、2009 年、2010 年每年增加 3 000 名左右，主要鼓励接受高层次来华留学生。高校为适应教育国际化的趋势，正积极发挥各高校特色资源，开展留学生全英文教学模式，吸引来自全世界各国留学生来华学习。

教育质量是高等教育的生命线，不论是在精英教育阶段还是在目前的大众化阶段，教育质量始终是一个核心问题。近年来，我国高校在结合自身特色优势的基础之上，开设了相应的留学生全英文授课项目，留学生教学水平的评估工作也陆续开展。但是，我国对留学生全英文授课教学水平的评估工作仍处于初步探索阶段，目前的评估仅仅是一种外部评估，虽然可以对留学生全英文授课教学质量的保证起到一定的作用，但尚存在诸多缺陷。要想真正地保证并不断提高留学生全英文授课的教学质量，必须在留学生全英文授课教学水平评估的基础上建立有效的教学质量内部保障体系。

一、留学生全英文授课教学质量内部保障体系的内涵及构建的必要性

想要理清教学质量内部保障体系的内涵，我们首先必须弄明白什么是教学质量保障。"所谓高等学校教学质量保障，是高等学校在内外体制性因素的

支持下，以学校良好的教学实践为基础，借助于评价手段，寻求不断改进高等学校人才培养效果的组织管理过程。”我们从这个概念中可以得出3点启示。第一，教学保障的落脚点是改进人才培养效果；第二，需要借助一定的评价手段；第三，教学质量的保障是一个动态的过程。这3点是内部保障以及外部保障必须要具备的。而就内部保障而言，除了具备上述3点以外，内部保障更注重高等学校的自发性，强调从学校自身的角度出发，学校自主地通过对自身问题的发现以及对相关教育目标的各要素，如专业设置、师资以及教学模式等进行调整来达到改进和提高教学质量的目的，这种改进和提高必须建立在一个前提之上，即学校的目标定位必须准确，必须与学校的自身情况以及外部环境相一致。

根据上面的分析，我们可以试着对高校留学生全英文授课教学质量的内部保障体系的内涵进行粗浅的界定：高校留学生全英文授课教学质量的内部保障体系是指高校自身在其准确的目标定位的基础上，合理专业设置、优化师资结构以及采取适合于实现学校目标的教学模式等以实现预期的培养目标，并且不断地进行周期性的自我评估，发现自身在这些要素上存在的不足，不断地调整和改进，以此来保证教学质量的动态过程以及在此过程中上述各要素相互影响相互联系所构成的一个整体。留学生全英文授课教学质量内部保障体系从状态上来讲是一个动态性的过程，从结构来讲是一个各要素相互联系相互影响的整体，其目标指向是改进并不断提高教学质量，实现其预期的培养目标。

二、留学生全英文授课教学体系的现存问题

1. 全英文授课课程较单一，优势专业有待开发

在英语为主要国际通用语言的环境下，全英文授课课程少且单一的现状，限制了亚洲大学在国际留学生市场的竞争能力。根据联合国教科文组织的统计，东亚与太平洋地区是世界最大的留学生输出国，占了留学生总量的29%。然而仅有约22%的东亚留学生在本地区内选择留学国家，西欧的这一比例是77%。随着中国经济的发展，越来越多的国外学生愿意到中国来学习，而当前我国的留学生培养主要以中文授课为主，即所有来华学习的留学生都要先进行1～2年的汉语补习，然后再进行专业课的学习。相对滞后的英文学位项目的开发却令很多不懂中文的学生望而却步。此外，优势专业的全英文授课项目单一，也成为阻碍来华留学生攻读学位的另一原因。近年来，各高校结合自身特色优势开设了相应的留学生全英文授课项目。例如，对理工科院校而言，其在工程应用方面具有国内外知名的学科或专业，拥有一批知名的

专家、学者。但从目前开设的全英文授课专业来看,仍停留在基础学科上,而且高校间开设专业也大相径庭,特色及优势专业的全英文授课项目仍有待开发。

2.全英文授课对留学生和教师双方都提出了更高要求

全英文教学无论对学生还是教师都是一种挑战,对双方都提出了更高的要求。目前我国各高校已对入校留学生的英语水平有所要求,但进行专业课程授课时,语言问题仍是影响教学顺利开展的一个因素。另一方面,全英文授课对教师也提出了更高的要求。目前我国高校拥有一批资深教师,这部分教师虽然在专业课程的教学上有很强的教学能力,但英语水平仍有待提高,即便能运用英语开展教学工作,其效果与中文授课相比也相去甚远。比较而言,很多青年教师都具有博士学位,英语基础较好,但这些青年教师的教学经验较少,真正能游刃有余地运用英语讲授专业课程的能力还有所欠缺。此外,大部分实验课教师的英语能力并不全面,集中表现在词汇量大、语法好、阅读能力强,但口语水平有待提高。

3.留学生全英文授课教学水平评估存在局限性

高校留学生全英文授课教学质量的内部保障体系与外部保障体系共同构成一个完整的留学生全英文授课教学质量保障体系。但目前,留学生全英文授课的教学水平评估主要是对外部保障的评估,其中存在着众多的局限性,如评估的目标较模糊,评估的标准较单一,以及评估制度的不健全等。诸多的局限性有些是由于我国的外部评估还不是很成熟很完善而造成的,有些却是任何外部评估都会存在的局限性。这些局限性必须要通过内部保障体系的建构来补充。在构建内部保障体系的过程中,一方面保证留学生全英文授课培养目标的有效实现,另一方面结合高校自身的特色优势,建立内外部相互协调,相互补充的完整的留学生全英文授课教学质量保障体系。

三、留学生全英文授课教学质量内部保障体系构建的框架

留学生全英文授课教学质量内部保障体系的构建涉及方方面面的因素,毫不夸张地说,其可能涉及所有相关教育目标实现的因素。但是本文认为,留学生全英文授课的专业设置、师资结构的优化以及教学方式等因素与其教育质量的保证以及最终培养目标的实现关系更为密切,也就是说“教什么,由谁来教,怎样教”是构建留学生全英文授课的关键因素。

1.特色专业与优势资源相结合,深入开展全英文教学模式

高校在开展全英文授课中,必须将特色专业与自身的学术优势紧密结合,由知名专家、学者组成专业队伍,根据来华留学生的特点制定培养方案,并在

整个培养过程中，及时掌握学生对本专业的反馈意见，建立科学合理的评估方法，以确保本专业的特色水准。

以我校为例，西北工业大学是我国唯一一所以同时发展航空、航天、航海工程教育和科学研究为特色，以工理为主，管、文、经、法协调发展的研究型、多科性和开放式的科学技术大学。我校在航空、航天、自动化、计算机科学与技术等专业在国内外同行中都具有较高的知名度。为了做好全英文授课专业的留学生培养工作，国际教育学院与航空学院、自动化学院的知名专家与授课教师进行了商讨，为其制定了较为科学的培养方案，并就专业成果以及未来发展方向向留学生进行了介绍，极大地提高了留学生的学习兴趣。目前，我校正积极开发其他理工类的全英文授课项目，以吸引更多的留学生来华研习。

2. 优化师资结构

师资水平是全英文教学能否达到预期目标的关键。留学生全英文教学取得成功的关键之一，是建立一支与此任务相适应的专业队伍，即一支经过良好教育的师资队伍。从宏观上来讲，教师的数量要充足，结构要合理，包括学历结构、职称结构、专业结构等方面；从微观上讲，对教师的师德师风、学术水平、教学艺术以及教学技术都有较高的要求。全英文授课的教师应是热爱教育工作，具有国际视野、跨文化交际能力和优秀专业知识的教师。诚然，留学生全英文授课的师资现状与这个标准还存在一定的距离，但高校仍应采取各种措施，加强师资建设，以全面提高全英文教学的质量。如选拔、分批地或定向地送到国外学习和培训，全程听取国外相关课程的教学，回国后再进行筛选。同时，定期对教师队伍进行考核评估，建立激励机制，切实保证授课质量。

此外，在全英文教学过程中不可忽视外教的作用。适当地在核心课程方面引进外教，对其他课程的全英文授课具有辐射的效果，能够增进教师之间的教学交流，弥补语言环境的缺憾。从长远来说，仍然要依靠高等学校国际氛围的改善和自身的努力解决全英文教学的师资问题。

3. 积极开展留学生全英文教学方法的改革和探索

外国留学生的学习目的、知识背景、语言习惯、学习特点等与中国学生存在很大差异，应继续在教学模式、教学方法及教学手段等方面进行探索。我校全英文授课留学生多来自不同国家，学生教育程度和接受能力参差不齐，这就要求教师采用有别于国内学生的教学模式进行教学。在教学方法上，尽量采取灵活、活泼的方式，缓解语言思维和专业思维在时间和空间上的冲突。避免沿袭简单、传统的授课模式，拓展更多的语言和专业知识沟通的渠道，给予学生更多的时间涉猎相关的外文文献。学院可投资购置一批核心课程的外文参考书和教学参考书、国外一流大学教材及教学参考书、诺贝尔文学奖获得者著作及科技名著导读,使学生一开始就有机会接受国外前沿科研成果,拓展学习途径、开阔思路。

留学生全英文授课在培养留学生具有扎实的理论基础中,还应重视开展相关课程的实践环节教学,让留学生在动手实践的过程中对所学课程有较强的感性认识。我校向留学生开设了电子实验、电子实习、金工实习等实践课程,通过实习,学生将课堂所学与实际操作结合起来,在教师的指导下焊接与组装了收音机、小锤等。实践课程在巩固理论知识的同时,更调动了留学生学习的积极性。

4.加强全英文教学各部门间的沟通与管理,健全教学反馈机制

留学生全英文教学过程是由教学管理等各职能部门管理人员、专业所在院系、教师、学生构成的一个动态组合。教学管理等各职能部门要对教师的培训和选拔、学生的生源控制、质量和效果控制等建立相应的机制。职能部门在对整个过程进行控制的同时,要对全校所有教学资源进行调配,最大限度地在教学设施和手段、教材的选用等方面为全英文教学提供支持和指导。因此,加强各部门间的沟通,健全教学反馈机制尤为重要。我们应鼓励教师依据课程的实际情况及学生的差异性,在协调专业难度、授课内容、授课方法等方面收集大量的素材,必要时应及时反馈至职能部门,并调整教学计划。

5.对相关学生培养质量的因素进行定期的自我评估

留学生全英文授课在教学过程中的自我评估有利于发现自身的不足,进而有针对性地进行改进以便于提高教学质量。本文认为,由于留学生全英文授课目标定位的特殊性,学校内部评估的信息来源不应仅仅局限在对校内各教学相关情况的评估。首先,学校要对“教什么,由谁来教,怎样教”等因素进行相关信息收集而后进行评估。“教什么”涉及学校的专业以及课程设置问题,留学生全英文授课的课程设置应结合学校的优势专业。“怎么教”即教师在教学过程中积极探索各种教学方式,逐步培养学生学习的主动性,提高学习效果。

留学生全英文授课自我评估的最终落脚点是留学生的培养质量,所以在学校的整个自我评估过程中特别要重视对学生学习结果的评估,即学生的知识以及所掌握的技能进行评估。对学生学习结果的评估首先要收集相关学生学习结果的信息。在此基础上进行评估,一方面找出已有教学活动的不足之处;另一方面,努力找培养盲点,进而采取可行性措施改进和提高,最终实现学生培养质量的提高。

通过以上的分析,我们可以为留学生全英文授课教学质量的内部保障体系构建一个运行框架图(见图1)。

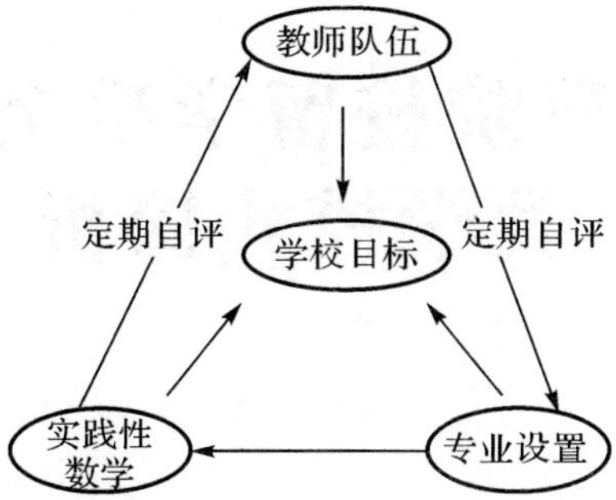

图　1

四、结语

高校为适应教育国际化的趋势，正积极发挥各高校特色资源，开展留学生全英文教学模式。在这种情况下，教学质量的保证就显得尤为重要。本文从留学生全英文授课专业设置、教师队伍的优化、实践性的教学方式以及周期性的自我评估等方面探讨了留学生全英文授课教学质量自我保障的独特性，并探索性地构建了一个内部质量保障体系，以期保证并提高留学生全英文授课教学的总体质量和水平。

参考文献

[1]　徐丹. 来华留学生教育发展研究[M]. 北京：高等教育出版社，2004.

[2]　安然，等. 论理工科院校发展来华留学生教育的策略[J]. 华南理工大学学报：社会科学版，2007(2).

[3]　宋培晶，等. 非英语国家高校开设全英文授课硕士生培养项目现状比较分析[J]. 学位与研究生教育，2008(9).

[4]　王苏春，等. 发达国家留学生教育经验对我国留学生教育的启示[J]. 教育探索，2009(9).

理工科院校留学生全英文教学模式探析

孙　傲

摘　要　近年来，来华留学生的数量不断增加，层次也在逐步提高，全英文教学成为一种新的授课模式逐渐在一些高校开始进行尝试。本文试图从我校开展全英文授课的一些做法和经验，探讨在理工科大学采用全英文授课，逐步提高留学生层次，提高培养质量的可行性。

关键词　理工科　留学生　全英文教学

随着世界经济一体化、中国经济的迅猛发展，来华留学生人数剧增。据教育部2008年年鉴统计，来华留学生人数已逾22万人，来自188个国家和地区。中国对外招收留学生的高校已超过500所。自2008年开始，为落实《国家教育事业发展“十一五”规划纲要》，满足新时期对外工作和教育事业的新需要、新发展，中国政府决定在“十一五”期间大幅扩大中国政府奖学金来华留学规模，即2008年、2009年、2010年每年增加3 000名左右，主要鼓励接受高层次来华留学生。中国已经成为外国留学生的新热土，必将进一步成为世界各国学生的留学目的地国家。目前，一些高等学校为适应教育国际化的趋势，正积极发挥各高校特色资源，开展留学生全英文教学模式，吸引来自全世界各国留学生来华学习。本文将针对当前高校全英文教学存在的问题，探讨如何发挥理工科院校优势资源，不断提高留学生全英文教学管理水平。

一、全英文教学内涵

全英文教学是指以英语的语言方式进行专业课程的教学和实践的教学模式，在其全部学科（专业）基础课、专业（必修和选修）课中使用英语进行全程授课（包括课程设计、课堂讲授、实验、上机指导等）。在全英语教学课程中，教师选用国外优秀的英文原版教材作为主教材，制作并使用英文课件，用英语教授课程并进行相应的教学方法改革、加强师生互动，布置并批阅英文作业，考试采用英文命题并要求学生用英文答题。全英语化教学不同于一般的英语语言教育，也不同于通常的专业教育，而是国际思维、国际知识、国际交往能力的训练和培养，是适应性或个性化教育，是创造文化价值和知识经济价值的教育。

二、理工科院校全英文教学现存问题

1. 高层次留学生比例偏低，理工科学生规模较小

据教育部2008年年鉴统计，在来华留学生人数中，学历生总数仅80 005名，占来华总人数的35.80%，硕士和博士学生14 000余人，占来华生总数的6.4%。按照学科类别统计：理科9 978名，占总人数4.46%；工科9 128名，占总人数4.08%。以上数据可以看出，我国目前来华留学生学历生，尤其是高层次留学生比例偏低，理工科学生规模较小。高层次留学生的规模不仅代表了一个国家高等教育的发展水平，由此带来的社会效益和经济效益又将会极大地促进高等教育的发展。据统计，我国共有300余所高等院校可以接收留学生。在4万余名来华留学生当中，接受汉语培训的占到大多数。对大多理工科院校来讲，留学生教育工作起步晚，教师、教学设施等必需的办学条件尚不完善，导致学生规模较小，阻碍了高校国际化进程。

2. 全英文授课课程较单一，优势专业有待开发

在英语为主要国际通用语言的环境下，全英文授课课程少且单一的现状，限制了亚洲大学在国际留学生市场的竞争能力。根据联合国教科文组织的统计，东亚与太平洋地区是世界最大的留学生输出国，占了留学生总量的29%。然而仅有约22%的东亚留学生在本地区内选择留学国家，西欧的这一比例是77%。随着中国经济的发展，越来越多的国外学生愿意到中国来学习，而当前我国的留学生培养主要以中文授课为主，即所有来华学习的留学生都要先进行1～2年的汉语补习，然后再进行专业课的学习。相对滞后的英文学位项目的开发却令很多不懂中文的学生望而却步。此外，优势专业的全英文授课项目单一，也成为阻碍来华留学生攻读学位的另一原因。对理工科院校而言，其在工程应用方面具有国内外知名的学科或专业，拥有一批知名的专家、学者。但从目前开设的全英文授课专业来看，仍停留在基础学科上，而且高校间开设专业也大相径庭，特色及优势专业的全英文授课项目仍有待开发。

3. 全英文授课对留学生和教师双方都提出了更高要求

全英文教学无论对学生还是教师都是一种挑战，对双方都提出了更高的要求。目前理工科院校的在校留学生大多来自中亚等母语非英语的国家，尽管在入校前各院校已对留学生的英语水平有所要求，但在进行专业课程授课时，语言问题仍是影响教学顺利开展的一个因素。另一方面，全英文授课对教师也提出了更高的要求。目前理工科院校拥有一批资深教师，这部分教师虽

然在专业课程的教学上有很强的教学能力,但英语水平普遍不高,即便能运用英语开展教学工作,其效果与中文授课相比也相去甚远。比较而言,很多青年教师都具有博士学位,英语基础较好,但这些青年教师的教学经验较少,真正能游刃有余地运用英语讲授专业课程的能力还有所欠缺。此外,大部分专业教师的英语能力并不全面,集中表现在词汇量大、语法好、阅读能力强,但口语水平有待提高。

综上所述,尽管理工科院校在开展全英文教学中遇到了诸多问题与挑战,但我们认为,理工科院校开展留学生全英文教学仍具有深远的意义。这无论对中国文化的广泛传播还是培养具有全球竞争力的人才、推进高校国际化进程都是非常有利的。面对当前留学生招生竞争日趋激烈的紧张局势,如何变被动为主动,在留学生教育领域稳占一席之地,成为国内各理工科院校留学生教育工作面临的重要问题。

三、充分发挥理工科特色优势,不断完善全英文教学模式

理工科院校因偏重于理工类专业,文科和艺术类专业实力薄弱,专业选择面相对狭窄,加之纯汉语言培训对于大部分理工科院校来说,并非自身的强势,因此,理工科院校只有依靠自身特色优势,积极开拓高层次留学生教育的新渠道,逐步提升自己的知名度,通过自身的影响力吸引更多的外国留学生来华深造,才能促进留学生教育事业的快速发展。

1.扩大办学规模,提高办学层次

教育部和国家留学生基金委一致认为,国际化课程(全英文授课)过少,没有形成规模是造成工科院校留学生规模较小、高层次留学生比例偏低的重要原因。两部门认为,要实现 2020 年全国来华留学生达到 50 万人,同时大幅提高学历生比例,开设国际化课程是当务之急。为此,教育部和国家留学生基金委在 2009 年积极支持和推动高校国际化课程的建设,目前在国内部分高校已经取得明显进展。以我校为例,我校自 2009 年起开始创建本科留学生全英文授课模式,已开设航空工程、电气工程两个专业,目前在校生共 46 人,学生主要来自巴基斯坦、肯尼亚、喀麦隆、尼泊尔等国。开设国际化课程,不仅可以迅速扩大留学生规模,提高留学生层次,而且可以培养一批具有国际化能力和视野的师资,营造国际化的校园氛围,加快高校的国际化进程。同时,我校为鼓励来华留学生攻读高层次的学位,正积极努力为攻读高层次学位的来华留学生提供更好的科研条件和奖学金制度。

2.特色专业与优势资源相结合,深入开展全英文教学模式

理工科院校在开展全英文授课中,必须将特色专业与自身的学术优势紧

密结合，由知名专家、学者组成专业队伍，根据来华留学生的特点制定培养方案，并在整个培养过程中，及时掌握学生对本专业的反馈意见，建立科学合理的评估方法，以确保本专业的特色水准。

以我校为例，西北工业大学是我国唯一一所以同时发展航空、航天、航海工程教育和科学研究为特色，以工理为主，管、文、经、法协调发展的研究型、多科性和开放式的科学技术大学。我校在航空、航天、自动化、计算机科学与技术等专业在国内外同行中都具有较高的知名度。为了做好全英文授课专业的留学生培养工作，国际教育学院与航空学院、自动化学院的知名专家与授课教师进行了商讨，为其制定了较为科学的培养方案，并就专业成果以及未来发展方向向留学生进行了介绍，极大地提高了留学生的学习兴趣。目前，我校正积极开发其他理工类的全英文授课项目，并已取得了实质性突破，有望在近期内招收相应专业的留学生来华研习。

3. 加强师资建设，提高全英文教学质量

师资水平是全英文化教学能否达到预期目标的关键。不具备一流的师资，就会造成教学资源的浪费、学生质量得不到保障，甚至造成全英语化教学的失败，其损失是不可估量的。理工科全英文教学取得成功的关键之一，是建立一支与此任务相适应的专业队伍，即一支经过良好教育的师资队伍。我们认为，全英文授课的教师应是热爱教育工作，具有国际视野、跨文化交际能力和优秀专业知识的教师。诚然，理工科院校的师资现状与这个标准还存在一定的距离，但高校仍应采取各种措施，加强师资建设，以全面提高全英文教学的质量。如选拔、分批地或定向地送到国外学习和培训，全程听取国外相关课程的教学，回国后再进行筛选。同时，定期对教师队伍进行考核评估，建立激励机制，切实保证授课质量。

此外，在全英文教学过程中不可忽视外教的作用。适当地在核心课程方面引进外教，对其他课程的全英文授课具有辐射的效果，能够增进教师之间的教学交流，弥补语言环境的缺憾。从长远来说，仍然要依靠高等学校国际氛围的改善和自身的努力解决全英文教学的师资问题。

4. 积极开展全英文教学方法的改革和探索

外国留学生的学习目的、知识背景、语言习惯、学习特点等与中国学生存在很大差异，应继续在教学模式、教学方法及教学手段等方面进行探索。由于语言方面的障碍，我校留学生一年级时通常集中上课，学生教育程度和接受能力参差不齐，这就要求教师采用有别于国内学生的教学模式进行教学。在教学方法上，尽量采取灵活、活泼的方式，缓解语言思维和专业思维在时间和空间上的冲突。避免沿袭简单、传统的授课模式，拓展更多的语言和专业知识沟通的渠道,给予学生更多的时间涉猎相关的外文文献。学院可投资购置一批核心课程的外文参考书和教学参考书、国外一流大学教材及教学参考书、诺贝尔文学奖获得者著作及科技名著导读,使学生一开始就有机会接受国外前沿科研成果,拓展学习途径、开阔思路。此外,全英文教学还应重视对相关课程的实践环节教学,让留学生在动手实践的过程中对所学课程有较强的感性认识。

5. 加强全英文教学各部门间的沟通与管理,健全教学反馈机制

留学生全英文教学过程是由教学管理等各职能部门管理人员、专业所在院系、教师、学生构成的一个动态组合。教学管理等各职能部门要对教师的培训和选拔、学生的生源控制、质量和效果控制等建立相应的机制。职能部门在对整个过程进行控制的同时,要对全校所有教学资源进行调配,最大限度地在教学设施和手段、教材的选用等方面为全英文教学提供支持和指导。因此,加强各部门间的沟通,健全教学反馈机制尤为重要。我们应鼓励教师依据课程的实际情况及学生的差异性,在协调专业难度、授课内容、授课方法等方面收集大量的素材,必要时应及时反馈至职能部门,并调整教学计划。

6. 建立、健全留学生全英文教学奖学金制度

奖学金是吸引来华留学生就读的一个重要因素。近几年,各高校都在积极健全奖学金制度,以吸引更多的优秀留学生来华研习。对理工科院校而言,我们可在借鉴其他院校设立奖学金制度基础之上,不断完善留学生全英文奖学金制度。在认真落实中国政府奖学金制度的同时,积极开展与外国政府、有关企业的合作,实行联合奖学金制。例如,企业在高校设立多种奖学金,高校为出资企业推荐留学生,留学生在读或毕业后为企业服务一段时间,对本科生学习优秀者可以减免一部分学费或提供一部分奖学金;高校内部对高层次留学生提供兼职机会,譬如,云南省、浙江省、上海市、天津市政府设立了来华留学生奖学金,已对当地高校发展留学生教育工作起到了指导性作用。

四、结语

理工科院校与语言类院校相比虽然存在巨大差异,但只要从自身的特色和优势出发,以发展语言生为基础,以学历生为主攻方向,抓好教学质量,不断健全留学生社会化服务和管理体系,定会开创一条特色之路。

参考文献

[1]　徐丹. 来华留学生教育发展研究[M]. 北京:高等教育出版社,2004.

[2]　安然,等. 论理工科院校发展来华留学生教育的策略[J]. 华南理工大学

学报:社会科学版,2007(2).

[3]　宋培晶,等.非英语国家高校开设全英文授课硕士生培养项目现状比较分析[J].学位与研究生教育,2008(9).

动力系统节能减排大学生创新活动调查研究

刘银中　徐小莹　王敏庆　郑光华

摘　要　本文以西北工业大学动力与能源学院为例，结合专业，就学院动力系统节能减排大学生创新培养新模式下大学生参与科技创新活动的价值、态度以及存在的问题等做了调查和分析，得出了结论并提出了建议。

关键词　节能减排　创新　培养

当今世界，知识经济初露端倪，高新科技迅猛发展。我国科教兴国的战略部署对人才的创新性、多样化、复合型提出了更新更高的要求。高校已成为创新者的摇篮，每年源源不断地培养出大批具有创新精神和实践能力的高层次人才，创造出大量高科技成果，为国家的科教兴国发展战略做出了巨大的贡献。实践证明，大学生创新培养是学生进行素质拓展的资源依托，是课内教学的重要补充和拓展，是培养学生创新精神、活跃校园创新文化氛围、指导大学生创新成果转化，提高大学生创新实践能力和工程实践能力的重要环节。近年来，高校大学生创新培养活动得到了较快的发展，在面对大好机遇的同时，诸多新情况、新现象也不断涌现，如何更好地把握大学生创新培养活动的发展趋势，与时俱进地推动高校学生科技创新的开展，已成为深入推进大学生创新培养活动必须解决的紧迫课题。

为了解动力系统节能减排大学生创新培养活动的基本情况，我们在学院的全部本科生中随机抽取 200 个样本进行问卷调查，回收 187 份。其中男生 169 名，女生 18 名。然后进行了统计分析。

一、动力系统节能减排大学生科技创新活动的参与情况

从问卷调查资料来看，被调查的学生中参与过节能减排科技创新活动的占总体比例的 46.3%，而没有参加创新实践活动的则占总体比例的 53.7%。可见，大学生参与科技创新实践活动的比例偏小。从节能减排科技创新活动的类型来看，6.9%的人参加过全国大学生科技创新大赛，9.1%的人参加过省级大学生科技创新课题或大赛，33.7%的人参加过校级大学生科技创新课题

或大赛,1.6%的人参加过社会项目(企业项目)的大学生科技创新课题。这表明在参加的同学当中,主要还是以校级的科技创新活动为主。当问到“如果有机会,您会参加吗”这个问题,有 62.4%的人给了肯定的回答,9.2%的人给了否定的回答,另有 2.3%的人回答“不知道”。

二、对节能减排科技创新活动的基本认识

1. 对节能减排科技创新活动的目的认识

大学生参与科技创新活动有着一定的目的和动机。调查表明,58.6%的人回答为了“锻炼能力、在年终评优中有加分”,19.7%的人回答为了“增长学识”,这两项合计占总体的 78.3%。此外,还有人回答“便于将来就业”“进一步深造”“为毕业论文做准备”等,这些占了剩余的 21.6%。

2. 对节能减排科技创新活动的价值的认识

从调查来看,43.5%的人回答有“很大价值”,29.7%的人回答“价值较大”,18.1%的人回答“价值一般”,2.3%的人回答“价值不大”,0.7%的人回答“完全没价值”。也就是说,73.2%的人都给予了肯定的回答,说明多数同学认可了节能减排科技创新活动的价值。

3. 对节能减排科技创新活动主体的认识

从主体的角度来看,参加科技创新活动需要具备一定的条件。调查数据表明,有 71.8%的同学回答“大学生要根据自己的实际有选择地进行”,有 41.3%的人回答“每个同学都可以参与科技创新活动”,有 17.6%的人回答“科技创新应是学有余力或有专长的同学做的”,有 0.3%的人选择了“其他”。也就是说,理论上讲大学生科技创新活动是对每个同学敞开的,但实际上并非每个同学都可以参加,大学生要根据自身的实际情况有选择地进行。

4. 对节能减排科技创新活动与课堂学习之间关系的认识

对于节能减排科技创新活动与课堂学习之间的关系,有 85.7%的人回答“科技创新活动是课堂学习的补充和延伸”,而认为“科技创新活动影响课堂学习”以及“课堂学习在时间上制约了大学生科技创新活动”的总和只占总体的 2.5%。另有 0.6%的人回答“课堂学习与科技创新活动没有关系”。可见,有 4/5 的同学都认为大学生科技创新活动对课堂学习是有益的。

三、节能减排科技创新活动的影响因素分析

按照所占总体比例的大小,影响节能减排科技创新活动的因素依次为“学校教育过于死板”(43.1%)、“社会没有创新气氛”(36.1%)、“目标不明确”(15.9%)、“学生动手能力差”(13.4%)、“其他”(2.3%)。可见创新氛围的建

设和大学生被动参与科技创新活动和创新能力不足构成了最主要的主观制约因素。

四、调查结论和建议

从以上调查来看,大学生对科技创新活动的价值有基本一致的认同,他们参与科技创新活动的目的也较为明确,也能够认识到自身参与科技创新活动的条件优势,并正确处理科技创新与课堂学习之间的关系。但同时也存在大学生参与科技创新活动总体程度不高,大学生科技创新活动受各种主客观因素影响而发展动力不足的问题。因此,如何真正采取切实有效的措施提高人才培养的能力和水平是我们迫切面临的问题。

1.构筑科技创新基地,营造大学生科技创新氛围

创造性是由主体在"创造性环境"中培养出来的,科技创新人才的培养,必须在一个良好的环境下进行。结合专业特色,我院建设了与动力系统节能减排大学生创新实践活动相关的四大平台、十二大系统。四大平台即航空动力系统节能减排创新实践平台、航天动力系统节能减排创新实践平台、船舶动力系统节能减排创新实践平台、新能源技术创新实践平台。十二大系统即动力系统热能监控技术试验系统、低污低排燃烧技术试验系统、高效推进技术试验系统、航宇生命保障技术试验系统、高效换热技术试验系统、先进节能技术试验系统、太阳能应用技术试验系统、风力发电技术试验系统、海水淡化技术试验系统、污染控制及处理技术试验系统、动力系统减振降噪技术试验系统、低红外隐身技术试验系统。这些平台的建设激励了我院学生开展创新活动的自发性、主动性和创造性,为学生提供了施展才华的舞台,给我院大学生节能减排科技创新活动营造了宽松的科技创新环境。

2.建立一套完善的科技创新体系

(1)建立完善的管理制度。根据高校大学生创新实践基地管理办法,结合专业,动力系统节能减排大学生创新实践基地实行校院两级管理,由学院与学校共同提出创新基地年度工作计划,学院负责日常运行和协调工作,学校负责组织验收。在具体的管理措施上基地实行学生自主管理模式,由学生创新社团承担实验室日常管理工作,实现大学生自我管理,自我服务。同时,基地下设办公室(负责基地组织管理)、常务部(负责实验室日常维护及运行),和策划部(负责实验室宣传、竞赛组织和对外联络)。此外,我们将创新实践基地日常工作纳入学院教学计划,学院向基地负责老师(兼职)下达任务并签订责任书,承认其教学工作量。学院负责督促、协助创新基地的工作。

(2)建立系统的竞赛机制。动力系统节能减排大学生创新基地对我校全

体本科生开放，同时也吸引部分感兴趣的研究生参加，计划一年有两次机会向大学生征集创新课题，并举行一次节能减排创新竞赛，竞赛全部由学生自主设计，自主建设实验装置，自主开展创新实践活动，基地管理办公室为学生创新课题联系指导教师。同时基地每年向全国推荐动力系统节能减排大学生科技竞赛作品，协助大学生发表创新实践成果论文、申请专利、开发产品等。学生通过参与各类科技竞赛、课题项目，一方面提高了主动发现问题、解决问题的能力，另一方面也在活动中提高了与人沟通能力和组织能力。同时，在该系统的竞赛机制下我们将会不断培养和发现一批批科技创新型人才。

(3)建立系统的科技创新活动和实践培训体系。针对各年级大学生的特点，我们建立了符合其特点的科技创新活动和培训的体系，定期组织学生参与节能减排各类学术交流、专题报告会，积极开展关于节能减排科普的宣传活动以及培训活动，激发学生的科技创新欲望，培养学生的科技创新精神和科技创新意识。

3. 实施系统工程，建立有效的教育教学培养体系

在教学培养环节中，我们开设科技创新教育课程，做到科技创新与人文知识渗透，多学科知识交叉和融合。根据科技创新能力培养的需要，学院在课程教学中渗透科技创新教育思想观念，培养学生分析问题和解决问题的能力，教给学生创造性的学习方法，采用现代化的教学手段，介绍学科前沿发展信息，并在学生实验、实习、设计等实践性教学环节中，融入科技创新教育。在课程内容上，开设有关历史与文化、文学与艺术和经济与管理等类选修课，对工科学生进行人文知识渗透，为培养大学生的创新精神和开拓性思维能力奠定基础。在课程体系上，坚持加强和拓宽基础、优化和整合课程的原则，构建专业类共同的知识和技能平台，以实现学科交叉和融合。在教学方式上，教师要采用讨论式、调研式等方法，尊重学生、信任学生，让学生主动参与学习，主动参与科技创新研究，教给学生发现、获取知识的能力。要创造一种宽松的气氛，激发学生的想象力，对学生的创造性要善于引导、鼓励，力所能及地为学生的创造性活动提供良好的环境。

参考文献

[1]　叶继红. 大学生科技创新活动调查报告[J]. 荆门职业技术学院学报，2007(7).

[2]　陈迎红. 温州高校大学生科技创新活动调查与思考[J]. 温州医学院学报，2010(3).

[3]　杨邦勇. 大学生创新能力培养途径探讨[J]. 福建工程学院学报，2006(4).

动力系统节能减排大学生创新培养研究

徐小莹　刘银中　王敏庆　郑光华

摘　要　动力系统节能减排是制约我国"动力""噪声"和"材料"三大"瓶颈"的关键技术之一，同时节能减排也是深入贯彻落实科学发展观，实施科教兴国战略和人才强国战略，是注重提高大学生创新设计能力和工程实践能力的培养，是构建社会主义和谐社会的重大举措。本文对大学生创新培养的现状进行分析，并结合专业就学院动力系统节能减排大学生创新培养新模式和该模式下大学生所获得的实际效果进行阐述。

关键词　节能减排　创新　培养

"节能减排"出自我国的"十一五"规划纲要。纲要提出了"十一五"期间单位国内生产总值能耗降低 20% 左右、主要污染物排放总量减少 10%的目标。这是贯彻落实科学发展观、构建社会主义和谐社会的重大举措，是建设资源节约型、环境友好型社会的必然选择，是推进经济结构调整、转变增长方式的必由之路，是维护中华民族长远利益的必然要求。动力系统节能减排是制约我国"动力""噪声"和"材料"三大"瓶颈"的关键技术之一，动力系统节能减排需要科技的创新与进步，而高校大学生无疑是科技创新的新生力量与未来的主力军，因此注重高校大学生节能减排创新能力的培养是一项非常重要的工作。

一、目标定位

当前，我们通过建设动力系统节能减排大学生创新实践平台，为大学生节能减排创新思想提供实践平台和指导基地，激发大学生创新意识、活跃校园创新文化氛围、指导大学生创新成果转化，提高我校大学生创新实践能力和工程实践能力。同时也希望通过这个平台建设成为大学生参与国防教育与创新研究、节能环保宣传的窗口，节能减排相关知识的培训基地，原创性节能减排新思想的实践场所，节能减排新技术的指导基地，节能减排新产品的孵化器，节能减排新成果的转化中心，最终推动大学生创新教育教学改革，培养复合型、创新型、创业型高水平人才。

二、高校大学生创新能力培养的现状

众所周知，高校是培养创新人才的主要阵地，肩负着培养21世纪创新人才的重任。近年来，教育部制定了一系列文件，从教学内容和课程体系、大学生文化素质教育、教材建设与改革、本科学科专业结构、精品课程建设等方面都进行了宏观指导。国家有关部门在某些领域开展了一系列有影响力的创新活动，如大学生数模竞赛、大学生电子设计竞赛、大学生英语竞赛、大学生机器人大赛、“挑战杯”全国大学生课外学术科技作品竞赛等，虽然创新工作也取得了一定的成绩，为高校自身的改革发展做出了一定的贡献，但高校教育质量还不能完全适应经济社会发展的需要，创新工作有待进一步加强，影响大学生创新能力培养的因素仍然存在。一是课程结构和设置不合理。目前，一些高校的课程结构和设置还很不适应现代科技和创新对人才能力的要求。专业设置过细，条块割裂；课程内容重复较多，衔接不力；必修课太多，选修课太少，学生自主学习的时间和空间受限，不利于发挥学生特长和调动其学习兴趣。二是实践教学环节薄弱。实践教学内容、方法、手段落后，使学生缺乏积极性和主动性，不利于学生创新精神的培养。实践教学基地建设重视不够，投入的经费不足，管理制度体系不健全，使学生的见习、实验、实习、社会实践、毕业设计等流于形式，没能很好地培养和锻炼学生的实践能力。三是教师队伍的结构不容乐观。四是学校创新氛围不浓。

因此，如何真正采取切实有效的措施提高人才培养的能力和水平是我们迫切面临的问题。

三、创新基地建设的培养模式

1.构筑动力系统节能减排基地，营造大学生科技创新氛围

创造性是由主体在“创造性环境”中培养出来的，科技创新人才的培养，必须在一个良好的环境下进行。结合专业特色，我院建设了与动力系统节能减排大学生创新实践活动相关的四大平台、十二大系统。四大平台即航空动力系统节能减排创新实践平台、航天动力系统节能减排创新实践平台、船舶动力系统节能减排创新实践平台、新能源技术创新实践平台。十二大系统即动力系统热能监控技术试验系统、低污低排燃烧技术试验系统、高效推进技术试验系统、航宇生命保障技术试验系统、高效换热技术试验系统、先进节能技术试验系统、太阳能应用技术试验系统、风力发电技术试验系统、海水淡化技术试验系统、污染控制及处理技术试验系统、动力系统减振降噪技术试验系统、低红外隐身技术试验系统。这些平台的建设激励了我院学生开展创新活动的自

发性、主动性和创造性，为学生提供了施展才华的舞台，给我院大学生节能减排科技创新活动营造了宽松的科技创新环境。

2. 建立一套完善的科技创新体系

(1)建立完善的管理制度。根据高校大学生创新实践基地管理办法，结合专业，动力系统节能减排大学生创新实践基地实行校院两级管理，由学院与学校共同提出创新基地年度工作计划，学院负责日常运行和协调工作，学校负责组织验收。在具体的管理措施上基地实行学生自主管理模式，由学生创新社团承担实验室日常管理工作，实现大学生自我管理，自我服务。同时，基地下设办公室(负责基地组织管理)、常务部(负责实验室日常维护及运行)，和策划部(负责实验室宣传、竞赛组织和对外联络)。此外，我们将创新实践基地日常工作纳入学院教学计划，学院向基地负责老师(兼职)下达任务并签订责任书，承认其教学工作量。学院负责督促、协助创新基地的工作。

(2)建立系统的竞赛机制。动力系统节能减排大学生创新基地对我校全体本科生开放，同时也吸引部分感兴趣的研究生参加，计划一年有两次机会向大学生征集创新课题，并举行一次节能减排创新竞赛，竞赛全部由学生自主设计，自主建设实验装置，自主开展创新实践活动，基地管理办公室为学生创新课题联系指导教师。同时基地每年向全国推荐动力系统节能减排大学生科技竞赛作品，协助大学生发表创新实践成果论文、申请专利、开发产品等。学生通过参与各类科技竞赛、课题项目，一方面提高了主动发现问题、解决问题的能力，另一方面也在活动中提高了与人沟通能力和组织能力。同时，在该系统的竞赛机制下我们将会不断培养和发现一批批科技创新型人才。

(3)建立系统的科技创新活动和实践培训体系。针对各年级大学生的特点，我们建立了符合其特点的科技创新活动和培训的体系，定期组织学生参与节能减排各类学术交流、专题报告会，积极开展关于节能减排科普的宣传活动以及培训活动，激发学生的科技创新欲望，培养学生的科技创新精神和科技创新意识。

3. 实施系统工程，建立有效的教育教学培养体系

在教学培养环节中，我们开设科技创新教育课程，做到科技创新与人文知识渗透，多学科知识交叉和融合。根据科技创新能力培养的需要，学院在课程教学中渗透科技创新教育思想观念，培养学生分析问题和解决问题的能力，教给学生创造性的学习方法，采用现代化的教学手段，介绍学科前沿发展信息，并在学生实验、实习、设计等实践性教学环节中，融入科技创新教育。在课程内容上，开设有关历史与文化、文学与艺术和经济与管理等类选修课，对工科学生进行人文知识渗透，为培养大学生的创新精神和开拓性思维能力奠定基

础。在课程体系上，坚持加强和拓宽基础、优化和整合课程的原则，构建专业类共同的知识和技能平台，以实现学科交叉和融合。在教学方式上，教师要采用讨论式、调研式等方法，尊重学生、信任学生，让学生主动参与学习，主动参与科技创新研究，教给学生发现、获取知识的能力。要创造一种宽松的气氛，激发学生的想象力，对学生的创造性要善于引导、鼓励，力所能及地为学生的创造性活动提供良好的环境。

四、节能减排大学生创新培养模式带来的现实收益

(1)该模式开拓了学生的视野，激发了学生的创新意识。动力系统节能减排大学生创新模式的培养打破了"教师讲，学生听"的传统教学，变"传授"为"探究"，在充分暴露知识的形成过程中，促使学生一开始就进入创新思维状态中，以探索者的身份去发现问题、总结规律，多方位观察，多角度思考，广泛联想，培养了大学生敏锐的观察力和活跃的灵感，鼓励了大学生积极求异和富有创造性的想象，充分发挥了学生的创新思维能力，摆脱在定势思维下解决问题受阻的困境，很大程度上锻炼了大学生创新设计能力、工程实践能力和解决实际生活中遇到的困难的能力。

(2)该创新模式的培养使大学生的综合素质大大提高。无论是大赛、社会实践、新产品的开发还是专利的申请，每个环节都充分发挥团队成员的聪明才智，同时又要调动多方有利因素为我们服务。在第一届节能减排大学生创新活动中，参与竞赛的学生多达500余人，学校竞赛优秀作品在全国大学生节能减排社会实践与科技竞赛中获三等奖2项，在全国高校环保创意大赛中获金奖2项，铜奖2项，并获优秀组织高校奖，在全国青年创新竞赛中获一等奖1项，二等奖1项，三等奖1项。

(3)该模式极大地锻炼了大学生的团队协作精神。节能减排创新基地让不同学科、不同文化背景的学生进行合作，在活动中正确领会教师和其他科技活动人员的意图，提高了学生团队合作精神和组织协调管理能力、决策能力、人际交流的能力，充分发挥了集体智慧的优势。

五、结论

大学生在上大学期间接受节能减排教育，对他们正确人生观、环境观的形成具有极大的影响。大学生毕业后将成为我国社会主义现代化建设骨干力量，他们当中的很多人将成为不同层次的管理者、决策者，是对社会有者极大影响力的群体。通过实施节能减排教育，大学生形成了正确节能减排观念，具备节能减排的意识和能力，在今后的工作、学习、生活中时刻保持对节能减排

的敏感性，自觉地养成节能减排的行为习惯。动力系统节能减排大学生创新基地的建设不仅为学生提供了一个交流创新平台，更起到了一个很好的导向作用，鼓励大学生将专业知识和节能减排的时代背景结合起来为人类服务，同时，在参加节能减排各类大赛的过程中，学生的综合素质和科研能力得到了很大的提高。

参考文献

[1] 汪卫琴. 大学生创新能力培养的现状和对策思考[J]. 西昌学院学报：社会科学版，2009(2).

[2] 甘行元. 浅谈大学生科技创新能力的培养[J]. 三峡大学学报：人文社会科学版，2009(6).

[3] 杨邦勇. 大学生创新能力培养途径探讨[J]. 福建工程学院学报，2006(4).